A Imperatriz

Amor Astral

Marili Miranda

A Imperatriz

Amor Astral

Coleção
NOVOS TALENTOS DA LITERATURA BRASILEIRA

novo século®

SÃO PAULO 2008

Copyright © 2008 by Marili Miranda

PRODUÇÃO EDITORIAL Equipe Novo Século
PROJETO GRÁFICO E COMPOSIÇÃO Sergio Gzeschnik
CAPA Konsept design & projetos
IMAGEM DO ARCANO Ciro Marchetti - www.ciromarchetti.com
PREPARAÇÃO DE TEXTO Patrícia Murari
REVISÃO Salete Milanesi
Vera Lucia Quintanilha

Dados Internacionais de Catalogação na Publicação (CIP)
(Câmara Brasileira do Livro, SP, Brasil)

Miranda, Marili
A imperatriz / Marili Miranda. — Osasco, SP : Novo Século Editora, 2008. — (Coleção novos talentos da literatura brasileira)

1. Ficção brasileira I. Título

08-08508 CDD-869.93

Índices para catálogo sistemático:

1. Ficção : Literatura brasileira   869.93

2008
IMPRESSO NO BRASIL
PRINTED IN BRAZIL
DIREITOS CEDIDOS PARA ESTA EDIÇÃO À
NOVO SÉCULO EDITORA LTDA.
Rua Aurora Soares Barbosa, 405 – 2º andar
CEP 06023-010 – Osasco – SP
Fone (11) 3699-7107 – Fax (11) 3699-7323
www.novoseculo.com.br
atendimento@novoseculo.com.br

Agradecimentos

Agradecer a Deus, o Grande Arquiteto do Universo, a Energia Cósmica que habita em todos os seres, é sempre muito pouco para o que representa para mim essa energia.

Sinto a força desse amor até em meus ossos e posso afirmar a certeza do grande amor e carinho que sentem por mim.

Mesmo nos momentos em que permitiu que minha pele fosse arrancada e a dor consumisse meu peito, Ele se fez presente acariciando minha cabeça, pedindo calma, entendimento e, principalmente, que eu procurasse aprender o significado de tudo aquilo.

Agradeço aos Mestres, aos Anjos e aos Elementais que se fizeram presentes em todos os momentos dessa jornada, amparando, aconselhando, protegendo e muitas vezes brigando comigo para que eu tivesse forças e coragem para prosseguir.

Agradeço à minha família por ter voltado à minha vida de forma tão alegre e prazerosa; o tempo e a distância realizaram um aprendizado grande para todos, e hoje sabemos nos amar e respeitar cada qual à sua maneira de ser e sentir.

Agradeço aos meus filhos Marcos e Danilo por aceitarem ter uma mãe tão estranha e diferente, e por mais que vivamos às turras, e sofrendo as intempéries emocionais e financeiras, somos um grande trio.

Agradeço à minha irmã postiça Asenath, minha "Amada Mestra" que, com sua visão tranqüila e abrangente, conseguiu, por diversas vezes, desemaranhar os amontoados de dúvidas e temores em que acabei me envolvendo, suas intervenções sábias e certeiras muitas vezes me trouxeram de volta.

Agradeço à Silvana por ter voltado de forma tão inesperada em minha vida depois de 15 anos, consertando o que estava errado e compartilhando a alegria de saber que Fei era uma entidade viva, para ela também era uma energia desencarnada.

Agradeço a Damashi e a Daniel Hashimoto, amigos da internet; Damashi por ter estado ao meu lado via MSN nos momentos mais difíceis que passei, e Daniel que por ter a personalidade e os desejos parecidos com os de Fei aos 20 anos fez que eu conseguisse entender as dores e os temores dessa energia encarnada que me acompanha.

Agradeço à Bruna e a todas as "crianças" de Fei que entraram em minha vida pelas mãos do Possuidor da Luz e hoje ocupam em minha vida o papel de Anjos da Guarda.

Agradeço à Raquel e a Sanduk, dois irmãos que entram em minha vida na hora em que eu havia perdido a minha história, me mostrando um novo caminho e que existiam outros trabalhos e missões a serem realizados e que eu era bem-vinda.

Agradeço ao Mestre Obaluaê que teve amor e confiança suficientes em mim para me transformar em mãe no momento em que eu não tinha mais nada, dando-me de presente irmãos, irmãs, muitos filhos e uma utilidade.

Agradeço ao Tom pelo carinho, ao Sérgio pelas broncas, Roquelina, Márcia Vaz, Carlinha e todos os que estiveram de uma forma ou de outra envolvidos na minha vida nesse período.

E agradeço a Fei que esteve ao meu lado mesmo quando não podia e que foi ao mesmo tempo Trevas e Luz em minha vida, mas por sabermos a verdade sobre o filamento que nos une, nos permitimos correr riscos, cometer erros e acertos para cumprir o Plano Divino que temos nesta vida.

Janeiro de 2007.

Agradecimentos especiais

Minha história não seria justa nem completa se eu não destacasse a importância de Márcia Souza e Edvaldo Jones na minha vida, na minha história e na construção da Imperatriz.

Se existe hoje uma escritora chamada Marili é porque existe uma pessoa no mundo chamada Márcia.

Brincamos muito de que essa é a ultima encarnação que vamos nos encontrar, mas sabemos que se deixarem a gente volta e se encontra na próxima só pelo prazer de podermos compartilhar uma ao lado da outra as alegrias e as tristezas do caminho.

Márcia, minha amiga, minha irmã, minha filha, representa um símbolo de muito do que sou hoje como ser e como pessoa, caminhou ao meu lado em momentos difíceis, me deu apoio e puxões de orelha quando foram necessários.

Ao seu lado provei o mel e o fel que a vida pode oferecer a um ser humano encarnado.

Fazendo plágio de suas palavras, é incomensurável o amor e o carinho que tenho por ela, e hoje quando a vida e nossas humanidades nos colocam afastadas e por mais que a vida nos cobre e crie desafios sei que os laços que nos une são indestrutíveis.

Hoje acredito que passamos a vivenciar a essência da verdadeira amizade e do amor incondicional, pois só que uma saiba da existência da outra e da certeza que na hora que precisarmos de verdade, podemos contar uma com a outra, independentemente do que está acontecendo naquele momento em nossas vidas.

Edvaldo entrou na minha vida como um furacão e eu, Márcia e Fei como *Tsunamis* na dele.

Não consigo dimensionar o tamanho ou a intensidade de amor que temos um pelo outro, só sei que é muito grande e forte o suficiente para ele exercer uma autoridade tão grande em minha vida.

Quando nos demos conta, o trabalho que seria unicamente de equilíbrio energético indicado pelos Mestres havia se transformado, eu havia virado sua filha e ele, como pai zeloso e protetor, iniciava uma batalha para me proteger, apesar de, aparentemente, aos olhos dos que nos cercavam, mais me condenar do que defender.

A única coisa que sei realmente é que toda a história lhe causou muita dor e sofrimento, ele ficou preso ao discernimento e à impotência que os grandes Mestres e Mentores são obrigados a passar por saberem demais, e eu nunca soube se agradecia a Deus por ter Edvaldo na minha vida naquele momento ou por ele ter aceitado entrar nela.

Mas se a Imperatriz existe é porque ele fez parte dessa história, equilibrando minha energia, cuidando de mim como podia e esperando pacientemente que eu entendesse muitas coisas. Hoje buscamos encontrar a fórmula de nos relacionar em momentos tão distintos como é o trabalho com os Mestres e os encargos e as obrigações de sermos Pai e Filha.

Por mais que eu tenha perdido algumas coisas do convívio com o meu amigo Edvaldo ao me inserir em sua prática religiosa é altamente compensador poder me referir a ele como meu Pai Edvaldo e fazer parte da história de quem chamo de Pai da Nova Era.

Janeiro de 2007.

"Acreditar no que fazemos irá acontecer na sua vida"
Acaz Anuar, *O Possuidor da Luz*

Introdução

Ao contrário de *O Possuidor da Luz*, que foi criado em meio a muitas alegrias e descobertas, *A Imperatriz* foi concebida num tumultuado emaranhado de dores.

Do início de sua construção em dezembro de 2004 à sua conclusão em janeiro de 2007, fui deliberadamente encaminhada pelas contingências da vida e seu aprendizado.

A lentidão com que ela nasceu foi muito mais baseada na minha recusa em utilizá-la como forma de fuga ao meu sofrimento do que falta de vontade ou criatividade propriamente ditas.

Do original criado por mim e por Fei em 1997 só ficaram os nomes das personagens e parte da idéia fundamental. A vida de Elora Monteiro tomou seu próprio rumo e fugiu de minhas mãos como minha história de vida, chegou a escorregar pelos meus dedos e ser totalmente destruída e deturpada durante um longo tempo nesse período.

Muito longe de ser a história que eu gostaria de contar, *A Imperatriz* tem em seu enredo a vivência de uma realidade muito difícil de ser concebida e aceita por mim.

Hoje acredito que por não retratar em suas páginas meus sentimentos, inúmeros conflitos desnecessários foram gerados para o momento, mas foram essenciais ao aprendizado.

Só quando entendi que não era a minha história e sim a história de Elora, pude perceber a beleza, a magia e o encantamento do mundo em que ela vivia e o que A Imperatriz* tinha para ensinar.

Destino, Plano Divino, Verdade Pessoal, Evolução, Consciência, Felicidade, Estabilidade, Equilíbrio, situações que, aparentemente, são tão distintas que acabamos por nos distrair e esquecer que elas estão intimamente ligadas umas às outras e fazem parte do nosso dia-a-dia e são afloradas pelo livre-arbítrio.

Nós, que fazemos seu uso na maioria das vezes de maneira inconsciente, não nos damos conta de verdade do que estamos fazendo e, muitas vezes, brincamos não só com nossas vidas, mas com a vida dos que nos cercam, e ainda adoramos culpar o próximo por nossas dores, sofrimentos e insatisfações.

Mais do que entender o significado do livre-arbítrio e de como ele é o condutor de vida dos homens, aprendi com Elora a responsabilidade de sua utilização, e perceber o que somos capazes de fazer para ludibriarmos nosso destino quando nossa essência está corrompida pelos apelos bárbaros das emoções puramente humanas.

Janeiro de 2007.

---

* Carta Arcano III do Tarot.

Capítulo 1

Mila entrou pela janela da sala, que sempre era deixada aberta especialmente para ela. Pulou no chão de mármore branco e olhou admirada as paredes da grande sala.

O tom marfim dava a impressão de se estar dentro de uma casa de madeira clara; as estantes cheias de livros encadernados, a lareira com suas espadas em cruz fixadas acima, os quadros de paisagens antigas sempre a impressionavam.

Andou tentando não deixar o tênis surrado fazer barulho no chão brilhante da sala, que após o arco dourado mudava totalmente; era como se aquele pedaço se transformasse em um túnel do tempo.

O ambiente, agora moderno e de paredes totalmente brancas, ofuscava a visão no final da tarde, momento em que a luz do sol entrava pelas grandes janelas e iluminava todo o lugar.

Olhou para o grande sofá branco e nele Elora parecia dormir.

Mila sentou-se na mesa de vidro em frente ao sofá e ficou observando Elora, não adiantava chamar, sabia que sua amiga não estava ali.

Deve estar numa dessas suas fantásticas viagens astrais, como ela chama, Mila pensava, olhando Elora que sorria.

Observou-a ainda por algum tempo. Apesar da diferença de idade entre elas, Mila considerava Elora sua melhor amiga, e sabia como era querida por Elora, que nutria por ela um sentimento quase maternal.

Apesar de os pais de Mila não aprovarem a amizade, pois consideravam a escritora uma má influência para a filha, a amizade entre elas era mais forte do que qualquer teimosia ou maquinação paterna.

Mila tinha em Elora o seu porto seguro, ela entendia seus sonhos e necessidades adolescentes.

Elora a havia feito perder os medos que sentia quando tinha as visões que os pais consideravam maluquice infantil.

Com muita paciência, Elora estava lhe ensinando a trabalhar com suas "habilidades", como ela chamava.

Para os pais de Mila, seus arroubos noturnos, suas visões, seus sonhos eram frutos de uma imaginação infantil que adorava viver cercada de livros em vez de crianças de sua idade.

Quando foram morar na mesma rua da casa de Elora a chateação com as esquisitices de Mila viraram preocupação, pois logo ela se envolvera com a tal escritora do Diabo, que era o assunto favorito da localidade.

Mila levantou devagar, não queria despertar a amiga, sabia que quando ela estava daquele jeito não queria ser incomodada.

Olhou para o chão e percebeu o maço de cigarros em cima do *laptop* preto, sinal de que Elora estava começando uma nova história.

Foi em direção à cozinha, sabia muito bem o que queria. Elora, apesar da magreza, era uma comedora de doces, e quando escrevia sua geladeira ficava abarrotada de chocolates e outras guloseimas.

Elora pode demorar, pensava Mila enquanto seguia sorrateira pelo corredor de paredes vermelhas que levava até a cozinha. *Deve ter ido buscar com os Mestres alguma orientação para o seu trabalho ou visitar algum lugar exótico para descrever no romance.*

Com um enorme pedaço de pudim nas mãos, Mila resolveu esperar Elora no jardim; sabia que ali seria o primeiro lugar que ela iria depois que voltasse da sua viagem.

Era sempre assim quando despertava, a primeira coisa que fazia era tomar algo gelado e ir se sentar em uma das cadeiras do jardim.

"Pôr as idéias em ordem", Elora sorria e ficava alguns minutos em absoluto silêncio.

Antes do jardim, ficava para Mila o local mais encantador da casa. Uma sala branca com apenas uma mesa baixa de vidro e uma confortável cadeira; nas paredes, os quadros de todas as capas de livros escritos por Elora.

Para cada novo trabalho, Elora Monteiro, a escritora esotérica, procurava um artista plástico para desenhar a capa do livro.

Elora havia contado para Mila que vinha para ela a imagem da capa e somente um pintor conseguia captar a idéia que surgia em sua mente.

Mila sentou-se na cadeira e observou a grande porta à sua frente.

A porta dupla tinha o desenho do infinito, e nele a constelação de Órion era circundada por uma aresta de metal que continha vários símbolos que por mais que Elora lhe explicasse não conseguia guardar os nomes.

Uma inscrição acima da porta em uma língua estranha completava o quadro.

O portal de Elora, era como Mila chamava a entrada para aquela parte da casa onde ninguém tinha acesso.

Não havia fechaduras ou maçanetas, Mila nunca tinha entrado lá, apenas tinha visto Elora já por várias vezes sair, mas não sabia como ela entrava.

Mila ficou observando o desenho do infinito com atenção, procurando decifrar a estranha constelação, que agora aos seus olhos parecia que brilhava mais e se movimentava.

Num impulso, depositou o prato de pudim ainda intocado sobre a mesinha baixa e se aproximou da porta com cautela.

Passando a mão por sobre as estrelas, conseguia sentir o suave relevo da pintura, olhou novamente para a inscrição e fez uma careta, nunca conseguia lembrar o que ela significava.

Conseguiu sentir entre os dedos o ponto exato onde as portas se juntavam, pois o desenho camuflava a abertura, que de longe parecia ser uma entrada compacta.

Fez uma suave pressão e percebeu que uma das portas cedeu alguns milímetros.

— Está aberta! — Mila falou em voz alta dando um pulo para trás.

Podia agora ver perfeitamente a entrada do local. Excitada com a descoberta, acabou esquecendo de que para todos aquele era um local proibido.

Abriu mais um pouco a porta e percebeu a claridade saindo do ambiente.

Ansiosa, Mila entrou pé ante pé dentro do salão que se abriu.

O local claro e com grandes janelas no alto tinha um suave cheiro de incenso, algumas estantes com cadernos, livros e outros materiais que pareciam estranhas revistas e caderninhos de brochura.

Uma ampla mesa com um computador, uma poltrona de leitura com um grosso livro aberto depositado sobre ela, uma pequena geladeira com uma bandeja cheia de copos de vidro fino com bordas vermelhas e douradas.

— Não tem nada aqui — Mila suspirou frustrada. — Para que tanto segredo?

Ela aproximou-se do computador que estava ligado, não era ali que Elora trabalhava, ela gostava de escrever pela casa, nos bares do centro da cidade, em qualquer lugar que sentisse vontade.

A proteção de tela do computador chamou a atenção, e ela ficou observando por algum tempo tentando entender o que via.

Fotos que percebeu ser da mesma pessoa em diferentes idades iam se sucedendo como se fosse a contagem do seu tempo de vida.

Algumas pareciam cenas de filme ou cartazes de propaganda, mas eram todas com o mesmo homem.

Mila olhava a sucessão de fotos tentando lembrar quem era aquele rapaz, ele lhe era familiar, mas não se lembrava de onde já o tinha visto.

O vento que entrou pelas janelas abertas chamou a atenção de Mila ao fazer tocar o sino de vento que ficava no meio da sala e balançar a cortina de contas de cristais que dividia o aposento.

Os cristais pequenos, brilhantes e muito próximos não permitiam que se conseguisse ver o que havia do outro lado.

Chegou mais perto da cortina, o cheiro de incenso ficou mais forte, e Mila respirou fundo para sentir melhor o aroma gostoso que saía dali.

Suavemente abriu passagem pelo labirinto de cristais.

O local pintado com diversas cores em *dégradé* dava a sensação de se estar entrando em um caleidoscópio.

Na parede à sua frente, várias fotografias, homens e mulheres com aparência serena pareciam santos que rodeavam um enorme quadro de Jesus caminhando com os braços abertos, como se fosse abraçar quem o observava.

Em um canto, a estátua de um anjo que segurava nas mãos uma espada de verdade fazia contraste com uma pequena fonte que emitia luzes coloridas em seu interior; quadros de constelações e homens vestidos com algo que mais parecia um uniforme completavam a cena.

Do lado direito havia um espelho com uma grande mesa e uma cadeira à sua frente.

Acima do espelho, um outro quadro de Jesus de aparência muito serena; em volta do espelho, o retrato de três homens barbudos que ela não conhecia.

Na mesa, além do prato que servia para queimar incenso, havia velas, uma cruz com uma rosa no centro, potinhos com água e areia, e vários outros objetos estranhos se misturando harmoniosamente.

Mila aproximou-se mais do espelho grande e muito limpo, ao lado de uma estante repleta de porta-retratos.

Observou as fotos com atenção, algumas eram de pessoas que ela já tinha visto na casa de Elora, mas a grande maioria era do mesmo rapaz que estava na tela do computador.

Voltou a olhar para o espelho e encontrou o olhar de reprovação de Elora, que estava atrás dela.

Mila deu um pulo e se voltou correndo, mas não havia ninguém, tinha visto claramente Elora refletida no espelho, mas ela estava sozinha.

Assustada, saiu em disparada e puxou a porta que fez um suave ruído ao fechar. Chegando à sala, encontrou Elora sentada com a mão no queixo esperando por ela.

— Mila, você não tinha esse direito! — Elora levantou-se colocando a mão na cintura. — Eu sempre confiei em você.

— Desculpe — Mila abaixou os olhos. — Eu estava olhando e a porta tava aberta.

— Isso não lhe dá o direito! — Elora recolheu o *laptop* e o depositou na mesa de vidro. — Você tem livre acesso à casa, deixo a janela da biblioteca aberta para você entrar sem precisar tocar a campainha, é assim que você respeita a nossa amizade?

— Elora, foi sem querer — os olhos da menina se encheram de lágrimas. — Eu não pensei...

— Mas devia — Elora voltou a se sentar e cruzou as pernas olhando Mila com ar de reprovação. — Ninguém entra lá, ninguém tem autorização para isso, e mesmo sabendo de tudo isso você entrou.

Mila olhava para Elora sem saber o que dizer, sabia que tinha feito uma enorme besteira e agora tentava pensar em como consertar o estrago.

Elora respirou fundo, passou a mão pela testa e desceu com ela pela cabeça, procurou algo no chão e prendeu os cabelos em desalinho.

— Eu não quero perder a confiança em você — o olhar de Elora ficou mais sereno. — Entendo que um local como aquele desperta a atenção, mas não quero que isso se repita.

— Desculpe, Elora — Mila abriu um sorriso. — Eu não faço mais, prometo.

— Acho bom mesmo, agora vai pegar o pudim que você deixou na minha saleta, lá não é lugar de doces.

Mila saiu em disparada, na volta encontrou Elora que saía para o jardim.

Elora ficou sentada observando a menina comer o doce com cara de satisfação, Mila era ainda muito jovem para entender certas coisas.

Apesar de suas potencialidades afloradas, o ambiente familiar não era lá muito acolhedor e Elora tinha medo do que ela podia falar em casa.

Mila, apesar de todo seu desenvolvimento, havia escolhido crescer num ambiente hostil às suas sensibilidades espirituais, era uma prova difícil, mas foi essa a sua escolha para essa vida e Elora não podia interferir.

Tentava ajudar Mila onde era permitido, não deixava que pensasse ser louca por ver e ouvir coisas, nem se achar sensacional por saber de acontecimentos antes das outras pessoas.

Mila não era responsabilidade sua, não fazia parte de seu grupo de trabalho, mas como não existia acaso e Mila havia caído de pára-quedas na sua vida, tomaria conta dela e ajudaria até ela poder caminhar sozinha.

— Elora... — Mila olhou apreensiva para a amiga.

— Sim — Elora levantou as sobrancelhas, sabia o que dali vinha, conhecia aquele "Elora" de Mila. — Pergunte logo o que você quer saber, não me enrole.

— Eu vi você no espelho, mas você não estava lá, estava deitada na sala, e sabia que eu havia deixado o prato na saleta do seu portal.

— Sim e daí? — Elora sorriu. — Qual a dúvida?

— Como? — Mila arregalou os olhos. — Como eu vi você se você nem *tava* lá? Como você sabia que eu tinha deixado o prato na mesinha?

— Bem — Elora coçou a cabeça e suspirou. — Vamos pensar junto, certo?

— Certo — Mila concordou. — Você nunca faz de outra forma mesmo.

Elora deu uma gargalhada, o hábito humano de querer respostas prontas sempre colocava as pessoas em situações engraçadas.

— Vamos por partes — Elora se ajeitou na cadeira e sua expressão ficou séria. — Assim: o que você acha que eu estava fazendo no sofá? Dormindo no meio da tarde?

— Não! — Mila balançou a cabeça. — Essa parte eu já sei, você devia estar fazendo uma viagem astral, um desdo... desdo...

— Desdobramento, viagem astral, certo, o que é isso?

— É como se a gente levasse a nossa mente ou o nosso espírito a outro lugar, o corpo fica aqui, mas o espírito cai fora.

— Quase isso — Elora sorriu franzindo os olhos e balançou a mão fazendo um mais ou menos. — Nada científico, mas muito esclarecedor.

— Então eu cheguei e você estava viajando, só o espírito, o corpo estava deitado no sofá da sala.

— Bom, então o meu corpo físico estava deitado na sala e meu corpo astral estava em outro lugar que não era aqui em casa.

— Isso — Mila sorriu satisfeita. — Acertei?

— Acertou, agora meu corpo físico estava deitado na sala e mesmo assim eu sabia que você tinha deixado o prato na saleta e você me viu no espelho.

Mila ficou olhando para ela com os olhos enevoados, como se estivesse fazendo um grande cálculo matemático.

— Então... — o olhar de Mila se iluminou. — O que eu vi no espelho foi o seu corpo, corpo, corpo o que mesmo?

— Corpo astral — Elora não conteve a risada. — Corpo astral, isso mesmo, o que você viu no espelho foi o meu corpo astral; quando você entrou onde não devia, senti que algo estava errado e voltei imediatamente para verificar.

— Mas como é isso, Elora, sentiu errado? Voltou? Eu consigo ver seu corpo astral? Como é que é?

— Calma, Mila, uma pergunta de cada vez — Elora colocou as duas mãos na cabeça. — Você está me deixando tonta.

— Você sentiu algo errado e voltou, como assim?

— Bom, eu já lhe falei que, apesar de o corpo astral não estar próximo ao físico, eles ainda estão ligados e um sente as vibrações do outro, lembra?

— Sei... — Mila fez cara de espanto. — O tal cordão de prata que liga os corpos.

— Esse mesmo, assim o que acontece onde o corpo físico está é sentido pelo astral e vice-versa, então qualquer coisa que aconteça próximo ao corpo, mesmo minha consciência estando longe, eu vou perceber.

— Ah! É! — Mila sorriu. — Assim não tem perigo, não foi isso que você tinha falado?

— Justamente, quando você invadiu meu território, eu percebi que tinha algo de errado e fui atraída até o quarto.

— Assim! — Mila olhou novamente espantada e estalou os dedos. — *Tava* lá, de repente *tava* aqui? Nossa!

— Mais ou menos isso — Elora sorriu compreensiva. — O princípio é quase esse mesmo.

— Mas como eu consegui te ver?

— Muitas pessoas conseguem ver, é uma questão de sensibilidade, são energias, você não vê energias?

— Eu vejo é um monte de coisa.

— Então, tudo é basicamente energia e pode ser vista, é uma questão de treino e prática.

— Eu nunca pratiquei nada não! — Mila olhou para Elora assustada.

— Algumas pessoas, como você e eu, têm as sensibilidades mais desenvolvidas, é o que alguns chamam de clarividentes, conseguimos ver todos os tipos de energia, auras, corpos astrais de encarnados e desencarnados e por aí vai.

Mila olhou para o chão e ficou absorvida em seus pensamentos, as conversas com Elora sempre lhe ensinavam muitas coisas, mas acabavam por deixá-la confusa.

Elora olhava a menina preocupada, sabia que estava passando informações demais para ela de uma só vez, mas havia aprendido que não se perde uma oportunidade de explicar certas coisas.

Isso tudo é muito legal — Mila levantou a cabeça sorrindo e com os olhos muito brilhantes. — Você gosta de ver todas essas coisas?

Elora balançou a cabeça e franziu a testa, nunca tinha pensado nisso.

— Não sei, acho que sim, é bom poder ver e entender certas coisas, dá para ajudar muita gente, mas, outras vezes, acabamos vendo e sentindo coisas tristes e aí não é legal.

— Você vê tudo o tempo todo?

— Nem tudo, nem o tempo todo, também não é assim algo descontrolado, claro que para ver e controlar é preciso treino e prática.

— Que bom, mas eu não sei como controlar.

— Suas habilidades ainda estão se desenvolvendo, Mila. Tenha calma e paciência, aos poucos você pega o jeito, só precisa tomar cuidado com uma coisa.

— O quê? — Mila olhou para ela preocupada.

— Ter certeza de que com quem está conversando tem corpo, para não parecer uma louca falando sozinha.

Mila deu uma gargalhada gostosa e não conteve o riso, acabou deitando no banco para poder rir melhor.

— Isso não é engraçado! — Elora tentava controlar o riso. — É coisa séria, já aconteceu comigo um monte de vezes.

— Mas que é engraçado é! — Mila não conseguia conter o ataque de riso.

— Pode ser, mas já vi muita gente se dar mal por causa disso, nem todos estão preparados para isso e podem achar que a outra pessoa está realmente louca.

Mila parou de rir de repente e olhou sério para Elora, tinha entendido enfim sua preocupação.

— Nem todas as pessoas são loucas — Elora se arrumou na cadeira e suspirou. — Nem todas também vêem fantasmas.

Uma revoada de pássaros chamou a atenção das duas amigas que ficaram olhando a cena esquecidas da conversa.

Capítulo 2

Após a saída de Mila, Elora voltou para a sala, sentou no sofá e ficou olhando o *laptop* em cima da mesa. Ao seu lado, um pacote de cartas que havia sido deixado ali por Pietra.

Pietra tomava conta de Elora e da casa, não deixava ninguém lhe incomodar e cuidava de todos os assuntos do dia-a-dia.

As cartas deixadas ali eram de seus leitores que sempre tinham algo a lhe dizer ou contar suas aventuras através do misticismo.

Elora adorava lê-las, pelo menos uma vez por semana tirava o dia para ler as cartas e respondê-las, hábito adquirido na época do lançamento de seu primeiro livro "Amor Astral".

Amor Astral, apesar de todos esses anos, continuava em evidência e apesar dos outros livros de Elora serem considerados melhores do que ele, nenhum havia superado a marca de leitores e cartas.

Um grito de desespero, era o que aquelas folhas continham, era a sua verdadeira história, a sua verdadeira vida, ao lado do seu amor que ela só conhecia no astral.

A angústia de não poder estar perto dele fisicamente levou Elora a escrever, a história acabou agradando a uma amiga que procurou um editor.

Nascia então Elora Monteiro, a escritora esotérica, que trazia para a vida física das pessoas as histórias da vida astral desconhecida por muitos, e as orientações dos Mestres para o trabalho de evolução espiritual da humanidade.

Havia enfim encontrado o seu caminho, escrever, orientar, mostrar para as pessoas que existe muito mais do que a vida puramente física.

Suspirou profundamente e abraçou o próprio corpo lembrando de Miguel.

Era muito difícil permanecer longe dele, desde muito cedo começou a sonhar e ter visões com ele, não sabia quem era.

Como gostava de ver aquelas imagens, passava muito tempo se concentrando nelas, e logo os quadros foram se ampliando e outras pessoas foram aparecendo na sua tela mental.

Uma noite sonhou com uma moça muito bonita, de longos cabelos pretos e lisos, olhos levemente amendoados, vestida com roupas estranhas.

No sonho ela dizia que se chamava Shuramim e que podia ajudá-la se ela quisesse, mandou-a ir a uma biblioteca e passear pelos corredores, lá alguns livros chamariam a sua atenção. Esses pareceriam conhecidos e ela a orientou a trazê-los para casa e lê-los.

Quando acordou, achou que tudo era maluquice de sua cabeça e tentou esquecer o assunto, mas a sensação do sonho permaneceu muito forte.

Resolveu então ir à biblioteca, não faria mal nenhum e seria um passeio interessante.

Voltou para casa com três livros, não tinha trazido mais porque não era permitido, foi aberto então para ela o mundo do misticismo, das ciências ocultas, das escolas de mistérios e dos Mestres Ascensos.

Começou a ler e a estudar tudo o que lhe aparecia, associou-se a algumas escolas de mistérios e passou a testar as práticas de relaxamento e meditação que encontrava nos livros e nos programas das escolas.

Aos poucos suas potencialidades foram se desenvolvendo, começou a entender melhor o que acontecia com ela e com outras pessoas. Shuramim passou a conviver com ela como se fosse alguém da família que apenas ela via.

Com o tempo, outros mestres apareceram, uns ficavam poucos períodos com ela, outros permaneciam até hoje.

Mas Shuramim estava sempre presente, era sua maior orientadora, fora ela quem estava parada ao lado de sua cama quando conseguiu projetar seu corpo astral de forma consciente pela primeira vez.

No começo, a idéia do astral lhe parecia assustadora, depois foi se acostumando com a idéia. A prática das saídas veio com os anos e hoje ela era o que se chama de atleta astral, a qualquer momento consegue se projetar e as pessoas nem percebem que ela não está ali.

Com a projeção, aprendeu a controlar o tempo e o espaço, e agora conseguia dividir sua vida em duas: a física e a astral.

Passou a encontrar e a conhecer pessoas que se sentiam perdidas na sua espiritualidade, e começou a ser um ombro amigo e conselheiro, evitando muitos conflitos.

Encontrou pessoas que achavam que estavam ficando loucas e, muitas, desanimadas com a vida humana; nesses momentos, Elora falava do cosmos, das energias, dos Mestres, das potencialidades humanas e sentia que muitas vezes conseguia ajudar.

Procurava uma forma mais prática de mostrar para as pessoas que existia um outro mundo, um mundo real, onde certos preconceitos humanos e depreciações não existiam.

Nas conversas com Shuramim, ela lhe dizia que essa era a sua missão nessa vida: despertar nas pessoas a busca do autoconhecimento, das energias superiores, e que ela iria encontrar o caminho certo para realizar o seu plano divino.

Quanto a Miguel, já nem lembrava de quando havia começado a estar sempre com ele nem quando haviam começado o relacionamento amoroso, parecia que tinham se amado a vida inteira, desde quando haviam nascido.

Foi difícil para Elora entender e aceitar aquele sentimento, era como se Miguel fosse um pedaço dela, do qual ela não queria ficar longe de jeito nenhum.

Sempre que podia estava ao lado dele, acompanhando o seu dia-a-dia, não conseguia saber onde ele estava e sabia que ele não se lembrava dela.

Miguel só a via e a reconhecia quando dormia; na sua projeção inconsciente, o que acontece com a maioria das pessoas, Miguel era puro amor e companheirismo.

Mas quando voltava ao corpo, ao contrário dela, não se lembrava do que tinha acontecido, às vezes alguns *flashes* e sensações iluminavam a sua mente, mas logo eram esquecidos.

Shuramim não aprovava o seu comportamento, dizia que não era certo ela ficar tanto tempo perto dele, que ele não iria lembrar dela, não era esse o destino escolhido por eles.

Elora acatava e se conformava, e foi assistindo ano a ano Miguel se transformar num homem incrédulo e sem capacidade de amar alguém de verdade.

A dupla vida às vezes deixava Elora perdida, tentava levar uma vida normal, namorar, mas era difícil, e nesses momentos tinha a sensação de estar renegando o seu verdadeiro amor.

Miguel namorava, casava, separava, e Elora acompanhava a sua vida, tentava deixá-lo livre, entendia a sua forma de viver, mas quando percebia, lá estava ela, ao lado dele, e esquecia que não podia estar ali quando ele sorria ao vê-la.

Elora precisava encontrar uma forma de se libertar daquela angústia, extravasar o que sentia, e foram as páginas de um caderno que ouviram o seu desabafo.

Seu primeiro e mais famoso romance era isso, uma tentativa de transformar a sua opção para essa vida numa nova realidade.

Em *Amor Astral*, o destino conspirava a favor dos enamorados que conseguiam trazer para a vida física o relacionamento vivido por eles no plano astral.

Mas o conhecimento que possibilitou levar um ao encontro do outro mostrou-lhes que não podiam viver juntos naquela vida, tinham planos e destinos diferentes, afastados um do outro, separados fisicamente.

Escolheram o melhor caminho, aceitarem o destino acordado antes de nascerem e cada um foi viver a sua vida, o seu destino, como programado desde o início.

Poderia ter colocado na história de Pécus e Irina um final feliz, mas a angústia de seu coração não permitiu, foi a decisão certa, acabou virando um grande golpe de *marketing* transformando o romance em um sucesso.

Esse era o motivo do grande número de cartas que recebia: leitores inconformados por ela ter deixado os amantes separados.

Elora levantou e caminhou até a saleta de entrada do seu santuário.

Observou os quadros na parede, sete ao todo, parou em frente do quadro que havia virado a capa de *Amor Astral*, lembrando a estranha maneira como ele tinha aparecido.

Quando terminou a história, levou os manuscritos para Pietra ler, ela conhecia um pouco da vida de Elora e achou fascinante todo aquele enredo.

Nessa época, Pietra namorava com o irmão de uma editora de livros, Rita Mendez, e usando a sua famosa cara-de-pau, Pietra convenceu a cunhada a ler o manuscrito de Elora.

Rita se apaixonou pela história logo nos primeiros capítulos e antes de terminar a leitura já havia fechado com Elora os direitos da publicação.

Na noite que assinou com a editora, Elora sonhou com o casal de luz planando sobre um lago num jardim.

A visão não saía de sua cabeça, mas não tinha habilidade para desenhar a cena que havia visto.

Resolveu dar uma volta à procura de alguém que soubesse pintar ou desenhar para ver se conseguia passar a idéia e trazer o desenho à vida.

Em uma dessas feiras, encontrou um rapaz sentado fumando um longo charuto com apenas um quadro ao seu lado.

Quando olhou para a pintura levou um susto, a imagem de seu sonho estava reproduzida naquela única tela ao lado dele.

— Então, é você a dona do quadro? — o rapaz com um sotaque carregado perguntou a ela, enquanto soltava uma baforada de charuto em sua direção. — Eu a estava esperando.

Elora olhou para ele tentando entender o que dizia.

Ele suspendeu o quadro, olhou para a tela e deu um longo suspiro.

— Missão cumprida — ele estendeu a tela para ela. — Pode levar, ele é seu, estava esperando você vir buscar.

— Meu? — Elora segurou o quadro, surpresa. — Mas como? Quanto?

— Você não pode pagar o valor dele — o estranho sorriu. — É um presente meu para a mais nova escritora.

Elora segurou o quadro assustada, o rapaz sorriu, levantou, deu-lhe um beijo na testa e partiu.

— Como é seu nome? — Elora conseguiu enfim gritar.

— Está escrito na tela — ele respondeu voltando-se para ela sem parar de caminhar. — Boa sorte no seu caminho.

Ele juntou as mãos na boca jogando-lhe um beijo e fez uma reverência, virou e continuou a caminhar.

Elora abaixou os olhos para a tela à procura do nome do artista.

— Carlos Lobo — Elora murmurou levantando os olhos para procurá-lo.

Procurou em vão pelas pessoas que passavam, ele já havia desaparecido.

Saiu da praça carregando o quadro, indo parar no escritório de Rita.

Apresentou a tela como sendo a capa de *Amor Astral*.

— É — Rita olhou desconfiada. — pode dar certo, podemos tentar.

— Tentar não! — Elora respondeu séria. — Essa é a capa do livro, e é assim que tem que ser.

— Mas pode não ficar bom — argumentou Rita. — Temos nosso departamento de criação para isso.

— Certas coisas não podem ser mudadas, Rita, isso você vai ter de aprender se quiser trabalhar comigo, e essa é uma delas.

— Ordens superiores? — Rita falou com desdém. — Quem manda as ordens?

— Deus — Elora sorriu franzindo os olhos. — E acho melhor você não contrariar uma ordem dEle não acha?

Sorrindo e lembrando-se do susto de Rita, Elora caminhou até a porta do santuário.

Parou na sua frente e fitou o alinhamento da constelação desenhada no infinito.

Ali era seu mundo, seu refúgio, havia aprendido em seus estudos a necessidade de se ter um canto ou um local sagrado.

Era ali que entrava em harmonia com as forças cósmicas, estudava, praticava.

Sentiu a necessidade de seu espaço logo no início, mas não tinha como se proporcionar aquele ambiente.

Quando se projetou como escritora, iniciou a construção da casa e criou o seu santuário como havia planejado.

Retirou do bolso o pequeno controle que abria a porta, o suave ruído emitido avisou que estava aberta.

Calmamente empurrou a porta e entrou respirando fundo, sentindo o aroma de incenso que o local emanava.

Naquele aposento estava tudo o que lhe era mais caro, seus livros, apostilas, objetos que foi colecionando ao longo dos anos e que lhe eram especiais.

Passava grande parte de seu tempo ali em concentração, procurando entre os escritos alguma nova orientação.

Era incrível, cada vez que relia um livro, um manuscrito, acabava encontrando algo que havia passado despercebido antes.

— É assim mesmo — Shuramim havia lhe explicado. — Estamos sempre aprendendo, evoluindo, quanto mais aprendemos, mais percebemos que não sabemos nada.

Era verdade, a cada dia ela descobria uma nova idéia e um novo pensamento ia se formando em sua mente, gradativamente foi mudando conceitos, preceitos e verdades pessoais.

Aproximou-se do computador ainda ligado, ali era um dos caminhos para o mundo das possibilidades.

Conhecia pessoas, aprendia muito, mas, infelizmente, nem todos sabiam utilizar com sabedoria os benefícios da modernidade.

Ficou olhando a sucessão de fotos na tela, cada uma delas tinha sua história.

Há alguns anos, havia descoberto quem era Miguel, foi um verdadeiro susto. Ao assistir um filme viu Miguel atuando nele.

Sabia que ele era ligado a algum tipo de arte, tinha muitas visões dele em palcos e luzes, mas um ator era a única coisa que ela não tinha pensado.

Facilmente conseguiu saber quem e onde estava; Miguel Alvarez havia conquistado o coração dos mexicanos desde a primeira novela em que apareceu ainda garoto.

Cresceu sob os olhares do público e nunca o decepcionou, aprimorando-se na arte de atuar a cada dia.

Com a maturidade, seu talento foi reconhecido fora do México e hoje era contratado de um grande estúdio de cinema.

Já era conhecido do grande público, tinha seu nome conceituado no meio e aguardava agora o lançamento de um novo filme, que prometia ser um marco em sua carreira.

Olhou a hora enquanto desligava o computador, era cedo para dormir, mas se sentia extremamente cansada.

O novo livro não estava fluindo facilmente e muitos pontos estavam exigindo dela uma nova releitura de alguns preceitos e todo o processo estava alterando antigos padrões de pensamento.

Saindo do santuário sentiu o cheiro forte de café vindo da cozinha, certamente Pietra estava deixando tudo como gostava antes de ir embora.

Pietra conhecia como ninguém os hábitos loucos de Elora quando escrevia, sofria de noites de inspiração e as intermináveis garrafas de café eram a sua companhia.

— Oba! Café fresquinho — Elora sorriu entrando na cozinha e sentando-se na mesa. — Estou mesmo precisando.

— Como você gosta: salto alto e batom — Pietra depositou em uma xícara vermelha o líquido escuro. — Deu uma olhada na correspondência que deixei na mesinha da sala?

— Ainda não — Elora fez uma careta. — Mila hoje me tirou do sério, ela achou a porta do santuário aberta e entrou.

— Você dá muita liberdade para essa menina — Pietra fechou a cara. — Ela entra e sai como se morasse aqui, isso não é certo.

— É uma boa menina — Elora balançava a cabeça achando graça de Pietra. — É só muito curiosa, como qualquer criança.

— E ela estragou alguma coisa lá dentro?

— Não teve tempo, eu a peguei antes de mexer em qualquer coisa, levou um tremendo susto.

— Bom para aprender — Pietra concordava satisfeita. — Ser bisbilhoteira dá nisso.

— Hoje você está rabugenta — Elora riu da amiga. — Brigou com o namorado de novo?

— Hoje ainda não — Pietra suspirou. — Ah! Não se fazem mais homens como antigamente.

— Uma mulher como você nunca sobreviveria aos homens de antigamente, Pietra.

— Como nós querida, como nós — Pietra aprumou o corpo e colocou as mãos na cintura. — Livres e independentes.

— E extremamente carentes.

Pietra caiu na gargalhada diante da constatação de Elora.

— Mas antes assim — Pietra se sentou em frente de Elora. — Já pensou eu, andando atrás de alguém dizendo sim senhor meu marido.

Elora riu ao imaginar a cena, realmente era algo assustador, pegou a xícara de café e ficou tomando em pequenos goles, absorvida nos próprios pensamentos.

— Elora — Pietra chamou-lhe a atenção. — Eu conheço esse olhar e não gosto dele.

— Que olhar?

— Esse aí, que vai para mundos distantes, atrás de atores de cinema, você precisa parar com isso.

— Isso o quê?

— Viver aí pelos cantos suspirando por esse tal de Miguel Alvarez, não sai, não namora, se não está pensando e sonhando com ele está enfiada no trabalho.

— Nem sempre se consegue dominar os pensamentos — Elora olhou o resto de café na xícara. — Essa técnica eu ainda não aprendi.

— Então desata esse nó e vai logo atrás desse cara.

— Você sabe que eu não posso fazer isso.

— Não pode isso, não pode aquilo, ótimo, aceito e respeito, mas então pára com essa consumação, aprenda a viver a vida que tem que viver.
— Eu não consigo.
— Não consegue ou não quer?
Elora olhou séria para Pietra, nunca tinha a visto utilizar aquele tom de voz.
Pietra olhava diretamente nos olhos de Elora tentando buscar o que se passava em seu interior.
— Não consigo — Elora falou zangada.
— Não quer Elora, admita, prefere viver pelos cantos choramingando a tomar uma atitude séria.
— Não posso fazer nada.
— Você pode fazer tudo Elora — Pietra sorriu com desdém.
— Nós todos podemos fazer tudo, basta querermos.
— Eu não posso sair daqui e ir atrás de Miguel Alvarez, aliás ele nem sabe que eu existo, esqueceu?
— Não estou falando disso — Pietra sorriu satisfeita. — Você não pensa nunca em outra coisa, outras possibilidades, qual é a sua história, Elora? Qual é a vida que você tem para viver? Essa choramingando não acredito que seja.
— Você não sabe o que está dizendo — Elora bufou com raiva. — Não quer entender, não entenda.
— Eu sei apenas o que você mesma me ensinou, através de seus livros e das suas conversas — Pietra se levantou e foi indo em direção à porta. — E pelo que eu aprendi, quem não entende nada ou não quer entender é você.
Pietra saiu batendo a porta, deixando Elora sozinha na cozinha envolta em seus pensamentos.
Durante um longo tempo, Elora permaneceu ali imóvel, não tinha coragem nem para se mexer, sentia que o mundo desmoronava à sua volta e não tinha forças para correr.
Foi à sala, pegou o *laptop* e voltou para sentar-se à mesa da cozinha, era melhor escrever, produzir, não adiantava ficar parada fazendo conjecturas.

Abriu o computador e a foto de Miguel sorrindo apareceu na sua frente.

— Agora eu não posso ficar admirando seus lindos traços.

Ela fez uma careta e abriu o programa escondendo a foto, nos últimos anos a imagem de Miguel já não era mais fonte de inspiração, era apenas fonte de tormento.

Este trabalho estava sendo o mais difícil, pois acabava sempre colocando um pouco de Miguel em cada um de seus personagens, neste tinha que mudar, mas não estava conseguindo fazer diferente.

Ficou olhando a tela em branco sem nenhuma vontade de escrever.

Fechou o computador com raiva e foi para o quarto, entrou no banheiro e tomou um demorado banho.

Voltou para o quarto sentindo-se melhor, olhou sua figura no espelho da penteadeira trabalhada com desenho de pequenas flores e folhas.

O tempo havia passado, já não era mais tão jovem, mas continuava ainda com os mesmos anseios adolescentes da época em que sonhava encontrar o rapaz de seus sonhos e viver ao lado dele.

Mesmo agora, depois de todos esses anos e de todas as descobertas, não procurava modificar sua vida e sua esperança.

Preferia viver assim, já estava acostumada, redesenhar sua história significaria se afastar definitivamente de Miguel e isso ela não iria fazer, não iria abrir mão de estar com ele.

Deitou-se na cama decidida, sabia muito bem o que queria fazer.

Quase que imediatamente projetou seu corpo astral para fora de seu corpo físico, deu dois passos para longe da cama e em segundos já estava no apartamento de Miguel.

Miguel estava deitado no sofá ouvindo uma música suave, olhando para o teto.

Os cabelos compridos com grandes cachos pretos contrastavam com a pele morena queimada de sol.

Olhos marcados por grandes cílios grossos, e de uma cor muito escura, passeavam pelo teto desenhando o contorno do espaço.

Os traços fortes e marcantes transmitiam uma audácia e uma sensualidade muito intensas, o ar sedutor e cativante, o sorriso debochado enlouquecia homens e mulheres.

Para Elora não existia visão mais perfeita; ela aproximou-se devagar, admirando os contornos do homem deitado no sofá de pano escuro.

Miguel deu um leve sorriso quando ela chegou mais perto, parecendo saber que ela estava ali.

Elora passou a mão pelo seu braço e ele sentiu um arrepio, passou a mão desconfiado, demonstrando claramente não ter gostado da sensação.

Esticou os braços e abaixou a manga da camisa; apesar de estar em casa, estava todo arrumado e com os sapatos calçados.

Miguel era assim, vivia sempre muito arrumado, pronto para sair, era como se estivesse eternamente em frente às câmeras.

Elora sentou-se na beirada do sofá e ficou olhando Miguel que continuava a desenhar o teto com os olhos.

Passou suavemente a mão pela perna dele, causando em Miguel um estranho *frisson*.

Miguel ajeitou-se no sofá, arrumou as roupas e, fechando os olhos, colocou um dos braços em cima do rosto.

Elora olhava a cena admirada, sabia que Miguel iria adormecer, era só esperar.

Levantou e ficou olhando a casa, foi até o quarto, a bagunça generalizada mostrava a desorganização de seu ocupante.

Ficou olhando a cena querendo estar com o corpo para poder arrumar aquela desordem, não sabia como Miguel podia ser tão bagunceiro.

— Cristal.

Elora se voltou para a voz que surgiu atrás dela e encontrou Miguel parado, sorrindo.

— Meu Cristal — Miguel se aproximou e segurando-a pelas mãos levou seus braços para trás da cabeça dele. — Estava sentindo sua falta.

Segurando as mãos de Elora em sua nuca, Miguel foi levando calmamente o rosto ao encontro do dela para lhe dar um beijo.

Elora sorriu e projetou a cabeça para a frente para receber o beijo e quando sentiu o toque dos lábios de Miguel, o som da campainha o fez sumir de seus braços.

Miguel acordou assustado com o toque, levantou apressado ajeitando a roupa, indo em direção à porta.

Um rapaz alto, muito bonito e elegante, de cabelos castanhos claros bem curtos, entrou pela porta com grande animação.

Miguel pareceu muito feliz com a visita, abraçaram-se como velhos amigos. Por ser bem mais alto que Miguel, o recém-chegado enlaçou a cabeça dele com o braço, dando-lhe um leve cascudo.

Elora achou melhor ir embora, não conseguia entender o que diziam, além disso, algo a estava deixando perturbada.

Voltou ao corpo e arregalou os olhos na cama, ficou em silêncio, tentando memorizar tudo o que havia acontecido.

Sentou-se na cama desanimada e percebeu Shuramim sentada na poltrona à sua frente, pernas cruzadas, mão no queixo e com ar de reprovação.

— Você não tinha nada para fazer hoje? — Shuramim olhou para Elora com ar de insatisfação. — Se eu não me engano, você tinha um encontro, parece que esqueceu.

— Não — Elora franziu a cara para receber a bronca. — Eu já estava indo.

— Você precisa escrever Elora, sabe que o Mestre orientador desse livro não está à sua disposição na hora em que você bem entender.

— Sim, eu sei, eu já estava indo.

Depois do primeiro livro era sempre assim, a cada novo romance Elora tinha um Mestre para orientá-la na condução do trabalho.

Esses contatos eram realizados astralmente e duravam apenas o período em que ela escrevia. Eles ajudavam Elora a entender certos preceitos que ela desenhava na história e ajudavam na condução do trabalho para que ele fosse realmente útil a quem tomasse conhecimento dele.

Elora ainda não havia se familiarizado com o tema que iria escrever, estava esboçando os personagens e recebendo as orientações para a condução do enredo, mas ela e o Mestre do livro não estavam se entendo muito bem.

Ela às vezes se mostrava difícil e temperamental, algo que em nada agradava o Mestre Shuam.

Era a primeira vez que o Mestre do livro não era ascenso, ele era encarnado, uma novidade de difícil compreensão para Elora.

— O fato de Shuam estar encarnado e não ser ainda ascenso não desmerece o trabalho que ele tem de realizar com você.

— Não é isso — Elora olhou contrariada, não se podia pensar em nada perto de Shuramim. — Eu só me distraí um pouco.

— Shuam tem uma vida física normal como a sua — Shuramim se mostrava impaciente com o pouco caso de Elora. — E não pode ficar à sua disposição.

— Se ele é tão evoluído a ponto de orientar um livro, essa questão de tempo e espaço para ele é muito relativa.

— Vocês são dois encarnados, e você, Elora, sabe que os contatos em tempo real são mais fortes para pessoas no estágio em que você se encontra, essa é uma preocupação dele com você, com a sua orientação, não com ele.

— Tudo bem, eu já estou indo, eu só estava... — Elora tentou segurar o que ia dizer.

— Você só estava atrás de Miguel para variar, esse é o seu problema, Elora, não tem medida, não tem controle quando se trata de Miguel.

— Eu sei, eu sei — Elora não conseguia segurar o olhar. — Não vai mais acontecer.

— Você já sabe quantas vezes me disse isso nos últimos anos, Elora? — Shuramim levantou da poltrona aproximando-se da cama. — Espero que sim, porque eu já perdi as contas de quantas foram.

Elora abaixou ainda mais a cabeça, sentindo-se envergonhada pela bronca.

— É sempre assim Elora, ano após ano você relega seu trabalho, acaba conduzindo suas atitudes e atos em torno de Miguel; será que você não percebe como isso é ruim para você e para ele?

— É que eu o amo tanto.

— Esse sentimento de vocês deixou de ser amor há muitas vidas, Elora, virou uma doença, um atraso evolutivo, e quanto mais próximos um do outro, mais forte fica essa carga de sentimentos negativos.

— Eu sei Shuramim — os olhos de Elora encheram-se de lágrimas. — Por isso não podemos ficar próximos fisicamente.

— Vocês precisam mudar essa energia — Shuramim sentou-se na cama de Elora. — Transmutar esse efeito nocivo que causam um no outro.

— Mas é tão difícil.

— Quer lembrar novamente o que vocês já fizeram em nome desse sentimento desmedido que sentem um pelo outro?

— Não! — Elora arregalou os olhos.

— Ótimo! — Shuramim levantou. — Então pense nisso, busque aprender o que tem para aprender, deixe Miguel seguir o caminho que ele escolheu para aprender a amar de maneira equilibrada, faça o mesmo.

— Mas ele não está conseguindo — Elora olhou preocupada para Shuramim. — Está se tornando uma pessoa amarga.

— Nem você! — Shuramim balançou a cabeça. — Preocupe-se com a sua vida, com a sua evolução, com o seu autocontrole; quando estiver equilibrada, centrada, em harmonia com as leis divinas, aí sim você poderá ajudá-lo.

— Nesta vida? — Elora sorriu.

Shuramim fechou os olhos e balançou a cabeça como se estivesse sentindo uma vertigem.

— Isso não sou eu quem pode dizer, só você pode trabalhar para que isso aconteça ainda nesta vida, somente as suas escolhas determinam o futuro que vai ter nesta vida e nas outras.

— Livre-arbítrio — Elora murmurou.

— Ele mesmo, é uma dádiva desde que se saiba usá-lo.

— Eu acho esse negócio uma grande sacanagem, isso sim.

— Sabe que, às vezes, eu também — Shuramim levantou os braços. — Principalmente quando vejo pessoas como você, com potencialidades incríveis, com uma missão de vida tão importante, o utilizando de maneira errada.

— Eu não estou fazendo nada de errado.

— Ainda não, Elora — Shuramim suspirou. — Ainda não.

Elora ficou novamente sozinha no quarto, tentava assimilar a bronca, não gostava quando Shuramim brigava com ela, principalmente porque se ela dizia alguma coisa normalmente tinha razão.

Era melhor esquecer aquela conversa por enquanto e ir encontrar Shuam que já devia estar impaciente com a sua demora.

Não entendia por que ele tinha tanta proteção de Shuramim, ele não era um mestre? Encarnado, mas um mestre, devia ter mais controle sobre seus impulsos humanos.

— Ele não está encarnado? Não tem corpo? — Elora pensava zombeteira. — Devia mesmo era vir aqui para casa, sentar também na frente do computador, assinar o livro comigo, dividir o trabalho, e não me fazer ficar ouvindo, ouvindo, escrevendo e reescrevendo tudo porque ele não ficou satisfeito.

Capítulo 3

Pietra ficou parada olhando Elora descer a escada com ar de felicidade, a blusa clara de mangas esvoaçantes afinava na cintura delicada e contrastava com a cor preta da calça muito justa.

Os grandes cachos castanhos-claros estavam com um brilho todo especial, e Pietra sabia muito bem o que aquele olhar sonhador significava.

— Parece que a noite foi muito agradável — Pietra a olhava com meio sorriso e sobrancelhas levantadas — para acordar assim tão disposta.

— Nem tanto — Elora balançou a cabeça suavemente —, mas tive lá minhas compensações.

Pietra sorriu compreensiva e caminhou com Elora até a varanda, onde a mesa posta para o café da manhã a esperava.

— Tô morrendo de fome! — Elora sorriu sentando-se à mesa agarrando a garrafa de café. — Parece que há dias não como.

— Você está sempre com fome! — Pietra deu risada do jeito de Elora. — Sorte sua conseguir ser assim tão magra.

Elora sorriu encabulada, olhando a pequena figura de Pietra em pé ao seu lado.

— Se eu comesse como você — Pietra olhou para o próprio corpo —, não sei o que seria de mim.

— Você é ótima! — Elora sorriu. — Sexy, sedutora e está sempre cheia de pretendentes.

— Você não os tem porque não quer — Pietra cortou um pedaço de bolo e colocou em frente de Elora. — Você é muito bonita, qualquer homem se encantaria.

Os olhos de Elora entristeceram, realmente tinha uma constituição física privilegiada, sabia reconhecer e trabalhar seus encantos.

— Olhos tristes... — Pietra suspirou. — Vamos, alegria, como vai o novo romance? Ainda não me falou nada sobre ele.

— Não muito bem — Elora olhou para o prato com cara de quem tinha perdido o apetite. — Esse tal Shuam é muito complicado, nada o agrada.

— O tal encarnado? — Pietra sentou-se com os olhos brilhando de curiosidade. — Ele anda lhe atormentando o juízo?

— Disse que agora vai ficar mais por perto — Elora deu com os ombros. — Que vai acompanhar o que eu escrevo para ver se assim eu consigo acertar e não perder tempo refazendo tudo.

Pietra riu da cara de indignação de Elora, realmente o tal Mestre encarnado estava mesmo pegando no pé dela.

— Por que não está agradando? — Pietra olhou para ela desconfiada. — Todos os seus orientadores sempre questionaram muito, mas esse parece ser diferente.

— Ele disse que estou muito repetitiva — Elora levantou, cruzou os braços e arqueou o corpo para trás. — Você pode fazer melhor, escritora! — falava com a voz rouca imitando o jeito de Shuam falar. — Esse tem que ser o seu melhor trabalho.

Pietra riu ainda mais, a imitação de Elora estava realmente hilária.

— Ou então é assim — Elora sentou, cruzou os braços atrás da cabeça: isso não está bom, escritora, esse personagem jamais agiria assim, você está alterando a personalidade dele.

Pietra agora chorava de tanto rir das caras e bocas de Elora, realmente o tal Shuam estava escandalizando com a garota.

— E agora ele vai ficar mais por perto? — Pietra pegou um guardanapo para poder secar as lágrimas que escorriam pelos olhos. — Ai, coitada, como assim, mais perto?

— Bom — Elora olhou para a frente com o olhar pensativo —. Disse que quando eu for escrever ele aparece, para acompanhar de perto, ou seja, para controlar cada palavra que eu digito.

— E ele pode fazer isso? — Pietra olhou assustada. — Como?

— Deve poder — Elora suspirou resignada. — Ou então não faria, ele é muito certinho — Elora fez uma careta colocando a língua para fora. — Não faria nada que não fosse permitido.

— É, dessa vez você está com problemas — Pietra começou a ter outro ataque de riso. — Enfim, alguém para pegar no seu pé literalmente.

— Graças a Deus ele tem corpo — Elora fez cara de assustada —, vida física para se preocupar, senão já imaginou como seria?

— Chega de pensar em namoricos, escritora — Pietra olhou com a cara séria para Elora. — Esse projeto é muito importante tanto para mim como para você.

— Ai, meu Deus! — Elora balançou a cabeça e colocou a mão na testa. — Até você está tendo contato com ele.

— Eu? — Pietra olhou espantada para Elora. — Eu não, nem sei como é esse tal.

— Está sim! — Elora sorriu. — Pode não estar lembrando conscientemente, mas esse jeito, essa expressão, é a cara de Shuam.

— Eu, hein! — Pietra se levantou ajeitando a roupa. — Você deve estar impressionada,

— Não! — Elora balançou a cabeça. — Eu sei o que estou dizendo, já percebi os rastros de Shuam em Rita, em Bruno e até em Mila.

— Bruno, que Bruno?

— O pobre do pintor que está tentando fazer a capa, está atormentado com as idéias, já fez várias telas, mas ainda não gostou de nenhuma.

— Ah! Sei — Pietra balançou a cabeça. — Bom, então é melhor você tomar logo seu café e começar o trabalho.

— Agora não — Elora arrumou-se confortavelmente na cadeira. — Quero lembrar da parte boa da minha noite; e depois, hoje, eu estou muito ansiosa para escrever.

— É hoje o grande dia?

— É — Os olhos de Elora brilharam. — É hoje a estréia do tão esperado filme de Miguel, ele está apostando muito nesse trabalho.

— E você, para variar, está 24 horas à disposição de Miguel Alvarez — Pietra olhou para Elora com ar de reprovação. — Ele não sabe se virar sozinho, não?

Elora fez cara de desdém para Pietra, mas era verdade, estava sempre a pajear os passos de Miguel, estava sempre por perto, se ficava muito tenso ou muito ansioso, ia buscá-lo para passar a noite com ela e ficarem namorando até a hora de se levantar.

— Por isso essa cara de abobalhada — Pietra deu os ombros e se levantou. — Com certeza vocês passaram mais uma noite de orgias no seu quarto.

— Orgia não! — Elora sorriu, sonhadora. — Amor, noite de amor.

— Orgia! — Pietra cruzou os braços com a cara séria. — Espero que o efeito nele seja melhor do que em você, pois se ele ficar assim, nem aparece para a estréia do filme.

— Credo! — Elora arregalou os olhos. — Que amargor.

— Amargor não, realidade, esses encontros mais parecem torturas do que outra coisa; se você ainda estivesse feliz, bem disposta, cheia de gás para trabalhar; ainda vá lá, mas desse jeito, pra mim é tortura, sofrimento.

— Pode até ser para mim, não para Miguel, ele não lembra nada.

— Impossível! — Pietra sorriu zombeteira balançando a cabeça. — No mínimo, na melhor das hipóteses, ele deve estar levando uma vida totalmente insatisfatória, e com um agravante ainda maior, nem sabe por quê.

— Claro que não! — Elora respondeu contrariada.

— Como não? — Pietra arqueou as sobrancelhas. — Pense em tudo o que aprendeu nessa questão de ligação entre metades. Como ele pode levar uma vida normal, estar com outras pessoas, se apaixonar por alguém, se sempre a sensação de complementação lhe falta porque você não dá um tempo?

— Mas para isso eu teria de abdicar dele totalmente, deixá-lo sozinho, abandonado.

— Não é nada disso! — Pietra colocou as mãos na cabeça. — É óbvio que num momento de tristeza, angústia, falta de energia, você deve, ou melhor, você tem a obrigação, como contraparte dele, em apoiá-lo, estar ao seu lado, dar uma força, um apoio, é o que você pode e deve fazer.

— E não é isso que eu faço? — Elora olhou para Pietra com ar desafiador.

— Claro que não, você tá lá o tempo todo — Pietra colocou a mão para a frente e ficou gesticulando os dedos como um pisca-pisca. — Tome Elora todos os momentos, tome Elora.

Pietra ficou olhando para Elora que tinha os olhos faiscantes, deu de ombros e se virou, indo em direção à casa. A conhecia muito bem e conhecia melhor ainda aquela expressão; quando ficava daquele jeito, não adiantava falar mais nada, era pura perda de tempo.

Elora acompanhou a saída de Pietra desolada, ela estava muito agressiva nos últimos tempos, com certeza era Shuam quem estava fazendo a cabeça dela.

— Mestre encarnado! — Elora bufou. Um lunático, isso sim era o que ele era.

Ela se levantou da mesa e sentou na espreguiçadeira, ajeitando-se confortavelmente, fechou os olhos, pôde sentir a brisa leve mexendo em seus cabelos e o suave aroma das flores que emanava do jardim.

Imagens confusas e desconexas começaram a surgir em sua mente, o sorriso de Miguel, Shuam tirando o cabelo escorrido da frente do olho, a risada de Pietra.

Um leve torpor foi tomando conta de seu corpo e as palavras de Pietra começaram a martelar em sua cabeça.

Abriu os olhos e fitou o céu, tentando afastar da lembrança o discurso de Pietra.

Acabou levantando irritada, e saiu em direção à casa indo parar no santuário; precisava se acalmar e somente as leituras e a meditação poderiam ajudá-la a se controlar naquele momento.

Sentou em frente do espelho, acendeu um incenso escolhido ao acaso e ficou olhando a sua imagem refletida.

Respirou profundamente algumas vezes e fechou os olhos, colocando as mãos espalmadas sobre as pernas.

Imediatamente começou a sentir uma energia quente e acolhedora lhe envolvendo, suspirou e relaxou o corpo ainda mais para poder absorver aquela emanação que ia dissolvendo toda a sensação de angústia que estava sentindo.

Sentiu nitidamente no corpo a sensação de duas mãos sendo apoiadas em seus ombros, fazendo um leve carinho.

A massagem a relaxou ainda mais, e ficou sentindo aquela sensação de carinho e proteção que aquele ser que a estava acolhendo lhe emanava.

Ficou absorvendo aquela energia por um longo tempo, sem nem ao menos tentar saber quem era que emanava aquela sensação tão gostosa.

— Escritora, agora vamos, temos muito trabalho a fazer.

Elora abriu os olhos assustada e olhou para o espelho, nele viu refletida a figura de Shuam.

— Como você consegue fazer isso? — Elora falou dando um pulo, tentando se afastar daquele campo energético.

Shuam olhou para ela com um sorriso sarcástico, respirou fundo e fechou um pouco os olhos.

— Essa é uma pergunta que não cabe a você me fazer.

Ele não disse mais nada, apenas ficou olhando para ela, esperando que a ordem fosse cumprida.

— Hoje não, Shuam — Elora balançou a cabeça. — Eu não estou bem, não quero escrever.

Shuam passou a mão pelos cabelos abaixando um pouco a cabeça, respirou fundo e lentamente foi levantando a cabeça olhando diretamente em seus olhos.

— Ainda tem muito tempo para a estréia do filme, Escritora, trabalhe que o tempo passa mais rápido.

Elora abaixou a cabeça encabulada; como com todos os outros Mestres, não podia esconder a verdade de Shuam.

— Vamos — Shuam falou virando e indo para a porta do santuário.

Elora suspirou contrariada e teve de apressar o passo para alcançá-lo.

— Espere, deixe-me pelo menos abrir a porta para você.

Shuam deu uma risada escandalosa e fez um olhar de reprovação.

— Você esqueceu que estou sem meu corpo, Escritora, não preciso que abra a porta para mim.

— Não foi isso que eu disse, Escritora.

Elora levou um susto ao ouvir a voz de Shuam, não havia percebido que ele havia voltado.

Estava há um tempo tentando montar aquele capítulo, Shuam falava, falava, lia, desaparecia por um tempo, e voltava para olhar o que ela tinha feito na sua ausência.

— Como não? — Elora olhou para ele indignada. — Está como você falou.

— Você suavizou a situação — Shuam balançava a cabeça negativamente.

— Eu não suavizei não! — Elora fez uma careta. — Para mim está perfeito.

— Pois para mim não! — Shuam olhou para ela franzindo os olhos de maneira debochada. — Você está sendo sentimental, Escritora, isso não cabe agora.

— Mas, Shuam — Elora olhava para a cara de deboche com ar desafiador —, você está sendo muito radical, ele nem sabe o que está acontecendo.

— Eu? Radical? — Shuam falou com raiva apontando para o peito. — As coisas não obedecem a minha vontade ou a sua vontade — Ele apontou o dedo para ela. — O fato de ele não saber o que acontece, de não ter consciência física dos fatos, não ameniza ou modifica a situação.

Elora olhou para o computador irritada e levou os dedos para o teclado; quando encostou na tecla, parou, balançou a cabeça, pôs as duas mãos na mesa, empurrando a cadeira, e se afastou.

— Isso não é correto, não pode ser assim.

— As leis são imutáveis, Escritora — Shuam sentou cruzando as pernas e colocando as mãos entrelaçadas na barriga. — Apague e faça de novo.

— Você não tem o direito de controlar a minha história assim! — Elora levantou e foi até perto dele com ar desafiador. — É a minha história e a minha forma de escrever, você não pode...

— Posso e vou fazer! — Shuam olhava para ela com ar de desprezo. — E lembre-se: é a nossa história e o nosso trabalho, conforme-se.

— Irritada, Elora virou-se de costas para ele que permaneceu impassível na mesma posição, esperando ser obedecido.

Ela curvou-se em frente do computador e leu em voz alta o que estava escrito.

— Isso está muito bom — Elora olhou para ele desafiadora. — Se quer melhor, faça você.

— Essa é a sua parte, não a minha — Shuam levantou-se contrariado. — E acho melhor você recomeçar logo, o tempo está passando.

Um som estranho, vindo do computador, chamou sua atenção para a tela que tremia; Elora fechou os olhos atordoada e quando olhou novamente, a tela estava em branco.

Ela arregalou os olhos e virou-se para ele incrédula; encontrou o olhar de Shuam que sorria sarcástico.

— Obedeça, Escritora, faça o seu trabalho, cumpra a sua missão, deveria ter pensado nisso antes de aceitar um desafio desse tamanho. Se não é capaz, desista logo e liberte as pessoas que estão presas a você.

— Você não tem esse direito.

— Tenho todo o direito, essa é a minha parte, conduzi-la, orientá-la.

Elora sentou-se desolada, os olhos encheram de lágrimas, sentia vontade de gritar e sair correndo.

— Você é muito fraca, Escritora — Shuam bufou. — E muito mimada também. Vamos voltar ao trabalho.

Elora voltou para a frente do computador, tentando segurar as lágrimas que teimavam em descer pelos olhos.

— Não dá, Shuam — Elora falava trêmula e o olhava pedindo compreensão. — Agora eu não consigo.

— Você está tomando decisões erradas, Escritora — Shuam se aproximou dela resignado, colocando a mão em seu ombro. — Mas a decisão é sua, lembre-se apenas de que você tem um prazo a cumprir.

Ele desapareceu na sua frente sem dizer mais nada. Elora desabou num choro compulsivo, ainda sentindo no ombro a pressão exercida pelo toque de Shuam.

— Acalme-se, querida.

Elora sentiu no corpo o abraço carinhoso de Shuramim, que deixou seu choro ainda mais intenso.

— Pronto, querida — Shuramim soltou Elora fazendo-a olhar para ela. — Já passou, meu bem, já passou.

— Está tão difícil, Shuramim.

— O que está difícil, meu bem?

— Esse trabalho todo, a implicância de Shuam, eu não estou entendendo o que está acontecendo, o que ele está querendo.

— Não está conseguindo escrever?

— Estou — Elora olhou para ela pensativa. — Está fluindo, as idéias estão aí.

— Mas...

— Mas nada agrada Shuam, tem certeza que ele gosta de ler?

— Elora! — Shuramim olhou zangada. — Questionamentos outra vez?

— Você sempre me ensinou que devo questionar tudo, analisar as possibilidades.

— Certos questionamentos são no mínimo insanos — Shuramim abriu os braços. — E questionar se Shuam serve ou não para o que faz é, no mínimo, ridículo.

— Certo — Elora fez cara de birra. — Mas já escrevi sete livros, todos são um sucesso, e nunca tive tanto trabalho como este.

— Nem todo mundo gosta do que escreve, Elora — Shuramim sentou e apoiou a cabeça com a mão olhando Elora com ar divertido.
— Talvez Shuam seja uma dessas pessoas.

— Mas ele podia ser mais imparcial — Elora levantou os braços e abaixou a cabeça. — Sei lá, menos radical.

— Talvez por estar encarnado, ele veja as coisas de maneira diferente.

— E ainda tem isso, quem é esse cara?

— Esse é o problema! — Shuramim sorriu satisfeita. — O fato de ele ser encarnado a está incomodando, e muito.

— Claro que não! — Elora levantou bruscamente. — Já estive com outros como ele, você sabe disso.

— Como Shuam? — Shuramim riu. — Muitos encarnados são como ele, mas desses, você só conhece Shuam.

Elora parou e ficou olhando para o vazio, tentando lembrar das pessoas que já haviam passado pela sua vida, tanto para aprender como para ensinar, e realmente nenhuma delas tinha as habilidades tão potencializadas quanto Shuam.

— É — Elora olhou para Shuramim espantada. — Você tem razão, às vezes é até difícil acreditar que ele é encarnado, que tem uma vida física assim — Elora passou a mão pelo corpo — como a minha.

Shuramim balançou a cabeça divertida, Elora sempre fora questionadora e muitos mestres acabaram perdendo a paciência com ela uma vez ou outra, principalmente pela sua rebeldia, mas Shuam a estava transformando em uma amadora.

— Nem todos podem ser como Shuam — Shuramim fez uma careta divertida —, mas podem tentar.

— Eu não quero viver como um fantasma assombrando os outros como ele, não.

— É isso que somos para você, Elora? — Shuramim levantou-se muito séria. — Fantasmas que a assombram?

— Não! — Elora fez uma careta. — Não é isso que eu queria dizer.

— E você, Elora? O que é na vida de Miguel Alvarez se não um fantasma que o atormenta e o impede de caminhar sozinho?

Elora voltou-se para Shuramim, mas não pôde responder, ela já não estava mais ali.

Ficou caminhando pela sala sem saber o que pensar, estava ficando a cada dia mais perturbada com toda aquela situação.

Saiu em disparada para o quarto, jogou-se na cama e ficou abraçada às almofadas sentindo-se extremamente vazia.

Esticou-se na cama para alcançar a última gaveta do criado-mudo, abriu-a e sem olhar retirou dela um porta-retrato.

Olhou a foto de Miguel que sorria, deu um beijo, a levou até o peito e ficou embalando a fotografia como se fosse uma criança.

Ficou ali abraçada à foto em silêncio; apenas uma única lágrima desceu pelo canto do olho, um pouco antes de adormecer.

Acordou assustada percebendo que já estava anoitecendo, devia ter dormido horas.

Sentou na cama pensativa, havia dormido tão profundamente que nem se lembrava de nada.

Ficou parada tentando vasculhar na cabeça as lembranças do desligamento, mas nada era recordado, a única coisa que sentia era a sensação de ter estado com Shuam outra vez.

Levantou esticando o corpo que doía, desceu as escadas e foi até a cozinha, sentia um vazio no estômago, precisava comer alguma coisa.

Abriu a geladeira e ficou olhando o seu interior pensativa, nada ali a agradava, vasculhou os armários, o fogão e, apesar do aperto no estômago, nada parecia realmente bom.

Vencida, preparou um lanche e encheu um copo com suco, ficou parada no meio da cozinha com o prato e o copo na mão, sem saber o que fazer.

Decidiu ficar ali mesmo, sentou desolada na agora quase escuridão e comeu silenciosamente.

Pietra entrou na cozinha acendendo a luz e levando um enorme susto com a figura sentada na mesa.

— Meu Deus, Elora! — Pietra colocou a mão no peito tentando se acalmar. — Você me deu um susto.

Abaixou-se para pegar as sacolas que havia deixado cair e Elora não demonstrou nenhuma reação, apenas ficou observando o jeito atrapalhado de Pietra que arrumava as compras, ainda tentando se acalmar.

— Não devia se assustar — Elora falou por fim. — As coisas aparecem na nossa frente quando menos se espera.

— Podem aparecer para você — Pietra voltou-se contrariada —, não para mim, eu não ando por aí vendo ou sentindo coisas.

— Não é esse o meu caso nem o de Mila — Elora suspirou. — Se treinar fica igual, com o tempo se acostuma e pára de ter sustos.

— Obrigadinha — Pietra aproximou-se de Elora. — Estou muito feliz assim, quer que eu faça um café?

— Só um pouco, hoje eu não vou escrever mais.

— Não vai escrever? — Pietra olhou espantada. — Você acabou de iniciar um romance e hoje não vai escrever, você está bem? Aconteceu alguma coisa?

— Não aconteceu nada.

— Impossível, Elora, impossível. Sabe há quantos anos nos conhecemos? Sabe quantos livros eu já vi você escrever? Acho que ninguém conhece suas manias melhor do que eu, nem você, e dizer a mim que não vai escrever é, no mínimo, anormal.

— Hoje não, hoje eu não vou escrever mais, ou melhor, escrever não, tentar escrever, porque isso parece que eu desaprendi.

— Elora — Pietra sorriu —, o que está acontecendo?

— Nada, só que essa noite eu vou tirar folga de tudo, inclusive de dar explicações.

— Calma — Pietra chegou próxima a ela e bateu a mão levemente em sua cabeça. — Amigo, amigo, calma.

Elora olhou para ela e não conseguiu conter a gargalhada.

— Agora sim! — Pietra deu um largo sorriso. — Essa Elora aí eu conheço, aquela que estava aqui antes eu nunca tinha visto.

Elora olhou para Pietra e não disse nada, ficou observando os gestos cuidadosos da amiga enquanto fazia o café.

— Pronto — Pietra colocou a xícara em frente a ela. — Vamos ver se isso te anima.

— Hoje só uma coisa me anima — Elora sorriu com desdém enquanto levava a xícara para a boca. — E vou providenciar a minha animação.

— Como é que é? — Pietra perguntou espantada.

— Isso mesmo que você ouviu, e não quero saber de questionamentos e não pretendo dar nenhuma explicação.

— Nem precisa — Pietra sentou-se em frente de Elora —, nem precisa.

Pietra ficou parada olhando o jeito e o olhar de Elora enquanto tomava o café, apoiou o rosto na mão sem desviar o olhar daquela para ela agora estranha mulher.

— Adianta eu dizer alguma coisa? — Pietra perguntou por fim.

— Não! — Elora olhou desafiadora. — Nem tente.

Pietra continuou olhando Elora, balançou a cabeça afirmativamente, bateu a mão na mesa e levantou.

Terminou de arrumar as coisas, pegou a bolsa e foi em direção à porta.

— Espero que saiba o que está fazendo.

Não aguardou resposta, deixou Elora em silêncio, sentada na mesma posição em que a havia encontrado.

Elora ficou olhando a xícara vazia e sorriu, encheu novamente o recipiente e bebeu tranqüilamente.

Não vou fazer nada que já não tenha feito antes, Elora pensava enquanto sorvia em pequenos goles o café. *E eu não vou perder o que pode ser o maior momento da carreira de Miguel por nada nem por ninguém.*

Levantou carregando a xícara, foi até a pia, lavou-a tranqüilamente, secou e colocou-a no armário; antes de sair, deu uma conferida para ver se estava tudo no lugar, apagou a luz e foi em direção ao quarto.

Tomou um banho rápido, fechou as cortinas e deitou, ajeitando-se na cama de maneira, para ficar bem confortável.

Respirou fundo e com uma habilidade surpreendente desligou-se do corpo físico, olhou para o corpo inerte na cama para verificar se estava acomodado e protegido.

Pensou em Miguel e quase que imediatamente se viu na entrada de um grande teatro.

Vasculhou o lugar com o olhar à procura dele, estava numa sessão de fotos.

Vestia um *smoking* preto muito alinhado e tinha os cabelos penteados e presos num charmoso rabo-de-cavalo.

O tom moreno da pele se destacava com a parte branca da roupa.

Com um sorriso encantador, lançava olhares sedutores para os fotógrafos e para os outros atores do filme que estavam ao seu lado.

Ficou olhando a cena divertida, Miguel estava em seu mundo, adorava ficar posando para as fotos e atendia a todos os pedidos dos fotógrafos.

— Quem é você, moça de cabelos castanhos?

Elora olhou espantada para onde vinha à voz, e ao seu lado um rapazote muito magro de cabelos ruivos e sardas olhava para o chão tentando disfarçar que falava com ela.

— Você está me vendo, garoto?

— Já a vi várias vezes durante as filmagens, trabalho para o diretor Wodini, está sempre perto desse tal Miguel Alvarez.

— Parece que você não gosta dele.

— Nada contra, ele só é um pouco metido, se acha muito gostoso, mas esses artistas todos são assim, mas não me respondeu quem é você.

— Uma amiga de Miguel Alvarez e eu não sou uma assombração.

— É o que então? — O rapaz coçou a cabeça e sorriu olhando para os lados para ver se ninguém o observava.

— Eu sou tão viva como você, apenas moro em outro lugar e me projeto até onde Miguel está.

— Se projeta?

— Você é engraçado — Elora sorriu para ele. — Consegue me ver e nem sabe o que é projeção, nunca se preocupou em saber o que está vendo?

— Eu vejo muitas coisas — ele colocou a mão na boca para disfarçar que falava —, mas prefiro fingir que não vejo, assim eles desaparecem.

— Não precisa disfarçar, você pode se comunicar comigo pelo pensamento, você não está realmente me ouvindo da forma como ouve as outras coisas.

Ele arregalou os olhos e virou-se para ela espantado.

— É melhor você disfarçar — Elora deu uma gargalhada. — Não creio que muitas pessoas estejam me vendo.

O garoto voltou-se rápido para a frente muito vermelho, ficou olhando assustado para os lados, preocupado com a sua estranha situação.

Ele ficou quieto e Elora pôde voltar a observar Miguel que agora caminhava elegantemente de um lado para o outro, cumprimentando a todos que encontrava.

O rapaz alto de cabelos castanhos-claros que Elora havia visto na casa de Miguel se aproximou entusiasmado, deu um grande abraço em Miguel e ficou conversando com ele animadamente.

— Garoto, quem é aquele que está conversando com Miguel?

— É um tal de Lauren não sei o quê, é um produtor conhecido, mas nunca trabalhei com ele não.

Elora foi ao encontro deles e se aproximou mais de Miguel; não resistindo, aninhou-se em suas costas, enlaçando os braços em sua cintura, fazendo Miguel estremecer.

— Tudo bem, Miguel? — O rapaz olhou engraçado para ele. — Tremeu todo.

— Um arrepio — Miguel balançou a cabeça. — Deve ser o vento.

— Ou a morte te rondando — o rapaz falou com ar zombeteiro.

— Eu não acredito em nada disso! — Miguel aprumou o corpo e sorriu cinicamente. — E depois, eu ainda estou muito jovem para isso.

Uma jovem fez um aceno para Miguel que concordou com a cabeça e colocou a mão no braço do amigo.

— Vamos começar agora, vai comigo para a festa na casa de Wodini depois da coletiva?

— Claro, eu tirei a noite para a sua estréia, boa sorte.

Miguel balançou a cabeça e seguiu com os outros em direção ao teatro, ia começar a *avant-première* de seu novo filme.

Depois da exibição, que foi muito aplaudida, aconteceu uma coletiva numa mesa armada no saguão do teatro.

Durante um período, diretor, produtores e parte do elenco responderam aos questionamentos dos jornalistas presentes.

Elora acompanhava Miguel como se fizesse parte da festa; apesar de não ser vista, desfrutou de cada momento com grande satisfação, acompanhando do carro seu amor até a festa na casa do diretor do filme.

Ficou ao lado dele em todos os momentos, e quando passava a mão pela cabeça dele ou enlaçava seu braço ele sorria, como se soubesse que ela estava ali.

Miguel demonstrava satisfação por todos os poros, apesar de ter de aguardar os comentários que sairiam nos jornais no dia seguinte, tinha a certeza do sucesso.

— Miguel — a voz do tal Lauren fez Miguel se voltar sedutoramente para onde era chamado.

Lauren trazia pela mão uma mulher pequenina, de cabelos muito pretos e corpo bem definido.

O tom muito alvo da pele contornado pelo cabelo curto dava a ela a aparência de uma boneca de porcelana.

— Quero que conheça minha amiga Carmem Spencer.

Miguel olhou para ela e sorriu galantemente segurando sua mão e a levando aos lábios para beijá-la.

Sem desviar os olhos da mulher, Miguel roçou os lábios na mão dela, causando-lhe um leve arrepio.

Com o toque, os olhos de Miguel brilharam de uma forma que Elora nunca tinha visto, olhou assustada para a moça que tinha para Miguel o mesmo olhar.

O desespero que Elora sentiu com a cena foi tão intenso que ela voltou imediatamente para o corpo, como se tivesse levado um grande susto.

Capítulo 4

Elora sentou-se desesperada na cama, tentando entender o que estava acontecendo.

O brilho nos olhos de Miguel e da tal Carmem era impressionante; já havia visto Miguel ficar atraído por várias mulheres, ele já havia se casado com algumas delas, mas nunca tinha visto nele aquele olhar.

Levantou-se apressada e vasculhou os bolsos da roupa à procura do controle que abria a porta do santuário.

Desceu as escadas correndo e sem acender as luzes dirigiu-se até a porta, que abriu antes mesmo de ela se aproximar mais.

Foi direto para a estante de livros e ficou observando os títulos, havia lido sobre a questão do reconhecimento, já tinha visto várias vezes o brilho nos olhos de Miguel quando ela se aproximava, era o de reconhecimento da alma com a proximidade da sua metade.

Mas havia um brilho diferente nos olhos de Miguel, não era o brilho que acontecia com o encontro de metades, pois Miguel, como todo mundo, só possuía uma metade, e essa era ela.

Quem poderia ser a outra mulher?

Elora vasculhava livros, cadernos e todo material que encontrava pela frente de maneira atordoada; sabia que tinha aquela explicação em algum lugar.

— Não está encontrando o que procura, Escritora?

Elora olhou irritada para Shuam parado ao lado dela com os braços cruzados e o corpo pendido para trás, como de costume.

Depois de ter ficado perto de Miguel por tanto tempo, achou-o mais baixo e mais estranho do que se lembrava.

Elora não respondeu, voltou os olhos para o que estava fazendo.

— Talvez você não esteja procurando o assunto certo, Escritora, que eu me lembre não estamos escrevendo nada sobre olhares ou coisa parecida.

— Isso é um assunto meu! — Elora olhou ainda mais irritada. — Você não tem nada a ver com isso, nem você, nem o livro que estamos tentando escrever, acho que o termo correto é esse, não é, Mestre?

— Como eu disse: tema errado.

Shuam olhou para ela divertido, sentou-se na poltrona à sua frente e continuou a observá-la com olhar irônico.

— Você é, no mínimo, estranha, Escritora — Shuam riu gostosamente. — Tão preocupada com seu grande amor, com a sua metade, com os relacionamentos humanos e não sabe a resposta para o que viu de cor, você e seus livros são realmente muito instrutivos.

— Você é muito perspicaz, Mestre Shuam — Elora olhou para ele desafiadora. — Já que sabe tanto, explique-me você, afinal não é esse seu papel, Mestre, me ensinar, me instruir, faça o seu trabalho.

Shuam levantou-se e aproximou-se dela com um meio sorriso, colocou a mão em seu queixo e olhou bem nos olhos de Elora.

— Essa lição, Escritora, você já devia ter aprendido há muito tempo, e não sou eu que vou lhe ensinar agora.

— Como não? — Elora levantou-se exaltada, fugindo do formigamento que o toque lhe causava. — Você não sabe tudo? Ou não sou digna de seus conhecimentos?

— Eu nunca disse que sabia tudo, aliás, caso ainda não saiba, ninguém sabe tudo.

Elora ficou ainda mais irritada com o olhar de pouco caso de Shuam lhe observando, respirou fundo e quando abriu a boca para responder foi interrompida pela voz dele.

— Boa sorte na sua pesquisa, Escritora, você vai precisar, afinal esse não é o assunto que você deveria estar estudando; quando resolver trabalhar de verdade, me avise, não posso ficar ao seu dispor.

Shuam desapareceu antes que ela pudesse dizer alguma coisa; Elora bufou irritada, colocando a mão na testa e fechando os olhos.

Respirou profundamente e abriu os olhos voltando-se para a bagunça que havia causado, procurando a preciosa informação.

Olhou inconformada para a bagunça e começou a colocar tudo em ordem, sabia que Shuam estava certo, seria difícil encontrar a informação que queria. A encontraria se continuasse, mas iria demorar mais tempo que o normal, afinal aquele não era o tema que deveria estar estudando.

Certas coisas eram imutáveis, a busca por informações era uma delas, o assunto, tema do momento de estudo, aparecia à sua frente como um passe de mágica, não existia pergunta sem resposta imediata.

Quando ela se desviava do tema ou procurava algo que não era o momento, a busca se tornava difícil, a resposta era obtida, mas não com a mesma facilidade e rapidez de quando se está no rumo certo.

Ela precisava se acalmar, tranqüilizar, sabia a resposta, mas precisava ter equilíbrio para encontrar dentro dela aquele ensinamento.

Depois de ter colocado tudo no lugar, foi em direção à cozinha, sentia-se exausta e com muita fome.

O dia já amanhecia quando se sentou à mesa para saborear o lanche que havia preparado com cuidado.

Comeu muito rápido, como se estivesse há dias sem comer nada, e quando terminou sentiu-se enjoada.

O sol já estava alto quando a empregada entrou na cozinha e encontrou Elora sentada à mesa.

— Oh! Bom dia, dona Elora, passou outra noite sem dormir, trabalhando? Assim a senhora vai ficar doente, quer que eu prepare um café?

— Não, meu bem, obrigada — Elora sorriu compreensiva. — Acabei de comer, vou deitar, quando Pietra chegar, diga que não quero ser incomodada.

— Nem precisa — A mulher riu gostoso. — Dona Pietra é um cão de guarda quando a senhora está dormindo.

Elora sorriu balançando a cabeça e colocando a mão no ombro da moça, saiu silenciosa em direção ao quarto.

Jogou-se na cama sentindo-se exausta, precisava pensar, clarear as idéias, mas a imagem dos olhos de Miguel não lhe saía da cabeça.

Ficou rolando na cama por muito tempo, agitada não conseguia dormir, e a falta de equilíbrio emocional a impedia que se projetasse.

Tentou em vão por diversas vezes chamar Shuramim, mas seu apelo não era atendido, estava desequilibrada demais para se comunicar, ou ela simplesmente havia desaparecido.

Cansada de rolar pela cama, levantou e caminhou pelo quarto parando em frente da janela. Ficou observando o movimento da rua tentando distrair a mente, mas cada vez que ia conseguindo serenar, a imagem de Miguel voltava a lhe perturbar.

Achou melhor descer, procurar algo que realmente a distraísse e a fizesse encontrar o controle novamente.

Foi até a varanda e encontrou Pietra que ajeitava a mesa com o café da manhã.

— Já de pé, Elora? — Pietra a olhou desconfiada. — Rubi me disse que foi dormir quando ela chegou.

— Você não me parece surpresa — Elora olhou a mesa posta. — A meu ver já me esperava.

— Algo me disse que você levantaria cedo — Pietra deu os ombros. — Por isso já estava deixando tudo arrumado.

Elora sentou-se à mesa e ficou olhando para o vazio, deu um longo suspiro e encontrou o olhar enigmático de Pietra.

— Parece que sua noite perfeita não saiu como o esperado.

— Digamos que... — Elora pensou um pouco para responder. — Tive alguns contratempos inesperados.

— Contratempos inesperados? — Pietra sentou-se rindo dela. — Pelo assassinato da gramática dá para perceber que seu plano não foi lá muito promissor. Pensei que estava tudo muito bem planejado, sem falhas.

Elora olhou sério para Pietra, ia responder à ironia, mas a voz não saiu, não sabia o que dizer, abaixou a cabeça e os olhos se encheram de lágrimas.

— O que está acontecendo, Elora? — a voz de Pietra soou preocupada. — Parece que o mundo vai acabar e você não pode fazer nada para evitar.

— O meu mundo está acabando — Elora começou a soluçar. — eu não sei o que fazer.

— Chore, meu amor, chore — Pietra esticou a mão e segurou o braço de Elora, que tremia. — Se não resolve os problemas, pelo menos alivia o coração.

Durante longos minutos Elora deixou o pranto cair livremente, Pietra nada dizia, apenas a observava com uma grande tristeza no semblante.

Aos poucos o pranto foi diminuindo, até que secou. Elora pegou algumas folhas de guardanapo para secar os olhos e o rosto.

— Pronto! — Pietra falou por fim. — Agora fale comigo, querida, o que está acontecendo para você estar assim?

— Eu estou muito confusa — Elora olhou para ela e tentou sorrir. — Nem sei direito o que estou sentindo.

— O que aconteceu para deixá-la assim? — o rosto de Pietra demonstrava nitidamente a preocupação que sentia. — Já vi você ter crises e problemas muitas vezes, mas nunca a vi assim, desorientada.

— É que... — Elora olhou para Pietra e balançou a cabeça. — Não, eu não quero falar sobre isso agora, deixe-me sozinha, Pietra, preciso pensar.

Pietra ficou olhando para a cara desolada de Elora sem saber o que fazer, deu um suspiro e a deixou sozinha, não adiantava tentar arrancar nada dela agora.

O dia passou sem que Elora saísse do jardim, chegou a levantar algumas vezes, passear pelos arbustos, mas acabava voltando para a cadeira e sentando-se na mesma posição por horas.

De tempos em tempos Pietra aparecia para vê-la ou perguntar se queria alguma coisa, nas primeiras vezes ela balançava a cabeça negativamente, depois nem mais percebia a presença da amiga ali.

Quando começou a escurecer, Pietra começou a ficar desesperada, Elora havia passado o dia inteiro parada, sem comer e sem falar com ninguém, não sabia o que fazer, mas precisa trazer Elora de volta à vida.

Aproximou-se tranqüilamente e colocou a mão no ombro de Elora, ela voltou-se para Pietra com os olhos enevoados.

— Venha, meu bem — Pietra ajudou-a se levantar. — Você precisa descansar.

Elora deixou-se ser conduzida pela amiga até o quarto, ela ajudou Elora a tirar a roupa e a convenceu com sacrifício a tomar um banho. Deitou Elora na cama e foi fechar as cortinas; quando a olhou novamente, ela já dormia profundamente.

Pietra ficou olhando o semblante entristecido de Elora, parecia que ela havia envelhecido anos de uma hora para outra.

Saiu silenciosamente, foi para a sala e ficou parada olhando para o chão pensando no que fazer.

Um clarão iluminou seu rosto, foi até o telefone e pediu para falar com Mila. Em questão de minutos, a garota entrava pela janela da biblioteca.

— O que aconteceu com Elora, Pietra? — A menina pareceu apavorada. — O que eu posso fazer?

— Calma aí! — Pietra olhou séria para ela. — Preciso de ajuda, não de uma adolescente desesperada.

Mila respirou fundo tentando se acalmar, tinha vindo correndo pela rua e, apesar de não ser longe, a agitação e a preocupação acabaram cansando-a mais do que devia.

— Eu estou bem — Mila sorriu. — É que eu vim correndo.

— Menos mal — Pietra olhou desconfiada para a garota. — Quero que me ajude numa coisa.

Mila ficou olhando para ela com ar de interrogação, Pietra balançou a cabeça, olhou para o chão e sorriu, não acreditava no que estava fazendo.

— Mila, eu sei que assim como Elora, você consegue ver e ouvir essas coisas que ela diz.

— Só algumas pessoas — Mila olhou para ela pensativa —, algumas cores, algumas visões.

— Ótimo, perfeito, é isso mesmo que estou precisando.

— Mas eu não sei fazer nada, não — Mila arregalou os olhos. — Não controlo, não sou como Elora.

— Eu também não sei se o que vou fazer vai dar certo, não se preocupe, se não funcionar, não saberá de quem é a culpa.

— Tudo bem — Mila concordou e sorriu. — Se é para ajudar Elora, é só me dizer.

— Fala para mim — Pietra colocava a mão nos olhos sentindo-se idiota —, tem mais alguém aqui na sala fora nós duas?

Mila ficou parada por um tempo observando todo o ambiente.

— Eu acho que não.

— Droga! — Pietra falou zangada. — Você sabe como se entra em contato com esse pessoal que Elora conversa?

— Os Mestres?

— Esses mesmos, sabe como é?

— Não — Mila ficou pensativa. — Elora disse que chama e eles aparecem.

— Chama como? — Pietra olhou para a menina com os olhos arregalados. — Chamando? Pelo nome?

— Deve ser assim — a menina olhava espantada. — Eu nunca tentei, não, só rezo para Jesus e Papai do Céu.

— Ótimo — Pietra olhava inconformada. — E agora? A gente faz o quê?

— Oh! — Mila sorriu. — Chama, não sabe o nome de ninguém não, eu só conheço o do Arcanjo Miguel.

— Não sei — Pietra franziu os olhos, desconfiada. — Acho que esse não serve, e depois ele lá ia vir falar comigo?

— Elora disse que isso não existe, eles atendem a todos os chamados, por que não tenta?

— Não, isso não vai dar certo — Pietra sentou-se no sofá desolada. — Eles não vão vir aqui.

— Elora disse que vem — Mila cruzou os braços decidida. — E só chamar, você pode não ver e não sentir, mas se pedir ajuda, eles aparecem.

— Sei, sei, sei — Pietra olhou desolada para a menina. — Você lembra o nome desse cara que tá escrevendo o livro com ela?

— Xin... Xun... — Mila ficou pensativa. — É um nome desses assim, chinês, japonês.

— Shuam — Pietra gritou levantando-se rápido. — É Shuam o tal Mestre encarnado.

— Mestre encarnado?

— Depois Elora te explica — Pietra parou no meio da sala e olhou para o teto. — Ô, seu Shuam, tô precisando de ajuda aqui, seu Mestre encarnado. Tá me ouvindo? Hei, faz favor aí.

Mila começou a rir do jeito de Pietra, ela estava muito engraçada falando com o vazio.

— Eu sabia — Pietra olhou pra Mila desanimada. — Esse negócio de chamar não ia funcionar.

De repente, Mila parou, abriu a boca e saiu correndo indo se esconder atrás de Pietra.

— Esse cara que você chamou é um índio?

— Acho que não — Pietra falou tentando fazer que Mila a soltasse. — Não é nome de índio não, ou é?

— Então não sei o que você fez, mas — Mila saiu de trás dela e ficou olhando para o sofá sem soltá-la — tem um cara que parece um índio na minha frente.

— Fala com ele, menina — Pietra empurrou Mila na direção em que ela olhava. — Pergunta se ele é o tal de Shuam.

— Ele tá rindo da nossa cara, mas disse que é ele sim.

Mila ficou olhando para o sofá que parecia vazio aos olhos de Pietra.

— Ele quer saber por que você quer falar com ele, e que da próxima vez não precisa gritar, é só pensar.

— É que...

Mila fez um sinal para que Pietra ficasse em silêncio.

— Ele tá dizendo também que se você quiser falar com ele outra vez, vai ter de aprender a se comunicar com ele, pois não vai mais atender ao seu chamado se for assim.

— Tá bom, tá bom — Pietra colocou a mão na cabeça. — Foi uma emergência, pergunte para ele o que eu faço com Elora.

— Não preciso — Mila olhou para Pietra e sorriu. — Ele ouve você.

— Mas eu não — Pietra olhou para o sofá espantada. — O que ele tá dizendo?

— Vixe! — Mila olhou para Pietra. — Disse que Elora está descontrolada emocionalmente, com a mente e o espírito perturbados, um momento muito delicado e de grandes mudanças.

— E eu faço o quê? — Pietra olhou para Mila. — Ele não pode me ajudar?

— Disse que você primeiro precisa ficar calma, que, apesar de ela estar transtornada, ainda não está correndo nenhum perigo.

— Ainda não? Então ela corre algum perigo? — Pietra olhou para o sofá vazio. — O que eu posso fazer?

— Ele tá dizendo que o perigo que Elora corre está nas decisões que ela pode tomar — Mila ficou olhando séria para Shuam tentando entendê-lo. — Se continuar assim descontrolada, se rebelando com a opção que ela fez para essa vida.

— Pergunte a ele, Mila, se ele não pode ajudar Elora, afinal ele é um Mestre e os Mestres ajudam.

— Disse que só pode fazer algo por Elora se ela deixar — Mila olhou para Pietra com os olhos cheios de lágrimas. — Mas ela não quer a ajuda dele, não aceita sua orientação, então ele não pode fazer nada.

— Elora acha você muito severo com ela — Pietra aproximou-se do sofá. — Que é muito duro e que nada o satisfaz.

Pietra ficou olhando para o sofá esperando uma resposta.

— Ele disse que Elora às vezes o deixa impaciente — Mila riu. — Que se comporta como uma menina mimada e atrevida, por isso ele se chateia e se torna muito mais sério.

— Mas ele podia tentar ser mais...

Mila riu alto e se voltou para Pietra com um olhar divertido.

— Ele disse que como nós, ele também é encarnado, também está em evolução, não consegue ter a paciência e o controle total como um Mestre ascenso tem diante de certas frescuras inoportunas ou ataques de rebeldia sem propósitos.

— Entendo. — Pietra suspirou — Mas e agora? A gente deixa assim, ao deus-dará?

— Livre-arbítrio!

— O quê, menina?

— Disse que as decisões sobre a vida e o destino de Elora só cabem a ela, ninguém pode interferir, a única coisa que podemos fazer é tentar orientar nas escolhas, tentar mostrar a Elora como o trabalho dela é importante, não para os outros, mas para ela mesma, para a sua evolução. Ela escolheu o caminho, cabe apenas a ela seguir ou não por ele.

— Não sei se desse jeito ela consegue — Pietra ficou entristecida. — Parece que perdeu a vida, está definhando.

— Shuam disse que ela pode — Os olhos de Mila brilharam para Pietra. — Ela só precisa querer, e ele está pronto para ajudá-la, mas para isso ela precisa estar disposta a aceitar a ajuda dele e dos outros.

— Mas é que... — Pietra olhou para Mila que olhava atenta para a direção onde estava Shuam. — O que foi que ele disse?

— Ele foi embora — Mila deu os ombros. — Disse para você acalmar seu coração, as coisas acontecem do jeito que tem que acontecer, que é para você tentar despertar em Elora o interesse no trabalho, é só isso que você pode fazer.

Ficaram as duas paradas olhando uma para a cara da outra, sentaram no sofá em silêncio, perdidas, cada qual em seus próprios pensamentos.

— Gente!!! — os olhos de Pietra se encheram de lágrimas. — Esse negócio funciona mesmo.

— É mesmo! — Mila sorriu e abraçou Pietra com carinho. — Ele veio mesmo, falou comigo de verdade.

— Esse Dom de vocês é maravilhoso, menina — Pietra enxugava as lágrimas que escorriam dos olhos de Mila. — É uma bênção de Deus.

— Deve ser mesmo — Mila sorriu. — Eu preciso aprender isso direito, aliás, nós precisamos, você também pode treinar.

— Acho que estou velha demais para aprender certas coisas.

— E perder isso? — Mila a abraçou. — Você precisa ver como ele é bonito, tem um olhar tão carinhoso, você perdeu.

— Pode ser, meu bem, pode ser — Pietra agora aceitava o carinho com satisfação.

Ficaram as duas sentadas no sofá em silêncio, sentindo uma estranha sensação de felicidade, não perceberam a presença de Shuam atrás delas, que assistia à cena com grande satisfação.

Capítulo 5

Elora abriu os olhos espantada, não sabia quanto tempo havia dormido, tentou lembrar da noite, mas apenas imagens desconexas e sem sentido apareciam em sua mente.

Pietra entrou no quarto trazendo uma bandeja, colocou no criado-mudo, abriu as cortinas e a janela do quarto, pegou novamente a bandeja e ajeitou-a para que Elora pudesse se servir.

— Sei que não gosta de ser incomodada — Pietra servia uma xícara com café e leite para ela. — Mas hoje você vai se alimentar direito.

— Que horas são? — Elora perguntou enquanto tomava o café.

— Dez e pouco — Pietra balançou a cabeça. — Você dormiu quase 18 horas seguidas, está se sentindo melhor?

— Acho que sim — Elora esticou o corpo. — O sono sempre me ajuda a recuperar as forças.

— Ótimo — Pietra sorriu para ela. — Termine seu café, tome um banho e ponha uma roupa bem bonita, o dia está lindo.

— Você está me tratando como se eu fosse uma criança.

— Você é uma criança — Pietra riu e se levantou indo em direção à porta. — Pelo menos se comporta como uma.

Elora colocou a bandeja no criado-mudo e sentou-se na cama como se fosse levantar; apesar de ter dormido tanto tempo, sentia-se exausta, no peito um vazio como um grande buraco negro.

Resolveu, por fim, levantar, tomou banho e se arrumou, foi direto para o santuário, precisava encontrar equilíbrio para assimilar os últimos acontecimentos.

Entrando no santuário, sentiu como se uma onda de energia a envolvesse, devolvendo-lhe um pouco de paz no espírito tão perturbado.

Olhou para o computador pensativa, ligou a máquina e ficou esperando a foto de Miguel aparecer na tela, com uma estranha ansiedade e expectativa.

Colocou a mão no *mouse*, agitada, olhou mais uma vez para a foto antes de iniciar o programa.

Sacudiu a cabeça, agitada, afastou a mão do *mouse* e empurrou a cadeira para trás; tinha outras coisas a fazer, não podia parar para ver aquilo agora.

Levantou-se agitada, foi até a escrivaninha e olhou a coleção de cartas que tinha para ler e responder; era melhor cuidar daquilo agora e não passar horas em intermináveis buscas no computador.

Internet, a sua ligação com a vida física de Miguel Alvarez, através do amontoado de páginas da rede, conseguia as informações, fotos, agendas de compromissos e tudo mais que podia envolver um artista como Miguel.

Olhou as cartas desanimada, tentou procurar a ordem correta de chegada, mas não teve paciência para isso, ficou observando os remetentes, a maioria mulheres de lugares por ela, às vezes, inimagináveis.

A figura imponente do computador na mesa ao lado chamava a sua atenção a cada minuto, e ficava parada olhando a estrutura da máquina, tentando imaginar a repercussão da estréia do novo filme de Miguel.

— Não, Elora, agora não! — Gritou por fim colocando a cabeça entre as mãos. — Tem tempo para isso depois.

Fez uma careta rindo sozinha, estava parecendo Shuam dando ordens, lembrou-se do olhar irritado dele da última vez em que se viram e ficou entristecida.

Se já estava difícil trabalhar com ele antes da última briga, imagine como seria agora.

— Agora você terá de chamá-lo se quiser terminar o trabalho.

Elora levantou a cabeça e encontrou o olhar sereno de Shuramim à sua frente.

— Onde você estava? — Elora olhou ressentida. — Precisei de você.

— Precisou mesmo? — Shuramim levantou as sobrancelhas, ajeitou os cabelos e sentou-se elegantemente na cadeira em frente a ela. — Eu devia estar ocupada com alguma outra coisa e não percebi.

— Vai ficar cínica agora?

— Eu? — Shuramim sorriu. — Você está sendo acompanhada por um novo Mestre, é a ele que deve recorrer.

— Acompanhada? — Elora riu debochada e se arrumou na cadeira. — Monitorada você quer dizer, parece que esse seu encarnado usa a bola de cristal dele o tempo todo sintonizada em mim.

— Boa observação — Shuramim balançou a cabeça. — Bola de cristal, é verdade, Shuam com certeza deve ter uma; e você, não tem a sua?

— Não estou brincando!

— Nem eu, bola de cristal, ah, é verdade — Shuramim bateu a mão na testa como se lembrasse de alguma coisa. — A sua está quebrada, só sintoniza uma pessoa, vai ver que com a de Shuam aconteceu a mesma coisa.

— Não ria de mim, Shuramim — Elora ficou zangada. — Eu precisei mesmo de você.

— Elora — Shuramim arrumou-se na cadeira —, vou lhe explicar mais uma vez, para ver se agora você entende; você está sob a responsabilidade de Shuam e é a ele que você deve buscar, é ele que vai lhe orientar e direcionar nesse período. Se e quando acontecer algo realmente necessário, eu venho lhe ajudar ou outro Mestre, de acordo com a sua necessidade do momento, como sempre fazemos; não acredito que depois de sete livros, sete Mestres diferentes, você ainda não percebeu como as coisas acontecem.

— Mas é que... — Elora ficou atrapalhada. — Eu queria você, não Shuam.

— As coisas nem sempre são como queremos, e depois Shuam veio ao seu encontro na hora em que você precisou.

— Para brigar comigo — Elora cruzou os braços fechando a cara —, não para me ajudar.

Shuramim levantou-se exaltada — Você queria que ele fizesse o quê?

— Me ajudasse!

— Na situação ridícula em que você se encontrava? — Shuramim colocou a mão na cintura indignada. — Shuam tem razão, Elora, você e seus livros são realmente muito instrutivos.

Antes que ela pudesse dizer alguma coisa, Shuramim desapareceu, deixando-a sozinha.

Voltou sua atenção novamente para as cartas, contrariada; sabia que Shuam só apareceria agora se ela o chamasse para tratar de algo referente ao livro, e havia ficado sem opção, pois toda vez em que era submetida à tutela de um determinado Mestre, era a ele que tinha que recorrer.

Mas Shuam não estava lhe trazendo o conforto e a alegria que ela necessitava; ao contrário, estava deixando-a nervosa, irritada e sem vontade nenhuma de escrever.

Abriu uma carta ao acaso e logo ficou totalmente absorvida pela leitura.

Durante um tempo ficou abrindo e lendo o amontoado de histórias, algumas tristes, outras com mudanças radicais de vida, encontros e desencontros, a busca pela tal vida feliz despertada por suas histórias.

— Vida feliz! — Elora se levantou falando em voz alta. — Final feliz, amor sem limites.

Resmungando sentou na frente do computador e começou a navegar pelos intermináveis corredores da rede cibernética.

— Maravilha! — Elora continuava a resmungar enquanto dava diversos cliques. — Tudo proporcionado pelas fantásticas histórias de Elora Monteiro.

Deu um pulo ao abrir uma página e ver nela estampada a foto de Miguel sorrindo; ficou em silêncio observando todos os detalhes da fotografia.

— Minha felicidade — Elora suspirou enquanto tentava ler a matéria. — Viver a vida inteira nas realidades paralelas.

Esquecida do mundo, ficou à procura de fotos, notícias, comentários que envolvessem a história e o novo filme de Miguel Alvarez.

Desligou o computador com cara de imensa satisfação, foi à escrivaninha, pegou as cartas e saiu do santuário à procura de Pietra.

— Tome, mande respostas para mim — Elora depositou as cartas na mesa. — Utilize uma daquelas respostas prontas do tipo: Obrigada pelo carinho, siga sempre em frente, não desista dos seus sonhos, qualquer uma delas.

Pietra olhou espantada para as cartas e para Elora, voltou os olhos para a correspondência e remexeu-a, fazia mais de seis semanas que ela não lia nem respondia nenhuma das cartas que tinham chegado.

— Não vai ler para responder?

— Não precisa — Elora deu os ombros. — Não estão realmente interessados em algo que eu possa dizer, querem apenas a certeza de que são ouvidos.

— Mas, Elora... — Pietra olhou para ela incrédula. — E se houver algo importante? Algo que você possa fazer?

— Importante? — Ela riu. — Importante, Pietra querida — Elora abraçou-a efusivamente e lhe deu um beijo —, é que Miguel é um sucesso, só se fala em seu nome e em seu novo filme, e ele está muito feliz, isso é importante para mim.

— Elora! — Pietra levantou-se agitada soltando-se dela. — Você está louca? E a vida desse monte de gente que te procura?

— Que é que tem?

— Que é que tem? E o seu trabalho junto a elas? Você não está tomando uma atitude leviana?

— Leviana? — Elora sorriu zombeteira. — Eu já fiz muito por elas com meus livros.

— Fez o quê? — A voz de Pietra soou incrédula.

— Muito — Elora sentou-se balançando a cabeça. — Tem até uma senhora de quase 60 anos que deu uma reviravolta na vida;

depois de ler *Amor Astral*, largou o marido e foi atrás do seu grande amor da época do ginásio, você acredita?

— Não acredito — Pietra olhava Elora inconformada.

— Acredite, foi atrás do cara e adivinhe, a carta apareceu até com o convite de casamento deles.

— Não, Elora — Pietra sentou-se em frente a ela —, não acredito no que estou ouvindo de você, esses relatos, é claro, me emocionam e empolgam, mas diante do que estou vendo.

— Você só está vendo uma pessoa que está feliz porque o amor da sua vida está superbem, conseguindo se realizar profissionalmente, alcançando o lugar que sempre desejou; voce não pode estar vendo outra coisa.

— Fico muito feliz por você, mais ainda por esse tal de Miguel Alvarez, mas daí você relegar seu trabalho há uma grande distância.

— Não relego nada — Elora levantou-se indo em direção à porta. — Meus leitores querem respostas, estarão recebendo, não se sentirão menosprezados e ficarão felizes.

Saiu deixando Pietra parada, tentando entender o que estava acontecendo; Pietra olhou para as cartas entristecida.

— Isso não está certo — começou a arrumá-las e lágrimas vieram aos seus olhos. — Elora não podia fazer isso, não tem esse direito.

Pietra sentiu um leve arrepio, mas não deu importância, não percebeu a figura silenciosa de Shuam ao seu lado, passando carinhosamente a mão pela sua cabeça.

Elora subiu as escadas cantarolando, foi diretamente para o quarto, não queria ser incomodada, ia ver Miguel, queria estar perto dele, poder sentir a energia da alegria e satisfação que ele deveria estar emanando.

Fechou as janelas e deitou-se confortavelmente, e em instantes já estava fora do corpo físico, indo ao encontro de seu amor, Miguel Alvarez.

Encontrou Miguel dormindo, seu astral já não estava no apartamento, ficou olhando para o corpo imóvel, encantada, era bom poder estar perto dele.

Olhou em volta e percebeu o apartamento estranhamente arrumado, mas não deu maior importância ao fato. Aproximou-se mais do corpo de Miguel e começou a passar a mão nele, silenciosamente.

As reações físicas iriam atrair o corpo astral de volta ao apartamento e ela poderia estar com ele sossegadamente.

— Cristal — a voz de Miguel soou atrás dela. — Aconteceu alguma coisa?

Elora pulou da cama e o abraçou com carinho, Miguel a enlaçou dando-lhe um longo beijo.

— Eu queria estar com você — Elora passava os dedos nos cachos da lateral do cabelo de Miguel. — Precisava te ver.

— Me assustei — Miguel sorriu. — Eu estava ocupado, não podia ter voltado agora.

— Depois você resolve — Elora aninhou-se nele, laçando-o com a perna, e mordendo sua orelha sussurrou: — Agora eu quero você para mim.

— Cristal...

Apesar do tom de censura, Miguel a abraçou com força, jogando-a na cama ao lado do seu corpo inerte.

— Cristal — Miguel olhava enigmático para Elora que sorria —, não estamos agindo certo.

— Como assim? — Elora levantou-se para olhar melhor seu rosto. — O que estamos fazendo de errado?

— Eu estava ocupado, não podia ter voltado agora, ainda mais para ficar aqui com você.

— Eu sei que você tem suas responsabilidades — Elora fez bico. — Mas é que eu fiquei tão feliz com a notícia do seu sucesso que precisava estar com você.

— Sei que não é por maldade — Miguel sorriu —, mas diferente de você, não conto com a vida física, não sei o que se passa quando acordo.

— Sim e daí? — Elora continuou fazendo bico. — Isso nunca foi problema para você, por que essa preocupação agora?

— Não deveríamos estar aqui — Miguel ficou pensativo. — Não estou me sentindo correto neste momento, e esse tipo de sentimento, de angústia, sempre se leva para a vida física, e toda essa negligência astral me preocupa.

— Afinal, o que você fazia?

— Estava com Carmem, ela trabalha astralmente no mesmo grupo que eu, e depois que nós nos conhecemos fisicamente, parece que o trabalho astral também ficou diferente, não sei dizer.

— Carmem? — Elora se assustou. — A pequenininha que você conheceu na festa do filme?

— Essa mesmo! — O olho de Miguel brilhou. — Foi muito bom conhecê-la na vida física, tivemos uma sintonia incrível.

— Sintonia incrível? — Elora levantou as sobrancelhas. — Quer dizer que fisicamente agora vocês vivem juntos por aí?

— Pois é — Miguel fez uma careta —, acho que o fato de termos esse contato no astral ajudou no nosso entendimento físico, apesar de nós dois não nos lembrarmos de nada quando acordados.

— Sei — Elora tentou controlar o nervoso. — Que legal. Bom para você.

— Fisicamente! — Miguel falava com entusiasmo. — A sensação de nos conhecermos há anos é muito interessante, ela é uma pessoa incrível, cheia de idéias, superinteligente.

Elora ajeitou-se na cama e ficou observando a explanação de Miguel durante algum tempo sem nada dizer, seu entusiasmo e satisfação eram tão intensos que nem conseguia perceber o quanto o assunto a estava incomodando.

— Poxa! — Elora suspirou. — Você está realmente encantado pela senhora maravilha, está se apaixonando por ela?

— Como assim? — Miguel olhou espantado — Não entendi sua observação irônica.

— Fisicamente falando, Miguel Alvarez está se interessando e muito por essa tal Carmem?

— É, pode ser — Miguel não soube o que dizer. — Ela seria uma excelente companheira para a minha vida física como já é na astral.

— E eu Miguel? — Elora levantou-se. — Como fico nessa história?

— Fica como Cristal! — Miguel levantou-se atrás dela. — Qual é o seu problema?

— Problema nenhum, imagina! — Elora se agitou. — Estou vendo você se envolver com alguém, que pode estar com você o tempo todo, fisicamente e astralmente, e devo ter realmente que achar isso maravilhoso.

— Cristal, não podemos cometer os mesmos erros — Miguel aproximou-se dela e a segurou nos ombros. — É muito difícil conseguir ter alguém por perto que anule a sua falta, Carmem me basta, não, ela não é você, vivo duas realidades angustiantes, estar com Carmem, conviver com ela, está amenizando esse sofrimento fisicamente.

— Mas eu estou com você o tempo todo.

— E isso não me ajuda muito, sabe disso — Miguel soltou-a e sentou-se no sofá colocando a cabeça entre as mãos, olhando para o chão. — A maior parte do meu tempo, da minha vida, é apenas um vazio imenso, a falta absurda de estar longe de você. Carmem me dá o equilíbrio que necessito para trabalhar isso.

— É assim porque você quis assim, você preferiu o véu na vida física.

— Foi melhor assim — Miguel levantou-se e a abraçou com força. — Eu não tenho a sua luz, Cristal; se eu fosse como você, já teria batido na sua porta, e sabe que isso não poderia acontecer.

Miguel apertou Elora com mais força e lhe deu um beijo, ficou olhando para ela, passando a mão pelos seus cabelos.

— Você é a minha vida, Cristal, nada faz com que eu sinta o que sinto quando estou com você; quando estou acordado, me falta algo, não sei o que é, quero sentir alguma coisa que só existe na minha cabeça, eu não agüento mais viver assim, preciso fazer alguma coisa.

— Aí você namora Carmem?

— Sim, se deixarmos pode ser a solução — Miguel balançou a cabeça. — Ela consegue preencher esse vazio e essa angústia que sinto.

— Problema resolvido então, você fica satisfeito assim?

— Não, mas deveria, é esse o nosso propósito nesta vida — Miguel olhou para ela com ar de preocupação. — Eu vivo a minha vida física, você vive a sua vida física, e quando precisamos nos encontramos astralmente, essa é a nossa escolha, esse é o nosso caminho de evolução.

— E você conseguiria realmente viver assim?

— Precisamos tentar — Miguel deu os ombros. — Até agora nunca tentamos realmente, ficamos satisfeitos com essa situação, não atingiremos o equilíbrio da nossa relação se continuarmos assim.

— E o que resta para quem tem consciência? — Elora afastou-se dele e caminhou até a janela. — A solidão de viver só e acompanhar os passos de quem se ama a distância?

— Não deve ser assim — Miguel aproximou-se dela e a abraçou pelas costas. — A vida deve lhe proporcionar inúmeros outros prazeres.

— Não existe prazer — Elora começou a chorar. — Só dor e solidão.

Durante um tempo ficaram os dois ali abraçados em silêncio, apenas os soluços espaçados de Elora eram ouvidos.

— Não pode ser assim Miguel — Elora enfim olhou para ele. — Podemos resolver de outra forma, não é justo ser assim.

— O que você está dizendo, Cristal? — Miguel a segurou pelos ombros afastando-a — O que não é justo?

— Tudo isso, essa distância, essa tristeza, essa solidão.

— Não fale assim — Miguel puxou-a novamente para ele. — E toda a tristeza e solidão que já causamos a outras pessoas? Eu não quero mais passar por isso, eu não quero mais prejudicar ninguém.

— Faríamos diferente agora — Elora agarrou-se a ele com força. — Estaríamos juntos sem atrapalhar ou modificar nada, sem prejuízo nenhum.

— Cristal, sente aqui — Miguel a puxou e sentou-a no sofá. Você está dizendo absurdos, sabe que não pode ser assim, traçamos um plano, criamos um objetivo, não podemos alterá-lo agora, sem prejuízo.

— Miguel — Elora balançou a cabeça. — Nós faríamos o que viemos fazer sim, sem a necessidade de estarmos longe, não relegaríamos nosso trabalho, não prejudicaríamos ninguém.

— Só a nós mesmos — Miguel suspirou e balançou a cabeça, inconformado. — Um prejuízo irreparável, perder essa encarnação.

— Não perderíamos — Elora sorriu. — Ganharíamos se conseguíssemos realizar nossos trabalhos apesar de diferentes, ganharíamos muito mais.

— Sabe que isso é impossível — Miguel levantou-se irritado. — Escolhemos dessa forma, decidimos que seria assim, traçamos metas e objetivos diferentes por causa disso, não tem como modificar sem cair no mesmo erro de sempre.

— Podemos tentar, meu amor — Elora levantou e o abraçou pelas costas. — Estaríamos juntos e realizaríamos nosso trabalho, que no seu caso é totalmente astral sem nenhuma alteração.

— Cristal, o que você está dizendo? — Miguel soltou-se dela e a fez sentar-se novamente no sofá. — Sabe que não dá certo — falou com a voz alterada. — Veja só o que já estamos fazendo, ludibriando o acordo e nos encontrando às escondidas, deixando de lado o que deve ser feito para ficarmos juntos.

Miguel parou e ficou olhando para a figura de Elora encolhida no sofá, com as mãos entre as pernas, sentindo um enorme desespero.

— Se dessa forma já é assim, Cristal, o que pode acontecer se estivermos ao lado um do outro na vida física? Acredita mesmo que iríamos realizar o que deve ser feito? Iríamos mesmo nos preocupar com os trabalhos que teríamos que realizar um distante do outro? Iríamos mesmo nos preocupar com as outras pessoas que não fazem parte desse mundo só nosso?

— Faríamos — Elora levantou-se agitada —, claro que faríamos.

— Não faríamos! — Miguel segurou-a novamente pelos ombros e encostou seu rosto no dela. — Não vamos fazer enquanto não entendermos que podemos amar alguém fora nós mesmos; eu te amar, você me amar, é muito simples, somos um só, na realidade estamos amando apenas a nós mesmos.

— Você está iludido com essa tal Carmem — Elora soltou-se dele olhando com raiva. — Acha que consegue me trocar por ela?

— Eu não quero nem vou trocar você por ninguém.

Miguel segurava Elora com força, enquanto ela tentava se soltar dele enfurecida; num golpe, Miguel a enlaçou e ficou segurando-a pelas costas, encostou sua boca na orelha dela e sussurrou palavras de carinho tentando acalmá-la.

A agitação e o descontrole trouxeram Elora de volta ao corpo, de repente.

Ao ver-se novamente em seu quarto, Elora entrou num choro compulsivo, estava tão descontrolada que não conseguia voltar ao apartamento de Miguel.

Ficou entregue ao pranto e à tristeza até as lágrimas secarem.

— Isso não pode ser assim! — Elora pensava enquanto tentava conter o pranto. — Eu sei que estou certa, não precisamos fazer dessa forma.

Passou o resto da noite elaborando sua estratégia para aquele momento, precisava encontrar a forma de estar ao lado de Miguel fisicamente, só assim o fascínio que Carmem exerce sobre ele seria controlado, e juntos eles encontrariam a fórmula ideal de cumprirem suas missões sem estarem afastados.

O sol nascia quando o cansaço a fez adormecer e ter sonhos tão desconexos e imprecisos quanto sua mente e seu espírito naquele momento.

Pietra olhou para o relógio apreensiva, já era mais de meio-dia e Elora não havia saído do quarto desde a tarde do dia anterior.

Parou na ponta da escada pensando em subir, ficou olhando para o alto indecisa, por fim desistiu, era melhor cuidar do que ela havia mandado fazer.

Foi até o escritório e olhou a pilha de cartas, procurou nas gavetas os blocos impressos de agradecimentos com a assinatura de Elora.

Insatisfeita, começou a preencher os envelopes com os endereços dos remetentes das cartas que Elora havia recebido.

Começou a olhar os impressos, como fazer aquilo aleatoriamente? Era fato que Elora os utilizava com freqüência, mas sabia para quem mandar o quê, e respondia pessoalmente as que sentia que havia necessidade de uma orientação direta.

Um arrepio deixou os pêlos do corpo de Pietra eriçados, olhou assustada para o aposento, não percebeu Shuam parado ao seu lado analisando a sua indecisão.

— Eu, hein! — Pietra sacudiu o corpo falando em voz alta. — Esse negócio tá me pegando, daqui a pouco começo a ver Mestres por todos os lados.

Achando graça dela mesma, voltou a olhar para os envelopes, e apesar de ainda estar com o corpo arrepiado, não sentia mais medo.

— Abra as cartas! — Shuam passou a mão pela cabeça dela. — Veja o que está escrito.

Um sorriso largo apareceu em seus lábios.

— Eu vou ler as cartas — pensou. — Não tem mal nenhum nisso, quem sabe assim eu saiba o que fazer.

Shuam sorriu, apesar de ela não perceber sua presença nem reconhecer que ele era o autor da idéia, Pietra tinha entendido o seu recado com precisão e faria exatamente o que ele estava dizendo; ia ser fácil ajudá-la a conduzir o envio das cartas.

Uma felicidade incomparável preenchia Pietra enquanto lia as cartas, não entendia como aquelas mensagens não tinham sensibilizado Elora.

— Ela está perturbada demais para isso — Shuam falava enquanto acompanhava a leitura. — Não consegue mais perceber a grandiosidade do que faz.

— Elora, Elora — Pietra resmungou. — Não está percebendo a grandeza do que faz por causa desse tal de Miguel Alvarez.

— Pietra, preste mais atenção nessa!

Pietra olhou para a carta que estava em suas mãos e arregalou os olhos, preocupada; parou um momento e ficou olhando para o vazio, respirou fundo e começou a ler a carta desde o início.

— Essa pessoa não pode receber esses impressos — Shuam colocou a mão no ombro de Pietra. — Não pode ser assim.

— Meu Deus! — Pietra falou em voz alta. — Elora precisa ler isso, se eu mandar um desses impressos prontos, não vai ajudar em nada.

Olhou o remetente e foi à procura do envelope onde iria a resposta e a retirou, não poderia enviar a correspondência com aquela junto.

— Elora vai ter que ler isso primeiro — Pietra levantou-se terminando de arrumar o pacote para o correio. — Quem sabe assim toma jeito.

Guardou a carta na gaveta e foi em direção à porta; antes de chegar, parou e teve uma estranha sensação, virou-se e observou a sala vazia, balançou a cabeça sentindo-se tola, não percebeu o olhar de preocupação de Shuam, que acompanhava seus movimentos.

Quando ia sair, ouviu o barulho do pulo de Mila na biblioteca, cruzou os braços e ficou esperando a menina aparecer na sala.

— Existe porta nesta casa — Pietra falou assim que a menina colocou o pé na sala. — Existe campainha também.

— Ai!!! Que susto, Mila ficou pálida olhando Pietra. — Elora disse para eu sempre entrar por ali.

— Perdeu viagem — Pietra suspirou. — Elora ainda está dormindo.

— Eu sei — Mila sorriu. — Vim falar com você.

— Comigo? — Pietra se espantou. — O que é?

— Recado de Shuam.

Pietra arregalou os olhos para a menina que exibia um ar de satisfação pela missão que havia recebido, sentou-se no sofá e colocou os pés em cima da mesinha de centro.

— O que é que ele falou? — Pietra aproximou-se dela e deu um tapa em sua perna retirando seus pés da mesinha. — Não seja abusada!

— Oh! — Mila sorriu mais ainda. — Ele pediu para eu ir ao correio para você.

— Como é que é?

— Ele me pediu para ir ao correio para você, que você tinha algo para postar, mas que agora não podia sair, aí eu vim.

Pietra ficou olhando com a cara abobalhada para Mila que sorria, entregou os envelopes e o dinheiro para a menina quase que automaticamente.

— Toma... Leva.

Mila pegou os envelopes, levantou-se e, de frente para Pietra, bateu continência rindo muito.

Quando ia em direção à biblioteca, Pietra chamou sua atenção mostrando para a menina a direção da porta da sala.

— Por ali, menina, faça do jeito normal ao menos desta vez.

Mila parou e ficou olhando para Pietra sem saber se a obedecia, por fim deu de ombros e saiu pela porta.

Quando pôs o pé na calçada, Mila se virou e olhou para Pietra muito séria.

— Tem mais uma coisa — Mila olhou nos olhos de Pietra. — Ele disse que está tudo bem, que você está cada dia mais sensível e que, quando quiser, poderá falar com ele.

— Menina! — Pietra arregalou os olhos caminhando em direção à porta. — Como é?

Não teve resposta, Mila já havia disparado em direção à rua.

Pietra ficou parada olhando Mila sumir na esquina, não sabia nem o que pensar, era verdade que tinha sentido algo diferente na hora em que estava lendo as cartas e se sentiu observada quando saía do escritório.

— Será que esse tal encarnado estava lá? — Pietra arregalou os olhos pensativa. — Elora sempre disse que os Mestres aparecem em qualquer lugar, mas esse tal encarnado não fica atrás, não.

Começou a rir sozinha, conhecia Elora há tantos anos e nunca tinha se deixado influenciar por aquelas histórias de comunicações entre espíritos, visões, viagens astrais, e agora estava se sentindo cada vez mais suscetível àquelas experiências.

— Agora, esse negócio de falar com espírito de vivo, sei não — Pietra falou em voz alta e com a mão na cintura. — Esse tal de Shuam tá é morto e esqueceram de avisá-lo.

Rindo muito foi em direção à cozinha, Elora deveria estar levantando.

— Mestre encarnado? — Pietra balançou a cabeça. — Pois sim, e ainda aparecendo em tudo que é lugar ao mesmo tempo?

Distraída com seus pensamentos, nem conseguiu sentir a presença de Shuam encostado no batente da porta por onde passava, achando muita graça do jeito que ela falava.

Já era noite quando Elora por fim saiu do quarto, com um jeito e um olhar que Pietra nunca tinha visto antes.

Estava preocupada — Pietra a olhou com atenção. — Não pode ficar o dia inteiro assim, pode fazer mal.

— Não está tarde para você? — Elora sorriu. — Daqui a pouco vão dizer que eu estou lhe explorando.

— Já estava saindo — Pietra fingiu não entender a ironia. — Mas como ouvi movimento lá em cima, resolvi esperar.

Elora havia se programado propositalmente para não encontrar Pietra, não queria conversar com ela agora, mas sua demora não deu resultado.

— Elora — Pietra voltou a estudá-la —, poderia me explicar uma coisa?

— Depende do quê — Elora deu os ombros, os questionamentos de Pietra estavam cada dia mais insuportáveis. — Se eu souber.

— Como é esse negócio de você ver pessoas, conversar com elas, como funciona isso?

Elora olhou para Pietra e arqueou as sobrancelhas com um leve sorriso, a ficou observando por alguns segundos.

— Bom — Elora falou por fim —, é tudo muito complexo, qual é exatamente a sua dúvida?

— Tudo isso — Pietra girou a mão no ar fazendo uma volta. — Por exemplo, como você vê, é assim como eu estou te vendo?

— Nem sempre — Elora riu. — Depende de quem ou o que você está vendo, e também da sua sensibilidade.

— Não existe um padrão?

— A sensibilidade, Pietra — Elora encostou-se melhor na cadeira —, depende de pessoa para pessoa e do que se está se vendo ou sentindo.

— Sei! — Pietra balançou a cabeça. — Continue.

— Existem vários tipos de contatos e manifestações, as sensibilidades ou potencialidades podem ser de visão, audição, táteis e até mesmo olfativas.

— Cheiros? — Pietra se espantou. — Cheiros astrais?

— Isso mesmo — Elora riu do susto. — Às vezes podemos sentir cheiros bons ou ruins, depende de quem ou do que está se manifestando. Por exemplo, se você tem sensibilidade olfativa e eu me projeto até onde você está, pode não me ver e não me sentir por perto, mas poderá sentir o cheiro do perfume que foi utilizado no meu corpo físico a quilômetros de você.

— Incrível! — Pietra se encostou à cadeira, espantada. — Cheiros distantes vindos pelo astral, isso é coisa de louco, Elora.

— Não é loucura — Elora olhou séria para ela. — É sensibilidade, mas você pode sentir também se um corpo astral ou espiritual chegar até você, e se você tiver sensibilidade tátil, poderá sentir um arrepio ou algo parecido, ou ainda como se alguém estivesse encostado em você.

— Eu sinto muitos arrepios — Pietra projetou o corpo para a frente. — São espíritos?

— Nem todos os arrepios são espíritos — Elora levantou a mão fazendo sinal de aspas. — Pode ser um vento, uma brisa que passou num ponto sensível do corpo, ou um alerta do próprio corpo físico ao sinal de que algo está errado, como a aproximação de um bicho ou alguma coisa assim.

— Oh! — Pietra suspirou aliviada. — Me preocupei.

— Não se preocupe — Elora arrumou-se na cadeira. — Com percepção, saberá quem ou o que está acontecendo, agora, dentro dos contatos táteis, você pode realmente sentir o toque, um abraço, um carinho na cabeça, uma mão tocando seu ombro ou percorrendo seu braço ou costas.

— Eita! — Pietra tornou a pular. — Eu tô aqui, quietinha na minha, e vem um desses aí, passa a mão em mim e eu sinto, tá doida?

— Doida não! — Elora ficou séria. — Sensível, mas é mais ou menos isso mesmo, mas nem todos podem chegar perto de você e se fazerem sentidos, isso depende de mais um monte de outras coisas.

— Lembro de você dizer — Pietra ficou quieta com o olhar perdido — das vibrações positivas e negativas.

— Essa mesmas: vibrações, energias positivas atraem energias positivas, digamos assim bons espíritos, energias negativas...

— É o inverso — Pietra balançou a cabeça satisfeita. — Isso é até fácil de entender, mas é assim o tempo todo, a todo instante existem seres perto da gente?

— Não o tempo todo — Elora deu uma gargalhada. — Mas tudo é energia, você está o tempo todo envolta de energia, dependendo da sua vibração, você as atrai, no caso dos corpos astrais, dos Mestres, eles estão aí, de forma sutil, aparecem quando você os chama ou quando está precisando.

— Oh!

— Não se preocupe — Elora riu. — Não existem fantasmas olhando você tomar banho ou trocar de roupa, a não ser que você esteja desmaiada, passando mal, ou querendo alguém por perto. Se sua energia for positiva, atrairá trabalhadores para lhe ajudar; se for negativa, atrairá quem se aproveita para sugar a energia que lhe resta, deixando-a pior ainda.

— Puxa! — Pietra suspirou. — Energia o tempo todo, tudo energia e forma de vibração, interessante, muito interessante.

Pietra parou uns instantes e ficou observando o balançar das folhas dos arbustos, pensativa, enquanto Elora a olhava estranhamente.

Ela já havia feito aqueles questionamentos antes, mas a forma como absorvia as informações agora era totalmente diferente.

— O que aconteceu, Pietra? — Elora chamou-a fazendo com que tomasse um susto. — Está tendo algum contato?

— Não — Pietra sorriu encabulada. — Acho que não, só fiquei curiosa com algumas coisas, sempre achei interessantes esses seus contatos com Mestres, anjos e todo tipo de desencarnado.

— Nem todos são desencarnados, Pietra — Elora pendeu a cabeça para o lado. — Sabe disso, um corpo astral independe de um corpo físico, mas isso não significa necessariamente que todo corpo astral não tenha um físico, existe a projeção de quem tem corpo físico, de quem está encarnado.

— Sei — Pietra fechou a cara. — Esse negócio que você faz para ir atrás desse atorzinho mexicano.

— Esse mesmo — Elora balançou a cabeça. — Mas projetar o corpo astral não serve só para isso.

— Hum! — Pietra fez cara de desdém. — Para você, ultimamente parece que só serve para isso mesmo. Há quantos dias você não digita uma palavra do seu novo livro?

— Isso é problema meu — Elora exaltou-se. — Nem você nem ninguém tem nada com isso. Acabou o interrogatório?

— Acho que sim — Pietra levantou-se contrariada. — Pelo jeito você está deixando de fazer inúmeras outras coisas também, como atender aos seus leitores, por exemplo, ou tentar ensinar um pouco do que sabe para os... Como é mesmo que você os chamava? Era um nome bonito.

Pietra parou em frente de Elora com o olhar perdido.

— Buscadores — Pietra falou por fim. — Ajudar os buscadores a entender o que acontece com eles, parece que você se esqueceu de nós.

— De nós? — Elora falou debochada. — Desde quando se tornou uma buscadora? Sempre foi uma amedrontada.

— Estamos em evolução — Pietra deu os ombros. — Esqueceu? Talvez eu tenha evoluído nesse contato todo com você e, ao que parece, não aconteceu a mesma coisa com você.

— Quem é você para me questionar?

— Eu, Elora? — Pietra olhou risonha balançando a cabeça. — Ninguém que pode questionar a grande, poderosa e missionária escritora Elora Monteiro, mas sou, sim, alguém que quer entender tudo o que está acontecendo.

— Entender o quê, Pietra? — Elora bufou. — Seja clara quando me perguntar algo, não tenho tempo para adivinhações nem brincadeiras de esconde-esconde.

— Tudo, Elora, tudo — Pietra abriu os braços. — Quero entender como acontecem as comunicações, quero aprender a reconhecer as energias à minha volta, quero saber como se está em dois lugares ao mesmo tempo, quero acreditar que você sabe o que está fazendo ao negligenciar seu trabalho e seus leitores em nome desse seu amor.

— São muitos questionamentos, Pietra — Elora balançou a cabeça. — Não podem ser respondidos todos de uma vez só.

— Por que não?

— Você não entenderia tudo. É preciso tempo para aceitar e entender certas coisas.

— Quem disse isso? De quem é essa regra?

— Da vida.

— Está errada, não pode ser assim.

— Bem-vinda ao clube — Elora sorriu satisfeita e levantou abrindo os braços. — Ao clube dos questionadores das Leis Divinas, das regras que ninguém conhece, dos destinos traçados que se acreditam não ser nunca alterados.

— Você não tem esse direito — Shuam apareceu na sua frente com o olhar irado, segurando-a pelos ombros e empurrando-a, fazendo que se sentasse. — Não pode fazer isso com ninguém, isso eu não vou permitir.

— Elora, o que foi?

Pietra tentou ir em direção a Elora que olhava apavorada para o vazio, enquanto parecia ser empurrada para a cadeira.

Uma força estranha a impediu de sair do lugar e ficou observando Elora que olhava assustada algo que se mexia à sua frente.

— Escute aqui, menina — Shuam encostou o dedo na cara dela —, estou cansado de você e de suas trapaças, mas tratar alguém com esse desprezo eu não vou permitir.

— Mas eu...

— Você o quê, Escritora? Agora a senhora vai ficar aí quietinha e responder a todas as perguntas dela como uma boa professora deve fazer. Já lhe falei uma vez, torno a repetir, se não é capaz, desista e liberte as pessoas que estão presas a você.

Como surgiu, Shuam desapareceu, deixando Elora assustada e tremendo muito; nunca tinha visto tanta revolta nos olhos de alguém direcionada a ela.

— Elora — Pietra aproximou-se dela tocando em seu braço —, está tudo bem? Aconteceu alguma coisa?

Elora ficou parada olhando para Pietra sem nada dizer, depois levantou, abraçou a moça e deu-lhe um beijo no rosto.

— Desculpe, Pietra — Elora falou passando a mão no rosto dela. — Eu fui muito grossa e indelicada com você, me perdoe.

— Está tudo bem — Pietra olhou espantada para ela. Fazia muito tempo que Elora não agia daquela maneira. — Sei que anda muito agitada.

— Não está nada bem — Elora colocou o dedo indicador nos lábios, pensativa. — Vamos fazer assim, faz uma garrafa daquele café que só você sabe fazer e vamos passar o resto da noite conversando, vou responder a todas as suas perguntas.

— Elora — Pietra a olhou preocupada —, você está bem? Tem certeza do que está dizendo?

— Estou certa e estou ótima — Elora abanou com a mão. — Vá, faça o café enquanto me acalmo, depois explicarei para você toda a questão de tempo e espaço que nos permite estar em vários lugares ao mesmo tempo, e como perceber e ouvir sua voz interior, seu Eu Divino, que é quem verdadeiramente vai lhe ensinar o caminho dos Mestres e do Deus que habita dentro de você.

Pietra ficou olhando Elora que, apesar de parecer nervosa, tinha nos olhos uma expressão que há muito tempo ela já não via, o mesmo olhar brilhante da época em que lançou seu primeiro livro e era questionada pelos leitores.

Capítulo 6

— Elora, é Rita outra vez — Pietra esticou o telefone para ela. — Disse que é urgente e que você precisa atender.

— Que droga! — Elora bateu as mãos na mesa irritada enquanto se levantava. — Não disse que estou ocupada?

— Disse — Pietra levantou as sobrancelhas achando graça de Elora. — Mas ela está tentando falar com você há três dias e você não atende, disse que agora não pode mais esperar, que é urgente.

— Ou! — Elora bufou segurando o telefone. — Deve ser alguma besteira!

Segurou o telefone no peito, fechou os olhos e respirou fundo antes de encostar o aparelho no ouvido.

— Olá, Rita, o mundo está acabando e eu não estou sabendo?

— Elora, querida. — A voz de Rita soou do outro lado da linha. — Até que enfim, há três dias estou tentando falar com você e não me atende.

— Ando ocupada — Elora fez uma careta para Pietra. — Estou escrevendo, não ando com disposição para bate-papo.

— Ótimo, ótimo, ótimo, continue seu trabalho, mas não é bate-papo, é negócio e dos grandes.

— Negócios? — Elora sorriu. — Então fale, mulher.

— Fui procurada por um produtor de cinema, um tal de César Laurent que quer comprar os direitos de *Amor Astral* para fazer um filme.

— Outro produtor? — Elora sentou-se desanimada. — Vai querer comprar os direitos para deixar em alguma gaveta, não quero ficar presa.

— Não, esse é diferente — Rita sorriu na linha. — Por isso estou lhe contatando, ele quer fazer o filme para ontem.

— Rita, por Deus, sabe que é impossível, não se faz um filme de uma hora para outra.

— Você precisa ouvir o cara, parece uma locomotiva, fiz minhas pesquisas, e depois ele quer encaixar Amor Astral num projeto que furou de última hora, com tudo praticamente pronto.

— Vai adaptar então, pior ainda.

— Não, não, parece que é um projeto todo aprovado com patrocínio e tudo mais, reservas em estúdios, ele explicou, mas nem consegui acompanhar direito, no último momento houve uma briga ou algo assim e ele tem um prazo para cumprir, senão perde tudo.

— Um lunático deve ser — Elora riu. — Deve ter a voz bonita para ter deixado você assim tão empolgada com a idéia dele.

— Deixe de brincadeira, Elora — Rita falou nervosa. — O cara é muito coerente no que diz, e depois podemos negociar com ele, é muito aberto ao diálogo, tanto que amanhã à tarde está vindo para cá, vai estar no meu escritório quinta-feira para conhecer você pessoalmente e diz que só volta com tudo resolvido.

— Rapaz determinado e confiante; gostei, tá bom, eu vou ouvir o que ele tem a dizer, mas não se anime.

— Te conheço, Elora, não me animarei e depois, com um patrão como o seu eu nunca sei o que esperar.

— Credo, Rita, parece que sou uma lunática, ou melhor, algo assim do tipo fanática adoradora.

— E não é? Deu de presente a um diretor de teatro os direitos de um dos seus livros sem cobrar absolutamente nada e nunca foi nem ver o que ele fez.

— Esse caso é diferente, ele sabia o que estava fazendo e precisava de ajuda, é assim que funciona.

— E rejeitou outras propostas fantásticas preocupada com deturpações, não entendo mesmo esse seu critério de avaliação.

— Enquanto utilizar seu lógico racional nunca vai entender; o que escrevo tem um sentido, um significado, que se for alterado pode ser até perigoso. Não posso deixar isso acontecer, existem horas, momentos e pessoas certas para transformar o que escrevo em filmes, novelas ou peças de teatro.

— Certo, certo — Rita bufou. — Desisto, vai estar aqui para conversar com o cara?

— Você já não marcou? Eu estarei aí.

Elora desligou o telefone e ficou pensativa, não estava esperando por nenhuma proposta daquele tipo no momento, com certeza seria apenas perda de tempo, mas não podia dizer aquilo a Rita, ela estava realmente empolgada pela conversa com o tal produtor.

— Eu vou ouvir o que ele tem a dizer — Elora levantou-se voltando para o computador. — Depois dispenso o cara e tudo fica bem.

Começou a digitar rapidamente, não querendo perder o ritmo das idéias. Como havia previsto, Shuam não tinha aparecido para ver o que fazia, só ia voltar a falar com ela se ela o chamasse.

Não tinha escolha, teria de pedir e clamar por sua presença. Faria, mas queria mostrar algo para ele, algo realmente bom, que ele não poderia questionar.

Elora olhava distraída o trabalho da impressora e tomou um susto com a presença da empregada ao seu lado.

— A senhora não vai comer? Faz dias que não se alimenta direito, só fica na frente desse computador, não dorme, vai ficar doente.

— Eu estou bem — Elora sorriu — e sem fome. Faz o seguinte, prepara uma coisinha leve de tira-gosto e traz para mim com um balde de gelo.

Ela olhou estranhamente para Elora e concordou com a cabeça, indo obedecer à ordem enquanto Elora voltava sua atenção novamente para a impressora.

Quando terminou, ajeitou as folhas e conferiu se estavam todas ali; estava tão distraída que não percebeu que seu pedido havia sido atendido, nem respondeu ao boa-noite da mulher que saiu da sala preocupada.

Elora olhou o amontoado de folhas e sorriu encabulada. Estava bem adiantado agora e precisava falar com Shuam para poder continuar o trabalho.

Passou a mão no rosto apreensiva: ter que encarar Shuam era algo que não queria fazer, seus dois últimos encontros não tinham sido nada animadores.

Sentiu um calafrio ao lembrar do olhar de revolta de Shuam, era doído ter de concordar que ele estava certo, ela mereceu a bronca, não tinha o direito de deixar ninguém com tantos questionamentos simples de se entender se ela estava por perto.

Era melhor tomar algo para se acalmar e enfrentar Shuam, estrategicamente havia preferido não se projetar e encontrá-lo, tentaria que ele viesse ao seu encontro e leria para ele o que estava escrito.

— Tomara que dê certo — pensava enquanto enchia um copo com gelo e seguia em direção ao bar. — Senão terei de encará-lo no astral.

Voltou à mesa com uma generosa dose de *whisky* no copo e ficou observando as folhas na mesa. Sorriu lembrando-se de Pietra, ela realmente havia despertado, não sabia o que tinha acontecido para tê-la mudado tão repentinamente.

Estava mais alegre, mais disposta, e a cada dia mais cheia de perguntas. Tinha separado junto com ela um bom material de leitura, era o que a estava segurando esses dias, mas Elora sabia que em breve ela teria mais um monte de questionamentos a fazer.

Toda aquela empolgação de Pietra estava lhe fazendo muito bem; fora Mila, fazia muito tempo que não encontrava alguém com tanta sede de aprender.

Fechou os olhos tentando chamar Shuam; sabia que ele estava conectado a ela, mas não ia aparecer sem que ela o chamasse.

Ficou parada olhando as folhas e pensando nele enquanto tomava a bebida em pequenos goles. Ele sabia que ela o chamava, era agora esperar e ver se ele aparecia.

Estava terminando a bebida e nada de ele aparecer ou tentar falar com ela de alguma outra maneira.

— Vamos, Shuam! — Elora falou em voz alta. — Não torne isso mais difícil do que está.

Respirou fundo, sentindo-se idiota; era claro que não seria tão fácil. Terminou a bebida e depositou o copo na mesa, era melhor ir para o quarto ou para o santuário se projetar, só assim iria conseguir falar com Shuam.

Desanimada, caminhou até o interruptor para desligar a luz, quando a voz de Shuam soou atrás dela no momento em que ia encostar o dedo na tomada.

— Me procurando, Escritora?

— Oh! — Elora pulou para trás assustada e voltou-se rápido. — Que bom que apareceu.

— Eu disse que viria — Shuam olhou sério para ela —, se fosse algo importante. Espero realmente que seja.

— É o livro — Elora passou por ele indo em direção à mesa. — Eu modifiquei tudo, preciso agora da sua ajuda.

— Modificou como? — a voz de Shuam demonstrou contrariedade. — O que você aprontou agora, Escritora?

— Eu mudei tudo — Elora pegou o copo e foi em direção do bar. — Percebi que a história estava toda errada, por isso eu não conseguia deixar do jeito que você queria.

— Sim e daí? — Shuam sentou-se na cadeira. — O meu com bastante gelo.

— Criei uma nova história — Elora falava empolgada enquanto preparava um segundo copo. — A idéia é a mesma, o tema de trabalho será mais abrangente nessa nova história.

— Mas mudou tudo? — Shuam olhou para ela com ar preocupado. — Personagens? História?

— Isso mesmo — Elora colocou o copo na sua frente. — Tudo diferente, uma nova história, mas o objetivo continua o mesmo.

— Obrigado — Shuam balançou a cabeça. — Se o objetivo continuou o mesmo, podemos ver o que você fez agora, pode ter até dado certo.

Elora sorriu e se sentou na frente dele. Começou a mexer nas folhas à sua frente e parou de repente olhando para Shuam.

— Você vai beber? Mas como?

— Não seja ridícula, Escritora — Shuam olhou-a irritado. — Isso é muito simples, vai começar com seus questionamentos sem sentido?

— Sem sentido? Mas eu não entendo como.

— Não brinque comigo, Escritora — Shuam levantou-se irritado. — Comece logo a ler a sua história, antes que eu perca a minha paciência.

Não querendo contrariá-lo, Elora começou a ler o amontoado de papéis à sua frente. Enquanto lia, tentava acompanhar os movimentos de Shuam para perceber o que ele estava achando.

Depois das primeiras páginas, Shuam sentou-se novamente demonstrando mais tranqüilidade, e enquanto lia distraidamente, começou a ouvir um pequeno ruído batendo à sua frente.

Levantou os olhos e viu Shuam fazendo o gelo bater na parede do copo.

Ficou parada observando o comportamento distraído dele na sua brincadeira, até a hora em que ele levantou a cabeça e ficou olhando diretamente nos olhos dela.

— Algum problema, Escritora? — Shuam sorriu debochado levantando as sobrancelhas. — Ou já acabou a leitura?

— Não, é que é impressionante — Elora levantou-se para preparar outro copo. — Quer mais um?

— Um é suficiente — Shuam sorriu agradecendo. — Afinal, estou trabalhando; o que é impressionante?

— Sua capacidade de mobilização do corpo astral — Elora voltou-se para ele com ar de admiração. — Você tem total controle sobre ele, às vezes parece que você consegue materializá-lo.

— Materialização? — Shuam riu. — Só se eu levasse uma vida monástica, o que não é o meu caso, mas o que eu faço não é nada assim tão impressionante, Escritora, muito me admira você falar isso.

— Pode ser — Elora sentou-se novamente —, para mim é uma novidade, nunca vi tanta agilidade, você consegue mesmo beber?

— Não acredito no que estou ouvindo, Escritora — Shuam olhou espantado para ela. — Você com tanta capacidade de projeção, tantas habilidades, está impressionada com isso?

— Estou! — Elora olhou para ele séria. — Eu sei que é possível, sei que existe a forma de se fazer, mas nunca consegui e nunca encontrei alguém que soubesse fazer.

— Shuam abriu as pernas, encostou os cotovelos nos joelhos e olhou para o chão balançando a cabeça e sorriu.

Levantou a cabeça e a olhou com um intenso brilho nos olhos.

— Beba deste copo, Escritora.

Elora pegou o copo à sua frente e o levou aos lábios enquanto Shuam dava a volta na mesa e se aproximava dela.

— Não tem gosto de nada — Elora olhou para ele espantada. — Como pode?

— Energia, Escritora, essência — Shuam sorriu ainda mais. — pegue um desses lanches e abra.

Elora levantou e pegou um dos pequenos lanchinhos que estavam na mesa, abriu e ficou segurando.

— Tudo é uma questão energética — Shuam aproximou-se mais e segurou a mão dela com calma. — Os sabores, as texturas, os aromas são essências da matéria, são energias, é só uma questão de interação, é só saber absorver essas energias, essas essências.

Elora ficou olhando a mão que segurava a sua sentindo o calor que emanava da proximidade de Shuam; depois levantou os olhos e se deparou com o olhar dele sobre ela.

— Experiente agora — Shuam falou sem se mexer e sem tirar os olhos dela. — Para mim tem cebola demais.

— Não tem gosto de nada — Elora fez uma careta e puxou a mão encabulada. — Só tem o gosto azedo de fermento.

— Pegue outro e coma, Escritora — Shuam apoiou a mão na mesa, achando graça do seu gesto. — Vai ver que tem cebola demais.

— Muita cebola — Elora sorriu. — Eu gosto assim.

— Eu não — Shuam aproximou-se mais de Elora e ficou parado olhando para ela. — Mas está gostoso, coma, você precisa.

Elora terminou de comer sob o olhar atento de Shuam, que estudava cada movimento seu com um jeito estranho.

— Realmente — ela sorriu desviando os olhos dele —, está realmente muito bom.

Shuam continuou parado próximo a ela, olhando Elora, que estava ficando cada vez mais encabulada com a forma com que era observada.

— Volte à leitura, Escritora — Shuam virou-se e foi para o outro lado da mesa. — A história está realmente animadora.

Elora sentou-se rápido, sentindo o corpo todo tremendo, voltou sua atenção para as páginas e continuou a leitura sem dar maior atenção ao que estava sentindo.

— E então, o que achou? — Elora levantou-se indo novamente ao bar. — Não disse nada até agora.

— Acho que você está bebendo demais — Shuam falou sério. — É muita bebida para quem está há dias sem comer direito.

— Eu estou bem — Elora voltou à mesa sorrindo. — Andou acompanhando meus passos?

— Faz parte das minhas funções — Shuam levantou as sobrancelhas divertido, pendendo a cabeça para o lado. — Mas a nova história está boa, teremos poucas modificações a fazer, parece que reaprendeu a escrever, Escritora.

— Ora, viva!!! — Elora levantou os braços e jogou-se na cadeira pendendo para debaixo da mesa. — Mestre Shuam aprovou a minha história, achei que não viveria para ouvir isso.

— Não se empolgue, Escritora — Shuam levantou-se. — Ainda tem que mudar algumas coisas.

— Mas é um progresso — Elora tentou se levantar enquanto gritava. — Você gostou! Você gostou! Que maravilha, eu não acredito que você gostou!

— Você está embriagada, Escritora — Shuam aproximou-se dela. — É melhor ir deitar, depois conversamos.

Elora levantou-se e sentiu-se tonta; cambaleante foi em direção à escada, com Shuam caminhando ao lado dela.

Chegou à escada, segurou o corrimão com força e olhou para cima; sentindo a vertigem, deu uma leve encurvada e foi amparada por Shuam.

— Vai me carregar no colo? — Elora voltou-se para ele encarando-o.

— Não me provoque, Escritora — Shuam aproximou o rosto do dela. — Quer testar mesmo minhas habilidades?

— Claro que não — Elora sorriu. — Puxa! Seus olhos são lindos, você até fica bonito quando não está brigando comigo.

— Se não estivesse bêbada, Escritora, ia achar que está tentando me seduzir — Shuam passou a mão pelo braço de Elora. — Suba, eu ajudo.

Shuam foi acompanhando os passos cambaleantes de Elora até o quarto, mandou-a sentar e tirar os sapatos.

— Deite, Escritora — A voz de Shuam soou divertida. — Amanhã teremos muito trabalho a fazer.

— Está bravo comigo de novo? — Elora falava enquanto se ajeitava na cama. — Ai! Acho que vai rodar tudo.

— Fique calma — Shuam sentou-se ao lado dela. — Só acho desnecessária essa bebedeira; agora, durma.

— Você vai embora? — Elora esticou o braço. — Fica comigo, não agüento mais ficar sozinha.

Elora fechou os olhos e lágrimas começaram a escorrer. Shuam aproximou-se mais e começou a passar a mão pela sua cabeça.

O pranto de Elora ficou mais intenso e as lágrimas agora desciam abundantemente.

Shuam balançou a cabeça e sorriu, Elora havia se encolhido com seu toque como se fosse uma criança, em nada parecia agora a prepotente Escritora com quem trabalhava.

Pulou por cima dela e deitou-se às suas costas ficando, muito próximo. Com o braço enlaçou o corpo que tremia tentando segurar o choro e colocou a cabeça encostada na dela.

— Isso é bom — Elora sorriu. — Parece até que você está aqui mesmo.

— E não estou?

— Com seu corpo — Elora suspirou ajeitando-se para poder sentir melhor sua presença. — Com seu corpo, faz muito tempo que ninguém me põe para dormir.

— Porque é sozinha, Escritora? Nunca procurou um amor, um namorado?

— Eu tenho o meu amor — Elora virou-se para ele que a acomodou nos braços. — Você sabe disso, não posso viver com mais ninguém, só com Miguel.

— Isso não é verdade — Shuam ajeitou-se para olhar melhor para ela. — Você pode e deve buscar outros relacionamentos, não está presa nesta vida à sua metade; muito pelo contrário, sendo assim, você vai encontrar uma pessoa para viver com você, não está escrito em lugar nenhum que se deva viver só.

— Mas eu só amo Miguel — os olhos de Elora voltaram a encher de lágrimas. — Não consigo gostar de mais ninguém.

— Já tentou? — Shuam falou sério. — Já tentou realmente se relacionar com alguém? Ou achou mesmo que iria conseguir viver assim, sozinha, tendo encontros furtivos com a sua metade?

— Existe outra forma de vida quando não se pode estar com quem se ama?

— Escritora — Shuam levantou-se e ficou sentado olhando para ela —, não existe apenas amor entre metades, amor existe para ser vivido, ser sentido, não por alguém em especial, mas por todas as coisas e pessoas.

— Eu amo — Elora tentou sentar e caiu —, amo muito, só não sei viver com ninguém.

— Você não sabe amar, Escritora, você não sabe nem se amar, vive apenas por esse sentimento que nutre pela sua metade.

— Miguel diz que nos amarmos, é como amarmos apenas a nós mesmos, ele quer ir viver com a mulher que conheceu na festa, quer me abandonar.

Elora começou a chorar desesperadamente. Shuam colocou a mão no braço dela e ficou fazendo um carinho esperando ela se acalmar.

— Escritora, os relacionamentos humanos não são baseados apenas em metades, os verdadeiros relacionamentos, os encontros de almas vão muito além disso — Shuam respirou fundo. — Um encontro, um relacionamento cármico pode provocar sensações a níveis físicos tão intensos quanto o de metades, e o encontro de almas companheiras, com missões e propósitos idênticos, podem trazer uma complementação tão grande quanto o de duas partes.

Shuam passou carinhosamente a mão pelo rosto de Elora, fazendo-a olhar em seus olhos.

— Por que então se prender a um sentimento que não eleva, que não ajuda a evoluir, crescer, e que no seu caso está apenas lhe consumindo e lhe desviando do seu caminho, do seu propósito e do propósito da sua metade nessa vida?

— Não, você não entende — Elora conseguiu se levantar e encostou-se à guarda da cama. — Pode até existir esse tipo de relacionamento, mas ninguém pode ser o Miguel para mim.

— Não estou dizendo isso, e não é "pode até existir esse tipo de relacionamento". Eles existem, e estão aí para serem vividos, por mim, por você, por todos os que estão na ciranda de reencarnações.

— Simples assim? — Elora olhou para ele desafiadora. — E você, Shuam, onde está a sua metade? Ou você é muito espertinho, mas não consegue saber por onde ela anda?

Shuam respirou fundo e olhou para Elora contrariado, parou um instante, reencostou-se na cama e fez sinal para que ela deitasse.

— Como você, eu também tive contato com a minha contraparte muito cedo; agora deite. Aliás, ela também me reconhece, sabe quem eu sou, é uma mulher e vivemos relativamente próximos.

— Então, você pode viver com ela — Elora arrumou-se e fechou os olhos. — Bom para vocês, mas nunca vão entender o que eu estou passando.

— Como você e Miguel, nós não destinamos essa vida para vivermos juntos, não pelos mesmos motivos de vocês, mas por termos tido vidas tão atribuladas e conturbadas como vocês.

— Como assim? — A voz de Elora soou sonolenta. — Não escolheram viver juntos nesta vida e os dois têm consciência um do outro? Não entendo.

— Durante muitas vidas, acabamos criando inúmeros problemas e desafetos pela falta de controle que tínhamos e pela necessidade absurda de estarmos perto um do outro.

— Como eu e Miguel — Elora sorriu. — Amor sem limites.

— Amor egoísta — Shuam suspirou. — Mas, ao contrário de vocês, conseguimos aprender a respeitar e a amar outras pessoas e agora estamos tentando sanar os desafetos que criamos nas inúmeras besteiras que fizemos ao longo dos anos, das vidas.

Elora suspirou e se aninhou, e como uma criança, estava praticamente adormecida. Shuam a observava com carinho e, num gesto de afeto, começou a passar carinhosamente a mão pelo seu cabelo.

Ela sorriu ao sentir o carinho e mexeu delicadamente a cabeça, como num gesto de retribuição. Logo entrou num atribulado de sonhos desconexos, nos quais Shuam não poderia intervir.

Elora acordou assustada, tentando se lembrar de como tinha vindo parar na cama e por que estava dormindo de roupa.

Ao tentar levantar, sentiu na cabeça o peso das várias doses de *whisky* da noite anterior e ficou com vergonha.

— Que droga! — Elora bufou indo em direção ao banheiro. — Ter um pileque na frente de Shuam, e ainda ter precisado da ajuda dele para chegar ao quarto.

Abriu o chuveiro e jogou-se na água como se fosse possível apagar os acontecimentos da noite anterior. Esfregou o corpo irritada, podia ter acontecido de tudo, menos ter ficado tão bêbada a ponto de considerar Shuam seu amiguinho.

— Meu Deus! — Elora fez uma careta. — Eu ainda pedi para ele ficar comigo.

— Bom, agora já foi — pensava enquanto escolhia cuidadosamente uma roupa para usar. — Também não é o fim do mundo.

Arrumou-se com esmero e ficou feliz com a imagem do espelho; apesar do peso da ressaca, sentia-se incrivelmente feliz.

Ao entrar na cozinha foi surpreendida com a cara de espanto de Pietra.

— Nossa! Que produção, vai a algum lugar?

— Não — Elora olhou-se. — Produção nenhuma.

— Dona Elora está especialmente brilhante esta manhã — a empregada piscou o olho para Pietra. — Faz dias que ela não tem tão boa aparência.

— Ou então foi a companhia da noite.

— Que companhia? — Elora olhou interrogativa. — Não recebi visitas ontem.

— Mas havia dois copos na sala — Pietra olhou espantada. — Achei que tinha tido visitas.

— Oh! Não! — Elora sorriu. — Foi apenas Shuam que veio conferir o livro. Vou para a varanda, leve meu café, estou meio de ressaca.

Elora saiu sem perceber a cara de espanto de Pietra, que foi em disparada atrás dela.

— Como é? O tal encarnado veio até aqui?

— Ele não está sempre aqui, Pietra, bisbilhotando o que escrevo?

— Mas não com o corpo — Pietra segurou Elora. — Como é que ele é? Bonitão?

— Pietra! — Elora balançou a cabeça. — Quem disse que ele esteve aqui com o corpo? Ele veio aqui ontem como sempre vem.

— Mas... E os dois copos? — Pietra observou Elora sentar-se tranqüilamente. — Pensei que...

— Ah! Isso! — Elora sorriu. — Ele consegue comer e beber ou algo parecido, agora não olhe para mim assim, eu também não entendo isso, mas que ele consegue, consegue.

— O copo ficou flutuando no ar? — Pietra sentou-se e olhava para Elora espantada. — Como nos filmes de terror?

— Não!!! — Elora riu ainda mais. — Mas do jeito que ele é, é até capaz de conseguir mesmo. Ele me explicou que consegue absorver a essência, a energia das coisas. Bom o fato é que o lanche e a bebida dele que eu provei não tinham gosto de nada.

— Que fascinante! — Pietra olhou sonhadora. — Todos fazem isso? Você sabe fazer? Afinal, como ele, você também é encarnada.

— Acho que minha evolução não chegou a tanto. — Elora balançou a cabeça. — Mas eu sempre soube que era possível, só que nunca tinha visto um encarnado fazer.

— Você me parece muito bem — Pietra sorriu. — Pelo jeito, foi uma noite de paz.

Elora olhou para Pietra e fez uma careta.

— Brigou com ele de novo? — Pietra balançou a cabeça. — Como consegue? Nunca vi você brigar tanto com alguém.

— Pior que briga — Elora colocou a mão no rosto. — Fiquei foi é bêbada na frente do Mestre, quer maior desmoralização do que essa?

— Bêbada? Você? — Pietra não conteve a gargalhada. — Essa eu pagava para ver.

Elora colocou a mão na cabeça e não conteve a gargalhada. Ela realmente deveria estar muito engraçada, a pose de Shuam sempre a deixava embaraçada e confusa, bêbada devia estar hilária.

Pietra deixou-a tomando café e foi até o escritório. Apesar da aparente ressaca, Elora estava bem e parecia lúcida como há muito tempo não via, era o melhor momento para falar sobre a carta que havia extraviado.

Quando voltou, Elora estava com o olhar perdido de quem estava maquinando algo, ficava sempre com aquela expressão ao pensar em algum ponto do livro.

Ao sentir sua presença, Elora voltou à realidade e sorriu para a mulher parada à sua frente com ar de indecisão.

— Você está querendo me dizer algo? — Elora arrumou-se na cadeira. — Conheço essa cara, fale logo.

— Bom — Pietra abaixou a cabeça —, sabe aquelas cartas que você mandou responder com agradecimentos prontos?

— Sei, não mandou ainda?

— Não, não, mandei as respostas, no outro dia mesmo elas seguiram para o correio, mas é que...

— É o quê, Pietra?

— Bom, eu não sabia para quem mandar o que, então resolvi ler as cartas para saber qual resposta pronta mandava.

— Menos mal — Elora olhou séria. — Fez muito bem, obrigada pela ajuda.

— Mas não é só isso.

— O que mais, Pietra...

— Bom — Pietra esticou a carta? — eu achei melhor não responder esta, quero que você a leia.

— Andou tomando todas essas decisões sozinha? — Elora olhou para Pietra. — Estou achando sua atitude no mínimo estranha.

— Elora — ela olhou sério —, acho que isso é o que menos importa, leia a carta, por favor. Apesar de entender pouco sobre tudo isso, acho que essa pessoa está precisando de ajuda e ela procurou você.

— Não posso tomar conta de todos — Elora olhou contrariada para a carta —, mas já que você começou.

Elora começou a ler a carta enquanto Pietra ficava olhando sua reação; quando terminou, depositou a carta na mesa pensativa.

— E então? — Pietra não conteve a curiosidade — Vai fazer alguma coisa por ela?

— Não sei como ajudá-la — Elora olhou para Pietra. — Mas você tem razão, precisamos fazer alguma coisa, só não sei direito o que.

— Mas vai saber — Pietra levantou-se e sorriu. — Você sempre sabe o que fazer.

Elora ficou observando Pietra entrar na casa achando graça da afirmação dela.

"Você sempre sabe o que fazer."

Aquela frase ficou martelando na cabeça de Elora, parecia mesmo que ela sabia conduzir as histórias e os fatos. Pelo menos na vida dos outros, sempre tinha respostas e planos para serem traçados, mas seus sonhos e seus planos acabavam ficando em segundo plano, e nunca conseguia traçar suas próprias metas.

Leu novamente a carta, procurou o nome da mulher e o remetente: uma casa de repouso em outra cidade, não conhecia o lugar, mas deveria ser fácil encontrar. Se tivesse uma foto dela ou do lugar seria mais fácil.

— Bom — Elora olhou para o papel, pensativa —, preciso criar uma imagem; através da vibração do papel eu consigo.

Elora abriu as mãos, colocou o papel entre elas e ficou olhando para ele durante algum tempo. Depois começou a passar a mão na página para interagir com a energia do papel e captar todos os pequenos fragmentos de vibrações que ele possuía.

Precisava encontrar ali a vibração mais forte, que certamente seria a emoção de quem a tinha escrito. Encontrando esse fragmento, conseguiria uma conexão com a pessoa que tinha emitido aquele sentimento.

Ela ficou ali algum tempo, passando a mão pelo papel, sentindo sua textura, procurando identificar os vários cheiros que ele continha, até que uma imagem muito nítida surgiu em sua mente.

Como se estivesse assistindo a um filme, Elora conseguiu ver a moça, o quarto onde estava, como havia escrito a carta, e sentiu todas as emoções confusas que estavam habitando aquela criatura.

Elora sorriu, era melhor não perder tempo, aproveitou a imagem e as sensações e conseguiu se projetar para onde estava a garota.

Encontrou-a em uma sala de recreação da casa de repouso. Elora ficou observando a garota distraída com um jogo de cartas na mão.

Foi se aproximando dela calmamente, percorreu com os olhos o ambiente e percebeu que algumas das pessoas presentes a viam, mas preferiam ignorar sua presença.

Quando estava bem próxima da garota, ela levantou os olhos. Primeiramente, sorriu para Elora, e em seguida mostrou-se assustada levantando-se agitada para fugir.

— Calma! — Elora fez sinal para a garota. — Eu estou aqui para ajudá-la, não se assuste.

A garota começou a gritar desesperadamente, chamando a atenção dos enfermeiros que vieram em seu socorro.

— Está começando de novo — ela olhou suplicante para um dos enfermeiros. — Faça parar, eles querem me pegar, não deixa.

— Calma — o enfermeiro a abraçou. — Eu estou aqui, vem comigo, ninguém pode pegar você aqui.

Ele caminhou com ela por um corredor e Elora continuou seguindo-os até chegarem a um aposento que ela identificou como uma enfermaria.

O rapaz a ajudou a se deitar enquanto uma mulher que estava no local lhe trazia um remédio que foi tomado rapidamente pela garota sem retirar os olhos apavorados de Elora.

— Pronto, meu bem — a mulher que administrou o remédio passou a mão pela cabeça dela —, logo, logo eles vão embora.

Elora observava a cena contrariada. Seja o que for que estivesse acontecendo naquela clínica, eles já haviam convencido a garota de que ela estava tendo alucinações.

— Foram os marcianos dessa vez? — a mulher perguntou risonha para o enfermeiro. — Ou algum outro ser aterrador envolto em luzes coloridas?

— Não perguntei — o enfermeiro deu os ombros indo para a porta. — O doutor disse para não alimentar essas confusões mentais dela, principalmente agora.

A mulher voltou-se para a garota que já começava a apresentar sinais de sonolência, balançou a cabeça e foi até o fichário procurar alguma coisa.

Retirou uma pasta e fez uma anotação que continha o remédio e a hora em que a paciente foi medicada.

— A dose é muito forte? — Elora sussurrou no ouvido da mulher. — Quantas dessa ela toma por dia?

Apesar de não ouvir ou notar a presença de Elora, a mulher começou a analisar a ficha de medicamentos da garota.

— Quase todo dia — a mulher suspirou. — As alucinações não param, apesar da terapia e dos medicamentos. Isso vai acabar prejudicando a garota seriamente.

As informações já eram suficientes. Elora voltou rapidamente ao corpo, ficou parada pensando em tudo o que tinha visto.

— Algum problema, Elora? — Shuramim apareceu na sua frente. — Pareceu-me angustiada.

— Shuramim — Elora sorriu. — Que bom que está aqui!

— Sempre estou quando realmente precisa, querida. Não gostou do que viu?

— Nem um pouco — Elora olhou sério. — A menina tem a visão totalmente aberta e está apavorada com o que vê.

— Isso acontece várias vezes — Shuramim balançou a cabeça afirmativamente. — E nem sempre estão preparados para isso, principalmente se não existe algum tipo de apoio.

— O problema é que eu cheguei tarde — Elora levantou-se agitada. — Ela está certa de que sofre de alucinações.

— Quando escreveu a carta não era assim?

Shuramim cruzou os braços e levantou as sobrancelhas para Elora.

— Não — Elora sentou-se e colocou as mãos nos rosto. — Demorei demais para ver o que estava acontecendo, e os médicos já a convenceram de que é louca e a estão entupindo de remédio.

— Então ela parou de ter as visões — Shuramim se sentou. — Sabe que a auto-sugestão aliada a medicamentos bloqueia qualquer tipo de potencialidade.

— Não é o que está acontecendo — Elora levantou a cabeça. — Ela me viu e ficou apavorada, pedindo o remédio para parar de me ver.

— Então existe algo de errado — Shuramim ajeitou-se na cadeira. — Ou os remédios ou ela não está totalmente convencida. É uma pena, ainda vai sofrer muito.

— Vai sofrer? — Elora sentou-se próxima a Shuramim. — Não se pode fazer nada? Ela não é psicótica, ela realmente vê, não precisa de tratamento e sim de treino.

— Receio que não — Shuramim olhou para Elora. — A diferença entre uma síndrome psicótica e o despertar das potencialidades fica numa linha muito tênue. Se já existe um diagnóstico e ela está sendo tratada dessa forma é pior ainda; convencida de que sofre de alucinações a ponto de pedir o medicamento, é porque nada mais pode ser feito a não ser esperar que bloqueie a potencialidade desperta e pare de tomar os medicamentos. Quando ela voltar a se equilibrar, se voltar, deverá tentar primeiro uma orientação física, para que ela por si só resolva romper a barreira do medo.

— Mas o tratamento que ela está fazendo ainda não surtiu efeito, talvez ainda possa ser convencida de que não é louca; afinal, ela me procurou quando chegou à clínica, então ela acreditava no que estava acontecendo.

— Acreditava — Shuramim suspirou. — Mas não conseguiu provas, não teve forças para buscar sozinha nem ninguém para lhe dizer que o que se passava com ela era normal.

— Sem provas — Elora deitou-se na cadeira e fechou os olhos. — Psicose, eu mesma ensinei isso a ela.

Ficou alguns minutos em silêncio sendo observada por Shuramim.

— Shuramim — Elora levantou-se em um pulo —, eu peço permissão para uma intervenção física na vida dela agora.

— Agora? — Shuramim balançou a cabeça. — Não adianta, e depois, o que você pode fazer?

— Não sei ainda — Elora fitou o horizonte, pensativa. — Mas vou pensar em alguma coisa, preciso tentar, quanto tempo pode levar até que ela tenha uma nova chance para despertar?

— Se ela tiver — Shuramim levantou-se. — Vou ver o que se pode fazer. Enquanto isso, vá pensando, mas não posso garantir que conseguirá essa permissão.

— Você vai conseguir — Elora sorriu para Shuramim e piscou. — Você sempre consegue tudo.

— Não me elogie — Shuramim colocou as mãos na cintura. — Sabe que se ela estiver realmente decidida a bloquear, nada mais podemos fazer, é o desejo dela, é o livre-arbítrio dela, e você, mocinha, comporte-se e não faça nada sem uma autorização minha, entendeu?

— Entendi — Elora levantou a mão solene. — Palavra de escoteira!

— Esse é o meu medo — Shuramim balançou a cabeça. — Você nunca foi escoteira.

Elora sorriu, nada abalava o bom humor de Shuramim, nem mesmo os seus pedidos para consertar as besteiras que sempre acabava fazendo.

Ela se levantou e foi para casa à procura de Pietra. Já que ela tinha feito a descoberta da carta, nada melhor do que ter sua ajuda para resolver o problema da garota, caso tivesse a autorização de interferir fisicamente na vida dela.

— Está com sorte, Escritora! — Shuam apareceu atrás de Pietra.

— Mesmo? — Elora levantou-se assustando-a.

— Mesmo o quê, Elora?

— É Shuam — Elora apontou para algo atrás dela. — Veio com a autorização.

— Olá, Mestre Shuam — Pietra virou-se e fez um aceno. — Tudo bem com você?

— Tudo ótimo, Pietra — Shuam abaixou a cabeça para ela. — Melhor agora que posso contemplar seus olhos.

— Disse que está ótimo — Elora olhou espantada para Pietra. — "Melhor agora que pode contemplar seus olhos", nossa quanta intimidade.

— Deixe de bobagens, Elora — Pietra levantou-se. — Veja se o rapaz não quer um café.

— Ora, Pietra — Elora olhou para ela de cara feia —, que...

— Um café seria ótimo! — Shuam sentou-se na cadeira de onde Pietra tinha saído. — Sem açúcar, estou de dieta.

— Ele quer o café — Elora olhou para ele com cara de boba. — Sem açúcar, ele... Você o quê?

— Deixe de brincadeiras, Escritora — Shuam olhou sério. — Já sabe o que fazer? A garota ainda não decidiu realmente se quer o bloqueio, por isso ainda está precisando de tantos remédios.

— Então podemos interferir fisicamente?

— Se você tiver um plano — Shuam voltou seu olhar para Pietra. — Avise para ela onde estou — e retornou seu olhar para Elora. — Apesar de que eu não me incomodaria se Pietra sentasse no meu colo.

Elora fez uma careta e apontou para Pietra o local onde Shuam estava sentado.

Ela colocou a xícara de café em frente a ele e deu um sorriso para a cadeira vazia.

Elora ficou olhando a cena com a mão na cabeça, achando muita graça de toda aquela situação; era a primeira vez que via Pietra tentar interagir com alguém que não via. Ela normalmente procurava deixar Elora sozinha quando percebia que estava com alguém.

— Já tem um plano, Escritora? — Shuam olhou desafiador para ela. — Afinal, conseguiu sua permissão.

— Bom — Elora olhou para ele se sentindo embaraçada —, eu tenho um amigo, um psiquiatra que poderia ajudar a garota. Ele consegue saber a diferença entre um surto psicótico e um afloramento de potencialidades.

— Seu amigo é muito bom — Shuam concordou com a cabeça —, mas ela já tem um médico e está internada, como fazer a troca?

— Minha idéia é tentar acalmá-la — Elora ficou pensativa —, tirar da cabecinha dela essas besteiras que estão fazendo; ela, se controlando, poderá ou voltar para casa ou solicitar uma consulta com outro médico.

— Teoricamente perfeito — Shuam a olhou interrogativo. — Mas como vai conseguir acalmá-la?

— Primeiro eu preciso falar com ela, conversar, saber fisicamente qual é o seu medo para poder trabalhar. Vendo-me ao menos uma vez fisicamente, ela terá mais confiança em mim quando me vir projetada.

— Só isso? — Shuam sorriu. — Simples assim?

— Bom — Elora olhou para ele zangada —, tem todo o processo astral que pode ser adicionado, mas agora preciso atacar o físico primeiro, você não acha?

— E quando pretende começar? — Shuam sorriu.

— Agora — Elora se levantou. — Se eu for para lá logo, consigo vê-la ainda hoje, se não chegar a tempo de visitá-la, poderei ir amanhã pela manhã.

— Certo então — Shuam esticou as pernas. — Leve seu material, antes de dormir vamos trabalhar um pouco.

— Sim senhor, patrão — Elora fez uma reverência. — Como meu Mestre mandar.

— Acho bom — Shuam fez uma careta. — Diga a Pietra que o café estava ótimo.

Shuam desapareceu antes que ela pudesse dizer alguma coisa; ficou olhando irritada para o local onde ele estava.

— Levando bronca?

— Não — Elora olhou para Pietra contrariada. — Ouvindo elogios sobre o seu café.

Elora colocou a mão no rosto tentando se acalmar. A cara abobalhada de Pietra diante da notícia a deixou ainda mais irritada.

— Vou viajar — Elora saiu em disparada. — Quero chegar nessa cidade ainda hoje.

— Vai como? — Pietra saiu atrás dela. — Não tem como ir a não ser de carro ou ônibus.

— Vou de carro — Elora parou bruscamente. — Faz séculos que não pego uma estrada, vai me fazer bem.

Capítulo 7

Elora chegou à clínica no final da tarde, foi muito bem recebida pela atendente, mas não conseguiu ver a garota.

— É uma pena — a moça sorriu, — mas ela foi medicada e não está em condições de receber visitas.

— Posso vê-la amanhã cedo? — Elora tentou disfarçar o desapontamento. — Vim de muito longe só para vê-la.

— Se ela estiver bem — a moça fez um gesto de dúvida. — Vai depender da noite.

— Eu volto amanhã.

Elora saiu calmamente; ao se ver fora da clínica, soltou um palavrão.

Shuam apareceu na sua frente com um ar de censura.

Elora deu de ombros e se dirigiu para o carro; quando entrou, ele já estava confortavelmente instalado no banco do passageiro.

Elora olhou irritada para ele, ligou o carro e saiu cantando os pneus.

— Perdeu a capacidade de me ver? — Shuam falou irônico. — Ou foi medo da casa de repouso?

Medo da casa de repouso? — Elora deu uma gargalhada. — Se alguém me pega conversando com você ali eu ia parar lá dentro, iam me dar tanto remédio que nunca mais conseguiria ver Miguel outra vez.

— Já sabe onde vai ficar? — Shuam olhou para ela com ar de decepção. — Devia ter contado com isso, viu quando foi medicada.

— Pensei que a essa altura já estaria melhor — Elora voltou sua atenção para o trânsito. — Vou procurar um hotel.

— Encoste ali e pergunte onde é a rua principal, lá tem um bom hotel para você ficar.

— Você conhece aqui? — Elora olhou espantada. — Já esteve aqui? Fisicamente?

— Não! — Shuam sorriu esticando o corpo, — Mas sou um homem bem informado.

Elora seguiu as indicações e logo chegou ao hotel que Shuam havia recomendado antes de sumir novamente.

Entrou no quarto exausta, fazia tempo que não dirigia por tantas horas, sentia o corpo todo doído.

Jogou-se na cama tirando os sapatos e ficou observando o teto do aposento, fazendo o seu desenho com os olhos.

Sorriu, lembrando-se de Miguel; ele também gostava de ficar assim, desenhando o teto com os olhos; existiam tantas pequenas coisas em que eram parecidos.

Aninhou-se no travesseiro e encolheu o corpo, deitando-se de lado, ficando como um bebê.

Um aperto surgiu no peito ao lembrar-se dos olhos de Miguel brilhando para Carmem; pensou na última conversa e sentiu os olhos cheios de lágrimas.

— Eu não posso perder você — Elora suspirou. — Eu preciso fazer alguma coisa, tem que existir algum jeito de mudar essa história.

Chorando, adormeceu; quando percebeu, já estava no apartamento de Miguel.

Miguel havia acabado de fazer a barba e dirigiu-se ao chuveiro para o banho.

Elora acompanhava todos os seus movimentos com extrema satisfação ao olhar todos os detalhes do corpo de Miguel que se ensaboava tranquilamente com o pensamento distante.

Num rompante, Elora aproximou-se mais de Miguel, encostou seu corpo astral no corpo ensaboado e o abraçou pelas costas.

Apesar de não entender a excitação que sentiu naquele momento, ele deixou-se entregar pelo prazer que sentia. Fechando os olhos, começou a deslizar a mão pelo próprio corpo, percorrendo com as pontas dos dedos o caminho de pêlos do seu peito.

Depois do momento de êxtase, Miguel retirou a espuma do corpo e saiu do boxe enrolando-se na toalha sem se secar.

Miguel sentou-se na cama para acalmar o corpo. Abaixou a cabeça apoiando os braços no joelho e ficou olhando os pingos de água que caíam do cabelo molhado ao chão.

Elora sentou-se atrás dele e se encostou em suas costas úmidas, sentindo a respiração ainda descompassada de Miguel. E apesar de ele não perceber sua presença, nada controlava o intenso prazer que sentia por estar ali colada nele.

Miguel levantou a cabeça e sorriu pegando o telefone. Após teclar os números, deitou-se na cama enquanto esperava ser atendido.

— Oi — Miguel sorriu ainda mais. — Estava pensando em você.

Ficou parado alguns segundos enquanto ouvia com o semblante de satisfação o que estavam lhe dizendo.

— Se foi um pensamento bom? — Miguel suspirou. — Você não sabe nem tem idéia de como foi bom; para falar a verdade, foi maravilhoso.

Elora encolheu-se, afastando-se ainda mais dele. Miguel estava totalmente absorvido na conversa telefônica.

— Carmem — Miguel levantou-se bruscamente —, preciso ver você agora, estou indo para aí.

Miguel desligou o telefone e foi ao *closet* para se arrumar. Elora ficou parada, sozinha, na cama, observando o olhar de ansiedade de Miguel, que trazia para perto dela a roupa que havia escolhido.

Com o corpo já quase seco, ele passou a toalha rapidamente pelos cabelos.

Instintivamente jogou a toalha sobre a cama, que passou por Elora, dando-lhe um pequeno tranco, e parando exatamente onde estava sentada.

Os olhos de Elora se encheram de raiva; estava ali, tinha acabado de dar o seu amor para ele, mas não era percebida, não era nela que ele pensava.

Voltou ao corpo sentindo um imenso vazio no peito e um estranho sentimento de revolta que deixava todo seu corpo arrepiado.

Elora ficou parada, deitada na cama, com lágrimas escorrendo pelos olhos, até o quarto entrar em total escuridão.

Levantou-se desanimada, indo em direção ao banheiro; olhou o rosto no espelho e passou a mão pelos olhos inchados.

Tirou a roupa calmamente e entrou no boxe abriu o chuveiro e jogou-se nele com a água ainda fria, molhando todo o corpo.

Durante longos minutos ela ficou quieta, apenas sentindo a água que foi pouco a pouco esquentando cair em sua cabeça.

Saiu do banho enrolada na toalha, tateando a parede à procura do interruptor para acender a luz e poder encontrar sua bagagem perdida na escuridão, para pegar a roupa de dormir que havia trazido.

Tirou algumas coisas da valise e jogou-as na cama, abriu a roupa sobre a cama, e quando ia retirar a toalha, percebeu Shuam sentado na poltrona perto da janela.

— Hei!!! — Elora gritou fechando a toalha. — Você não podia estar aí!

— Estou aqui há bastante tempo — Shuam levantou-se e deu-lhe as costas olhando pela janela. — Você não percebeu a minha presença antes porque não quis, e depois eu não estaria aqui com você enrolada em uma toalha se não me fosse permitido.

— E desde quando lhe é dado o direito de me espionar?

— Desde o momento em que você ficou totalmente desequilibrada. — Shuam deu uma gargalhada. — Não se preocupe, Escritora, além de você não ser o meu tipo, não tem nada debaixo dessa toalha que eu já não tenha visto antes, ou você acha que seria a primeira mulher que eu veria trocando de roupa?

— Astralmente ou fisicamente? — Elora falava debochada, enquanto colocava a roupa rapidamente. — Pronto.

— Ora, Escritora, quanta besteira! — Shuam balançou a cabeça, irritado. — Sabe que certas coisas não são permitidas.

— Oh, Shuam, deixe-me quieta! — Elora jogou-se na cama. — Eu estou bem, não se preocupe.

— Não estou preocupado — ele se aproximou e sentou na cama bem próximo a ela, sorrindo. — Combinamos trabalhar ou já esqueceu?

— Eu não esqueci nada — Elora fechou os olhos e colocou os braços sobre eles. — Aliás, eu não combinei nada, você decidiu e eu nunca tenho direito de questionar.

Shuam ficou parado achando graça da manha de Elora e começou a dar leves toques com o dedo em sua perna.

Ela retirou o braço do rosto e olhou para Shuam; contrariada, sentou-se na cama com ar de insatisfação.

— Você ainda está aí?

— Temos trabalho a fazer, Escritora, você não pode ficar se martirizando, não agüento mais ficar olhando esse seu sofrimento desnecessário, vamos, a história vai fazer você esquecer o que está acontecendo.

Elora suspirou demonstrando um grande cansaço; vencida, levantou-se e foi em direção à mesinha onde havia deixado o *laptop*, voltou com ele debaixo do braço resignada e, diante do olhar divertido de Shuam, sentou-se na cama cruzando as pernas e abrindo o aparelho.

Olhou para Shuam que ainda a observava de maneira estranha, sem nada dizer.

— O que foi? — Elora perguntou irritada.

— Estou pensando em quando você vai beber novamente. — Shuam sorriu. — Fica mais doce e *sexy* quando não está assim, armada.

Elora abaixou a cabeça envergonhada e ficou fitando a tela do computador.

Shuam começou a explicar os pontos onde o texto deveria ser alterado, e logo estavam tão absorvidos pelo trabalho que esqueceram a pequena desavença de minutos atrás.

— Vamos parar agora — Shuam falou de repente deitando-se aos pés da cama. — Amanhã cedo você tem um trabalho delicado para realizar, é melhor descansar.

— Hoje cedo — Elora olhou o relógio do computador antes de esticar o corpo e as pernas. — Já é madrugada.

— É melhor você dormir, então.

— Não sei se consigo — Elora fechou o computador e deitou-se em posição inversa a ele, deixando a cabeça e os braços pendidos para fora da cama —, estou tão cansada que acho que até meu espírito está sentindo dor.

— Eu ajudo você a relaxar — Shuam riu da forma engraçada como ela levantou a cabeça olhando para ele. — Deite-se direito.

Cansada demais para reclamar, Elora obedeceu deitando-se de costas na cama.

Primeiramente começou a sentir como um pequeno formigamento nos ombros, logo passou a sentir completamente as mãos de Shuam a massageando.

— Relaxe — Shuam falou tranqüilamente. — Você ainda não está correndo perigo perto de mim.

A sensação de mãos quentes apertando suas costas e ombros foram deixando-a cada vez mais relaxada, até quando sentiu o corpo totalmente solto e deu um leve suspiro.

— Agora sim — Shuam falou risonho —, começou a correr perigo.

Elora não respondeu à brincadeira, ficou quieta, queria continuar saboreando aquele momento, sentindo aquela sensação de prazer incrivelmente nova para ela, apesar de Shuam estar ali sem seu corpo físico, naquele momento, isso não estava fazendo nenhuma diferença.

— Shuam — Elora tentou levantar a cabeça e sentiu a pressão da mão fazendo-a voltar a se deitar —, por que Miguel está se sentindo tão envolvido por Carmem?

Shuam deu um longo suspiro e ficou em silêncio algum tempo, olhando-a entristecido.

— Não sabe mesmo, Escritora?

— Sei lá — a voz de Elora mostrou perturbação. — Estou tão confusa, me ajuda.

Elora sentiu as mãos de Shuam paradas em suas costas para logo sentir o peso dele cair ao seu lado.

— Escritora, não confunda amor com complementação, o fato de ela não ser a metade espiritual dele, não significa que ele não possa vir a amá-la.

— Eu sei — Elora sentou-se ficando de costas para ele. — Mas sei lá, ele está totalmente envolvido, preenchido, fisicamente acho que nem sente mais a minha falta.

— O fato de ele não ter consciência da sua existência na vida física ajuda muito — Shuam levantou e a abraçou encostando sua cabeça no ombro de Elora. — Independente disso, um relacionamento, uma história desenvolvida no companheirismo pode preencher a vida de alguém totalmente.

— Mas e nós, Shuam, que sabemos? Que sentimos a dor da falta de não estarmos perto.

— Apesar de sabermos, Escritora, não precisamos sentir essa dor. Mesmo quando temos consciência dessa falta, da existência desse complemento, podemos preencher nossa vida com o companheirismo, com a cumplicidade de entrosamento com um espírito amigo, e assim levarmos uma vida plena, realizada, equilibrada e principalmente muito feliz.

Elora ficou balançando a cabeça negativamente sem nada dizer.

— Você deveria saber disso melhor do que eu, Escritora — Shuam aproximou-se mais dela, passando o braço pela sua cintura. — Afinal, seu terceiro livro fala sobre isso, sobre os relacionamentos espirituais, o envolvimento entre chamas gêmeas, almas companheiras e relacionamentos cármicos.

Elora deu um pulo soltando-se dele e sentindo o rosto muito quente.

— Precisa praticar as teorias que ensina, Escritora — Shuam puxou o seu rosto para que Elora o olhasse. — Afinal, elas se aplicam a todas as pessoas, e isso inclui a mim e a você.

Elora deitou-se bruscamente jogando-se na cama, agarrando o travesseiro e cobrindo com ele seu rosto, não querendo ouvir nem ver mais nada.

Sentiu a mão de Shuam passando sobre sua barriga e estremeceu como se tivesse levado um choque.

— Do que tem medo, Escritora? — Shuam passava carinhosamente a mão pelo seu corpo, fazendo-a estremecer ainda mais e retirar o travesseiro para olhar para ele. — Da verdade? De descobrir como conduziu sua vida erradamente? Como perdeu tempo em sofrimentos inúteis?

Com uma mão Shuam segurou a nuca de Elora, enquanto a outra pousou pesadamente em sua cintura, fazendo-a sentir sua presença, como se seu corpo físico estivesse ali.

Assustada com a sensação de sentir todo o corpo de Shuam como se fosse físico, ela não conseguiu se mexer; ficou olhando para o semblante sereno dele, que demonstrava imensa ternura e carinho, enquanto seus olhos percorriam com satisfação todos os detalhes de seu rosto.

— Com a sua sensibilidade, Escritora — Shuam sussurrou aproximando seu rosto mais perto do dela —, um homem com uma energia positiva e bem equilibrada pode lhe causar sensações muito mais intensas do que o seu Miguel.

A emoção que Shuam estava lhe transmitindo era tão intensa que ela acabou se entregando completamente aos carinhos, dando um longo suspiro de prazer.

A demonstração de prazer fez que ele se afastasse um pouco dela para ficar observando o olhar quente e inebriado de Elora.

— Você tem vida, Escritora.

Shuam deitou-se em cima dela, fazendo-a sentir a energia de todo o peso de seu corpo; ela sentiu o beijo e as mãos que percorreram a lateral do seu corpo até chegar às pernas.

Elora começou a sentir seu corpo todo tremer de excitação, com o coração disparado de emoção entregou-se totalmente ao intenso prazer que sentia.

— Isso que está sentindo, Escritora — Shuam afastou o rosto e a olhou profundamente nos olhos —, seu Miguel não pode lhe fazer sentir, não nesta vida, Escritora, não nesta vida.

Shuam desapareceu deixando-a atordoada na cama agora vazia. Apesar de ele não estar mais ali, ela ainda sentia no corpo o rastro de fogo que ele havia deixado.

Ela virou-se e começou a chorar, não sabia exatamente por que nem por quem chorava, apenas sentia um enorme desespero e um monte de emoções e sensações confusas. Adormeceu envolta naqueles sentimentos antes mesmo de o pranto cessar.

Elora olhou-se no espelho e fez uma careta; eram visíveis os sinais da noite maldormida.

Não havia nada que pudesse fazer para melhorar a aparência, e o calor insuportável da cidade a deixava ainda mais desanimada.

Chegou na clínica e foi conduzida para esperar na sala de recreação, onde alguns pacientes realizavam suas atividades terapêuticas.

Uma senhora que pintava uma tela parou com a sua entrada na sala e a ficou observando com um brilho estranho no olhar.

Elora sorriu para a mulher, mas ela não fez nenhum sinal nem esboçou nenhuma reação, apenas continuou olhando para ela.

Com o pincel grosso que tinha nas mãos, a mulher bateu ele levemente primeiro no quadro e depois nos lábios, balançou a cabeça e saindo de trás do cavalete foi em direção de Elora.

Ao chegar bem perto, ela esticou o pincel e, com o cabo, cutucou três vezes o ombro de Elora.

— Você trouxe seu corpo hoje! — A mulher sorriu feliz. — Isso é muito bom.

Ela voltou para o seu trabalho cantarolando e dançando, balançando o pincel no ar, como se fosse uma vara de condão.

Elora sorriu preocupada, havia tantos internos nas clínicas e casas psiquiátricas que não deveriam estar ali, tantas pessoas vitimadas pela falta de informações corretas sobre a espiritualidade, ela era realmente privilegiada por ter tido a sorte de nunca ter ido parar num lugar desses.

— A mocinha vai recebê-la no quarto — a enfermeira tocou no ombro de Elora, que estava distraída. — Está bem e desperta, mas não quer sair do quarto agora.

Elora, satisfeita, acompanhou a enfermeira. Seria realmente muito melhor para ela e para a garota poderem conversar longe de outras pessoas.

Ela entrou no quarto e a garota olhou muito assustada. Antes que ela pudesse dizer alguma coisa, Elora correu ao seu encontro e a abraçou com força, para que ela tivesse certeza de que estava ali.

— Fique calma, eu vim lhe ajudar — Elora sussurrou enquanto a abraçava. — Finja que me conhece e há muito tempo não me vê.

O abraço de Elora tranqüilizou a garota, que correspondeu ao carinho com satisfação, olhando para a enfermeira que sorria por assistir ao encontro das amigas.

Assim que a enfermeira saiu, a menina se afastou de Elora e a olhou interrogativa.

— Quem é você?

— Sou Elora Monteiro — Elora sorriu e se sentou em uma cadeira próxima à cama. — Você me escreveu pedindo ajuda, por isso estou aqui.

— Elora Monteiro, a escritora?

Elora balançou a cabeça afirmativamente diante da cara de espanto e satisfação da garota.

— O que está fazendo aqui, Rosa? Este local não é para você.

— Eu estou doente — a menina olhou confusa para ela. — Mas eu vi você outro dia aqui, não assim — a garota colocou a mão nela. — Eu vi você e você existe, é de verdade.

Elora nada respondeu, ficou apenas observando as reações de Rosa diante do que estava acontecendo.

— Você existe! — Rosa sentou na cama próximo a Elora sem soltá-la. — Eu vi você como vejo os outros, mas você está aqui de verdade.

Rosa colocou a mão na cabeça, esboçando desespero; seus olhos se encheram de lágrimas e ela começou a ficar agitada.

— Meu Deus, meu Deus! — Rosa balançava desesperadamente a cabeça. — Eu estou realmente muito doente.

O desespero da garota era tão grande que Elora começou a chorar, e, levantando-se, a abraçou-a com ternura, enquanto passava a mão pela sua cabeça, dizendo palavras de carinho.

Elora sentou-se na cama e fez Rosa depositar a cabeça em seu colo; ficou ali um longo tempo, esperando que ela se acalmasse.

Depois de muito choro, ela acabou por serenar e ficou quieta sentindo o calor e a delicadeza que emanavam da mulher que estava ao seu lado.

— Você não está doente, Rosa — Elora falou quando a sentiu mais calma. — Apenas vê coisas que outras pessoas não vêem, só isso.

— Como assim? — a garota fungou voltando o rosto para ela. — Ver coisas que os outros não vêem.

— A vida, a realidade — Elora balançou o braço no ar —, é muito mais do que isso que a maioria das pessoas pode ver e sentir; existem cores, formas, sons, energias que estão em toda parte, à nossa volta, e nem todas as pessoas conseguem ou querem ter a sensibilidade de senti-las; e as que fazem as pessoas com a sensibilidade que você possui, por não entenderem, nem sempre conseguem viver e interagir nessas duas realidades.

— Duas realidades? — Rosa esboçou um sorriso debochado. — É assim que eu me sinto, como se vivesse duas realidades, por isso estou aqui.

— Não se trata de duas realidades.

— Não?

— Trata-se de inúmeras realidades, infinitos mundos e sensações, mas a maioria das pessoas só consegue ver e sentir isto aqui — Elora tocou Rosa, apertou-a nos braços e cutucou seu peito. — O que pode sentir no tato, no que é palpável no nível físico, mas o mundo é muito mais que isso.

— Acho bom você mudar de assunto — Rosa sentou-se, olhando para Elora com os olhos arregalados. — Se continuar falando isso e alguém ouvir, vai ficar presa aqui comigo.

Elora sorriu balançando a cabeça; ela estava realmente muito assustada.

— Não se preocupe — Elora sorriu passando a mão pelos cabelos. — As pessoas até me acham louca, aliás, escrevo loucuras, mas ainda não tiveram coragem para me internar.

Elora fez uma cara engraçada para Rosa que a fez rir muito, achando graça da maneira estranha como Elora havia falado.

— É, eu sei — Rosa olhou Elora com carinho. — Eu li alguns de seus livros — ela abaixou a cabeça envergonhada. — Achei que era parecida com você, desculpe por ter te incomodado com minhas fantasias infantis.

— O que fez você acreditar que não é parecida comigo? Quem lhe deu essa informação? Quem sentenciou sua vida?

— Os médicos.

— A maioria deles é que são loucos — Elora sussurrou. — Acham que sabem das coisas, mas ó — Elora fez círculos com o dedo indicador ao lado da cabeça —, são apenas verbalizadores de conceitos antigos; o que não conseguem entender, taxam como loucura, distúrbio, e apesar dos avanços nos estudos da neurologia e psiquiatria, não se modernizam, sentem medo de explorar novas possibilidades, eles sim, filha, têm problemas, nós não.

Rosa riu ainda mais. A maneira engraçada como Elora se expressava acabou por tranquilizá-la mais e deixá-la descontraída.

Sentindo-se segura, ela começou a explicar para Elora as sensações, os sonhos e a infinidade de situações em que vivia nos últimos tempos.

Elora vez ou outra interrompia a narrativa para explicar alguma coisa ou relatar uma experiência parecida.

Depois de algumas horas, a conversa fluía animada e o semblante de Rosa parecia bem mais sereno.

— Rosa! — Elora falou bruscamente interrompendo a garota. — Não percebeu que você não tem problema nenhum? Que isso que acontece com você acontece com várias pessoas?

— Eu pensava assim — o semblante dela ficou sério. — Mas não sei, depois eu...

— Sei que é difícil — Elora segurou sua mão —, nem todas as pessoas conseguem entender, e cabe a nós a capacidade de conviver dessa forma sem afetá-las, e principalmente sem nos deixar envolver nas suas visões e percepções restritas.

Rosa ficou olhando sério para Elora, tentando entender o que ela estava dizendo.

— Você precisa sair daqui — Elora levantou-se. — Um médico chamado Gregório virá até a clínica, ele deve conseguir a sua liberação e levá-la para outro lugar, onde você será preparada para voltar para casa.

— Mas, mas... — Rosa ficou assustada. — Eu não tenho como, minha família não vai deixar.

— Você é maior de idade — Elora arrumou a roupa à procura da bolsa. — E não se preocupe, é um presente meu para você esse novo tratamento, apenas fique tranqüila e siga as orientações de Gregório, só ele pode fazer alguma coisa por você agora.

— Você já vai embora?

— Vou, meu bem — Elora foi ao encontro da menina e a abraçou com força. — Fique tranqüila, perca seus medos, tudo vai dar certo, e se precisar de mim é só chamar.

— Telefonar?

— Não, meu bem — Elora colocou o dedo na cabeça da garota. — Pensar, por aqui, pela mente — e desceu o dedo da cabeça para o meio do peito da garota. — E por aqui, acredite, eu venho, se eu não aparecer, pode esperar que algum amigo meu vem em seu socorro.

— Tá — Rosa sorriu. — Confio em você.

— Não em mim — Elora sorriu dando-lhe um beijo no rosto —, confie em Deus, nos Mestres, nos anjos, e principalmente em você e na sua intuição, isso sim é o mais importante.

Elora saiu do quarto deixando Rosa perdida em seus pensamentos; ao chegar à porta da clínica, sorriu aliviada, acreditando que a garota conseguiria e muito em breve estaria pronta para realizar o trabalho a que veio destinada a cumprir nesta vida.

Parou na porta do carro ao sentir o vento forte que balançava as árvores e desalinhava seus cabelos, respirou fundo fechando os olhos para saborear aquele momento que a fazia se sentir feliz e acarinhada pela natureza.

— Você é boa no que faz, Escritora — Shuam estava na sua frente tentando ajeitar seus cabelos. — Nunca a tinha visto em ação.

— Dois elogios na mesma semana? — Elora abriu a porta do carro e entrou. — Vou acabar ficando mal acostumada.

Ficou parada com o carro ligado, olhando para Shuam parado ao lado, e fez cara de impaciente.

— Aproveite a carona — falou zombeteira. — Sei que o Mestre não precisa, mas sou uma mulher educada.

Shuam desapareceu, deixando-a sozinha. Elora riu e olhou o relógio, era preciso correr para estar em casa antes do anoitecer.

Quando chegou à auto-estrada ligou o rádio do carro e uma música suave começou a acompanhar sua viagem; um sorriso sonhador brotou em seus lábios e ela acelerou o carro um pouco mais.

— Cuidado com a estrada, Escritora, não acha que está correndo demais? Não tem nenhum compromisso hoje, que eu saiba.

— Sou boa motorista, não se preocupe.

— Você não pode ter tantos talentos assim, diminua a velocidade.

Elora olhou para Shuam e sorriu desafiadora, olhou para a estrada e fez uma cara séria, depois, relaxou os lábios e suavemente aliviou o pé do acelerador.

— Boa menina, do jeito que eu gosto.

— Não vai se acostumando, eu não tinha percebido a velocidade que estava, sou uma excelente motorista, mas não sou imprudente — Elora virou-se para ele e sorriu com o canto da boca. — Pelo menos atrás de um volante.

Fingindo não perceber a ironia, Shuam começou a falar sobre a música que tocava no rádio e começaram uma conversa agradável sobre músicas, filmes, livros e experiências.

Elora respirou fundo e balançou a cabeça mostrando-se cansada, olhou para o relógio, ainda faltava um bom pedaço de estrada até chegar em casa.

— Está cansada? — a voz de Shuam soou preocupada. — Por que não pára e descansa?

— Estou bem — Elora deu os ombros. — Só quero chegar em casa, amanhã tenho um almoço de negócios e preciso estar bem; e só vou conseguir isso se dormir na minha cama, com o meu travesseiro, com a...

Elora ficou em silêncio segurando a última frase.

— Com a sua foto de Miguel Alvarez — Shuam falou contrariado. — Não adianta tentar me esconder nada Elora, é perda de tempo.

Ela não respondeu, fixando os olhos na estrada.

— Quer que eu te ajude a dirigir?

— Como? — Elora fez uma careta. — Não se acha assim, poderoso demais não, Mestre Shuam?

Elora começou a sentir uma sensação estranha no corpo e teve a nítida impressão de que era afastada do banco, como se agora estivesse dirigindo sentada no colo de alguém.

— Nossa! — Elora começou a rir muito. — Que legal, muito estranho, mas muito bom.

Apesar de parecer não existir nada ali, sentia todo o corpo de alguém entre ela e o banco do carro, e duas mãos segurando seus ombros com força.

— Agora eu dirijo — Shuam foi deslizando delicadamente a mão pelos braços de Elora deixando-os arrepiados. — Relaxe, mas não solte o volante, é só uma ajudinha.

O corpo de Elora ficou todo arrepiado; era uma sensação gostosa estar dirigindo sentindo-se sentada no colo dele.

— Está gostando?

Elora sentiu a voz sussurrada de Shuam próximo ao seu ouvido e acabou por estremecer.

— Muito — a voz de Elora soou trêmula.

— Eu também!

Elora sentiu um leve beijo em seu pescoço, entorpecendo seus sentidos e fazendo-a se encostar mais no banco, sentindo perfeitamente o peito de Shuam em suas costas e o queixo posicionado em seu ombro.

De repente, sentiu o peso da mão em seu joelho e o suave deslizar dela em sua perna, chegando até as coxas.

Todo o corpo de Elora estremeceu como se tivesse levado um choque, ficando ainda mais arrepiado.

— Desculpe — Shuam falou em seu ouvido. — É o hábito de dirigir apenas com uma mão na estrada.

— Isso é perigoso.

— Eu sei — Shuam passou o braço pela barriga de Elora segurando-a abaixo da cintura com força. — Mas somos motoristas prudentes.

Elora sentia a pressão da mão de Shuam que fazia um leve e sensual carinho onde estava pousada; a sensação de calor que o toque provocava no local foi tomando todo seu corpo, fazendo-a sentir um intenso prazer.

Tentando manter os olhos fixos na estrada, Elora acabou por soltar um leve gemido ao sentir novamente o toque de um beijo em se pescoço.

— É melhor você continuar sozinha daqui.

Elora levou um susto com o tranco que sentiu quando a pressão que estava sentindo desapareceu.

Balançou a cabeça contrariada, tentando afastar as sensações que ainda sentia, apertou o volante e pisou um pouco mais no acelerador.

Entrou em casa agitada, jogando a maleta no chão com força.

— Correu tudo bem na viagem? — Pietra olhou para ela desconfiada.

— Oh, sim! — Elora olhou para ela como se não a conhecesse. — A viagem, correu tudo muito bem.

— Tudo bem com essa cara? — Pietra fez uma careta. — Parece de mau humor, quer um café? Para animar?

— Quero!!! — Elora jogou-se no sofá. — Como é bom estar em casa.

Antes de ir para cozinha, Pietra ficou olhando Elora que se balançava e espreguiçava no sofá, gemendo como se fosse um gato.

Quando voltou, encontrou Elora sentada como se conversasse com alguém.

— Mestre Shuam? — Pietra sorriu interrogativa. — Para eu pegar outra xícara.

Elora virou-se para ela irritada e voltou os olhos para Shuramim que ria muito.

— Diga que sou eu.

— Não, é Shuramim — Elora voltou-se para Pietra com cara de poucos amigos.

— Bom, pergunta aí se ela quer um cafezinho, Mestre Shuam adora o meu café.

Pietra ficou olhando para Elora, esperando uma resposta.

— Disse que não, obrigada — Elora apertou os lábios num sorriso forçado. — Que Shuam já comentou com ela sobre o seu café, mas que fica para a próxima.

— Vou deixar vocês então.

Pietra entregou a xícara para Elora e foi saindo da sala.

— Elora, ela não está bem — Shuramim chamou-lhe a atenção. — Está sentindo dor.

— Pietra!!! — Elora chamou sua atenção. — Está sentindo alguma coisa? Onde está doendo? Como se machucou?

— Oh! Não foi nada — Pietra levou a mão nas costas à altura dos rins. — Foi só um mau jeito ao subir em uma cadeira.

Elora esticou o braço com a mão espalmada, pedindo que esperasse, e voltou a olhar para o local onde estava Shuramim.

— Shuramim disse para você tirar esse salto — Elora olhou para os pés de Pietra. — E que só uma massagem vai poder ajudar.

— Massagem? — Pietra sorriu. — Tenho um problema então, estou sem massagista.

Elora sorriu e deu um pulo olhando assustada para algo à sua frente, e seu semblante ficou carregado de irritação.

— Shuam está pedindo para lhe avisar que à noite ele vai fazer uma massagem nas suas costas; falou para você não se assustar e não sentir medo, deitar de bruços e relaxar.

— Que maravilha!!! Agradeça por mim.

— Agradeça você! — Elora levantou-se irritada. — Ele já foi, mas vai estar à noite com você.

Pietra deu uma gargalhada fazendo-a se voltar já, no pé da escada.

— Qual é a graça agora?

— Você! — Pietra riu mais ainda. — Parece até que está com ciúmes, tá uma cena.

— Ciúmes? Eu? — Elora sorriu debochada voltando a subir as escadas. — Preocupada, talvez, com certos atos e atitudes de Mestre Shuam, e acho bom você ficar espertinha esta noite durante a visita, nunca se sabe.

— Elora! — a voz de Shuramim a fez estancar na escada.

— Não estou entendendo e muito menos gostando dessa sua ironia, qual é o seu problema?

— Pense o que quiser — Elora levantou os braços e continuou subindo a escada. — E me deixe descansar, está bem?

Quando terminou de subir a escada, deparou-se com Shuramim à sua frente, de braços cruzados e cara de poucos amigos.

— Entenda apenas uma coisa, mocinha, nada, mas nada acontece sem sua permissão, sem seu consentimento, então se algo está acontecendo de diferente, é porque você está permitindo.

Elora levantou o braço e desviou-se dela, entrando no quarto e batendo a porta com força.

wrc Livros

SUPER PROMOÇÃO

Livros com até **80% desc.**

Mantenha a cidade limpa! Não jogue este impresso em vias públicas.

Desconto em TODO o site

economize $

Enquanto durar o estoque

**Suas compras com apenas 1 clique.
É fácil, seguro e rápido.**

www.wrclivros.com.br
Tel.: 11 2852-0826

Capítulo 8

Elora chegou ao escritório de Rita minutos antes do horário previsto e foi informada de que ela não havia chegado.

Achou estranho porque normalmente aquele horário Rita já estaria trabalhando há horas.

Foi conduzida à sala de espera do escritório; o único compromisso da editora pela manhã era com Elora.

Sentou-se no conjunto de sofás, ficou observando a decoração do ambiente e tomou um susto ao ver em cima da mesinha uma revista com a foto de Miguel Alvarez estampada na capa.

Com as mãos trêmulas pegou a revista e ficou admirando a foto, atenta a todos os detalhes da bonita figura que ele fazia.

Ao folhear a revista à procura da matéria, foi interrompida pela entrada meteórica de Rita, que falava agitada e muito espalhafatosa com alguém que a acompanhava.

— Elora, meu amor — Rita abriu os braços sorrindo. — Que saudade! Você está maravilhosa. Como vai?

— Muito bem — Elora sorriu se levantando para abraçar a amiga. — Mas não tão bem quanto você.

No abraço Rita transmitiu a Elora uma estranha agitação, sensação que há tempos ela não sentia naquela mulher.

— César! — Rita virou-se olhando para a porta de entrada da sala. — Quero que conheça Elora Monteiro, a autora de *Amor Astral*.

Elora ficou pálida e sem ação, estava frente a frente ao grande amigo de Miguel Alvarez.

— César Laurent — Ele esticou o braço e segurou a mão de Elora levando-a a boca. — Um grande admirador de seu trabalho.

Elora o cumprimentou com um sorriso; o susto havia sido tão grande que ela ainda não sabia o que fazer, nunca havia imaginado que o tal produtor que estava atrás dos direitos de *Amor Astral* pudesse ser o melhor amigo de Miguel Alvarez.

— Ele não é um encanto? — Os olhos de Rita brilhavam. — Vamos sentar aqui mesmo.

Rita fez um gesto para que se acomodassem, enquanto César observava o estranho comportamento de Elora que parecia pouco a vontade na sua presença e o olhava como se ele fosse de outro mundo.

Despercebida de tudo e visivelmente alterada pela presença do produtor, Rita falava agitada, citando as qualidades de um para o outro.

Elora abaixou a cabeça e olhou para o chão alguns minutos, fechou os olhos e respirou fundo; quando levantou a cabeça já estava novamente controlada e pôde assim participar ativamente da conversa.

César começou a falar encantadoramente sobre a proposta que fazia a Elora sob o olhar de admiração de Rita; era visível a alteração da editora diante do charme de César Laurent.

Achando muito mais graça do comportamento de Rita do que da proposta, Elora tentava acompanhar as explicações dele sobre o projeto que havia sido prejudicado devido a uma briga de roteiristas e autores.

— Preciso de uma grande salvação — César sorriu sedutor para Elora, abrindo os braços mostrando-se vencido. — E vejo que somente a adaptação do projeto para a história de *Amor Astral* é viável.

— Por que acha isso, senhor Laurent? — Elora olhou para ele desconfiada. — O que faz *Amor Astral* ser assim tão, digamos, importante para o senhor?

— Você não percebe? — César levantou-se. — É perfeito, totalmente adaptável ao projeto inicial, além de, é claro, ser um excelente trabalho.

— Não consigo entender assim.

— Eu sei o que estou falando — César sentou-se mais próximo a ela olhando fixamente em seus olhos. — Eu sinto isso, e está sendo uma certeza maior e mais forte do que eu mesmo.

— Vamos, Elora, ao menos pense — Rita se intrometeu na conversa. — Você, que é sempre cheia de intuições e *insights*, deveria dar mais atenção às sensações de alguém da área.

— Oh! Claro! — Elora sorriu para Rita. — Estou levando muito em conta essa sensação do senhor Laurent, você nem imagina o quanto, isso pode pesar, mas existem outros detalhes que são de extrema importância para mim.

— Faça suas exigências — César interrompeu o pensamento de Elora. — Tentarei satisfazer todas.

— Todas? — Elora sorriu sarcástica. — O senhor não tem idéia do que está dizendo.

— Tenho certeza que minha produtora pode cobrir todas as suas exigências, somos muito flexíveis com quem trabalhamos senhora Monteiro.

— Elora, por favor!

Elora sorriu sedutora enquanto observava o descontentamento de Rita diante da cena.

— Mas o primeiro grande problema, César, posso chamá-lo assim, não é? O grande problema é o roteiro, *Amor Astral* é um livro, não sou roteirista, quem irá fazer essa adaptação sem que a obra não sofra nenhum prejuízo.

— Existem excelentes roteiristas, Elora — César sorriu satisfeito — que podem fazer esse processo ao seu agrado e à sua aprovação.

— Não é tão simples assim — Elora levantou as sobrancelhas. — O senhor leu o livro, senhor César? Conhece a história de *Amor Astral*? Sabe o que ela significa?

— Na verdade, não — César ficou muito vermelho diante da observação. — Mas tenho plena confiança nas indicações que recebi, sei que é uma linda história de amor.

— Esse é o problema — Elora encostou-se no sofá, satisfeita. — *Amor Astral* é muito mais que uma simples história de amor.

— Não entendi! — O olhar de César pareceu confuso. — Não é um romance?

— Sim — Elora sorriu. — E tem realmente uma linda história de amor, mas é um livro de ensinamentos místicos, teorias esotéricas; é uma apresentação do mundo holístico às pessoas que ainda não tiveram acesso a esse conhecimento.

— Elora chama *Amor Astral* de um romance iniciático — Rita interrompeu o diálogo. — Para ela e seus seguidores o romance é apenas uma forma de condução à prática e ensinamentos místicos.

— Entendo — os olhos de César ficaram anuviados. — Mas ainda não alcancei o problema, me desculpe.

— Eu explico — Elora ajeitou-se no sofá jogando o corpo para a frente. — A essência do livro, o que eu realmente quero passar para as pessoas com ele é o misticismo, as teorias, as idéias das coisas que existem por aí, mas que nem todo mundo percebe.

— Certo — César sorriu compreensivo.

— A história de amor apenas conduz isso, e o filme tem de ter esse princípio, essa base, essa aura mística, essa essência iniciática, por isso uma adaptação não é assim tão simples.

— Mas...

— Por exemplo — Elora fez um gesto para ele esperar —, talvez cenas que para você, como roteirista, sejam importantíssimas devido à história de amor, não sejam assim tão importantes dentro da proposta do livro, e ao contrário também, certas partes que parecem assim irrelevantes são as realmente importantes de passar.

Elora voltou a encostar-se ao sofá, esperando César absorver melhor o que havia dito, antes de continuar.

— Uma pessoa para fazer isso precisa ter esse conhecimento, essa sensibilidade, esse domínio, para que as duas vertentes do livro apareçam no filme.

César ficou parado alguns minutos olhando para Elora sem nada dizer. Seu pensamento parecia muito longe, como se estivesse buscando alguma coisa.

— Eu conheço a pessoa certa — César olhou para ela e sorriu. — Só não sei se você vai concordar com o nome, ele é meio polêmico para esses assuntos espirituais.

— Aí depende — Elora sorriu —, eu também sou polêmica, afinal me consideram uma lunática, ou você não sabia disso?

— É exatamente esse o ponto — César fez uma careta. — Ele é um excelente roteirista, aliás um dos melhores e um estudioso das práticas místicas, mas, ao contrário de você, ele utiliza uma linha, digamos, mais cética, mais crítica, menos maleável se podemos dizer assim.

— E qual o problema?

— Normalmente ele usa seus estudos e seus conhecimentos para testar os trabalhos, ele busca falhas, discrepâncias, como ele mesmo gosta de dizer, retirar ilusões e fantasias.

— Ainda não entendi o problema.

— Bom — César ficou encabulado. — Nem todos gostam de ter seus trabalhos esmiuçados por JS e nós estaríamos pedindo a ele muito mais que isso.

Elora deu uma gargalhada e passou a mão pelo rosto ajeitando os cabelos.

— Não se preocupe, César — Elora balançou a cabeça —, não me preocupo com a avaliação desmistificadora desse tal JS, acredito e sei o que fiz, e vai ser excelente ter esse contato.

— E você acha que estaria disponível para o trabalho? — Rita olhava a cena preocupada. — Você tem pressa e ele teria de estar à disposição.

— Não só à disposição — Elora chamou a atenção. — Mas aceitar que eu acompanhe seu trabalho.

— Acompanhar o trabalho? — César olhou para ela assustado. — Ajudar JS no roteiro?

— Ou atrapalhar — Elora riu alegre —, aí vai depender dele.

— Aí já complica um pouco.

— Bom — Elora levantou-se —, você disse que faria tudo. Bem, esse é o começo, e não se preocupe com meus dias e horários, sou totalmente adaptável, estarei à disposição de JS.

— Você já vai? — Rita levantou-se. — Não vai almoçar com a gente?

— Não posso — Elora sorriu. — Mas podemos nos ver hoje à noite, vocês podem ir jantar lá em casa, assim terei a resposta de César.

— Acha possível obter essa resposta hoje? — Rita olhou assustada para César. — Para jantarmos com Elora?

— Claro que sim — César sorriu. — Sem problemas, consigo achar JS até no inferno antes da hora do jantar.

— Então combinado — Elora acenou para César e deu um beijo em Rita. — Nos veremos à noite, e depois dessa resposta eu poderei pensar melhor no assunto.

Elora saiu apressada da sala deixando César e Rita atrapalhados diante da situação.

Chegou em casa sentindo-se extremamente cansada, informou a Pietra as providências para o jantar e foi para o quarto, tinha muito o que pensar, a cabeça fervilhava de idéias, e era preciso entender direito o que estava acontecendo.

Ficou deitada em silêncio com os olhos fixos no teto do quarto, com a expressão de que fazia um grande cálculo matemático.

— É isso!! — Ela sentou-se com a mão no rosto. — É perfeito, é a nossa chance.

Ficou sorrindo por alguns minutos, olhou as horas, ainda dava tempo, Miguel devia estar dormindo agora, e ela poderia conversar com ele tranqüilamente.

Ajeitou-se na cama confortavelmente, fechou os olhos, respirou fundo e minutos depois estava fora do corpo físico, indo ao encontro de Miguel Alvarez.

Encontrou Miguel ainda dormindo, o relógio iria despertar em breve, e pelo movimento dos olhos percebeu que ele estava sonhando, ia ficar fácil trazer o seu corpo astral para conversar.

Parou aos pés da cama olhando para Miguel, logo seu corpo astral sentava na cama e sorria para ela.

— Cristal!!!

— Miguel! — Elora jogou-se sobre ele. — Estava com saudades.

O beijo trocado entre os amantes foi intenso e demonstrava a saudade e a necessidade de estarem próximos um do outro.

— Eu não vim aqui para isso — Elora sorriu. — Preciso conversar com você.

— Só mais um beijinho — Miguel esfregou o rosto no dela.

— O relógio já vai despertar e você volta para o corpo, preciso falar com você agora.

— Está ansiosa — o semblante de Miguel ficou sério. — O que foi?

— Seu amigo César Laurent me procurou, quer que eu autorize a filmar um dos meus livros.

— Então é isso? Que bom, César está mesmo em uma enrascada, você pode ser a salvação dele, os últimos projetos foram terríveis e agora depois que conseguiu essa chance aconteceram mais problemas.

— Percebi isso, a situação dele é tão ruim assim?

— Você nem imagina, está atolado em dívidas, nem sei como vai poder negociar com você, deve ter realmente encontrado uma luz, e se ela passa por você, por favor, ajude meu amigo.

— Quero mais que isso — Elora sorriu satisfeita. — Quero você no papel principal de *Amor Astral*, afinal ele é seu, é a sua história que você não conhece.

— Tentador — Miguel sorriu. — Mas sabe que não devo fazer isso, principalmente se o papel é dessa forma, eu não tenho a mínima idéia do que pode acontecer se eu tomar contato com essa história.

— Você não percebe, Miguel! — Elora fez uma careta. — É uma forma de trazermos sua consciência astral para a física.

— Mas eu não quero isso! — Miguel balançou a cabeça. — Não é isso que tenho que fazer, eu não posso trazer para o meu consciente o que acontece, não estou nem fui preparado para isso, pode ser perigoso.

— Miguel!! — Elora chamou-lhe a atenção. — Não entende o que podemos fazer? Vamos poder nos encontrar na vida física dessa forma; afinal, você trabalhando como ator em um romance meu, fatalmente iremos nos conhecer.

— Cristal, devagar — Miguel olhou sério. — Não estou entendendo direito o que você está dizendo.

— Simples, Miguel, você com o papel no filme de César irá me encontrar, pretendo participar de reuniões, filmagens, festas e tudo mais que possa envolver o filme, ou seja, em todos os lugares que você estiver eu vou estar, e você, ao estudar o livro, o roteiro, irá ter lembranças despertas, que, aliadas à minha presença, o reconhecimento certamente acontecerá e nós poderemos ficar juntos.

— Você está louca, Cristal? — Miguel levantou-se agitado olhando para ela preocupado. — Nós não podemos fazer isso.

— Nós podemos fazer tudo, Miguel, você é que não está entendendo, é a nossa chance de ficarmos juntos.

— Sei que podemos, Elora, mas poder fazer não significa que devemos fazer, que seja o certo a fazer, podemos pôr tudo a perder e eu não quero mais isso.

— Miguel!!!

— Cristal, entenda isso de uma vez, nós decidimos que seria assim, foi o nosso acordo, não podemos, ou melhor, não devemos mudar as regras agora no meio do jogo.

— Mas termos uma oportunidade dessas só pode ser um sinal.

— É um sinal, eu não disse que não era um sinal.

— Então qual é o problema?

— Porque esse sinal significa que somos livres para fazermos da nossa vida, da nossa história, o que quisermos, e cabe somente a nós as escolhas do caminho.

— É a nossa escolha, Miguel, a nossa decisão, por que não usarmos o momento e escolhermos estar juntos, partilhar uma vida física novamente?

— Porque não é o certo, não é isso que devemos fazer.

— Como você pode avaliar o que é certo e o que é errado, como pode ter certeza de que o certo não é utilizarmos esse momento para nos unirmos e acabar com esse sofrimento?

— Cristal, não venha com histórias, nós sabemos, sim, o que é certo ou não, principalmente no que se refere a nós dois. Estamos tendo uma oportunidade maravilhosa de consertarmos um monte de besteiras que já fizemos, e vamos correr o risco de pôr tudo a perder?

— Não colocaríamos, Miguel. Vamos, Miguel, aceite, faça o trabalho, encontre-me na vida física.

— Cristal! — Miguel colocou a mão na cabeça em desespero. — Está parecendo uma louca, sabe-se lá Deus o que aconteceria se alterássemos a história desse jeito, que rumo as coisas poderiam tomar se passássemos a partilhar fisicamente o mesmo espaço, é um risco muito grande para corrermos.

— Não existe risco, Miguel, tudo se acerta, você sabe disso.

— Você não sabe o que está dizendo, Cristal, olhe para você, olhe o que já está fazendo, o que está criando, nenhum de nós pode saber que rumo isso pode tomar, não quero arriscar mais uma vida nessa nossa história.

— Eu arrisco tudo, Miguel, eu vou utilizar a chance que o destino me deu para trazer você para perto de mim, vou fazer César Laurent ter você no projeto e vou estar ao seu lado, ocupando o mesmo espaço que você, respirando o mesmo ar.

— Mas eu não quero, Cristal, não faça escolhas por mim, já é horrível ter que viver assim com você, imagino o que será da minha vida se tiver sua presença física na minha frente, vou acabar enlouquecendo.

— Não — Elora o abraçou. — Vai perceber o quanto me ama e que sou a única mulher da sua vida, a que sempre esperou.

— Não, Cristal, não é essa a minha espera, não é esse o meu destino, não é a minha história — Miguel soltou-se dela. — Não faça isso, meu amor, não altere a minha vida, ajude César, mas nos mantenha afastados um do outro.

— Eu já decidi — Elora cruzou os braços. — Eu vou fazer, vou trazer você até mim.

— Não faça isso!

— Já fiz — Elora sorriu. — É a minha vontade, é o meu desejo, é o meu direito divino utilizar meu livre-arbítrio, você não pode interferir nisso.

Os olhos de Miguel ficaram irritados e demonstravam muita ira; o semblante sério e ameaçador acabaram deixando Elora assustada, nunca tinha visto Miguel a olhar assim de maneira tão transtornada.

— Se é assim, Cristal, se é assim que você quer — Miguel espalmou a mão direita no peito —, eu também tomo minha decisão, a partir de hoje eu não vou estar mais com você astralmente.

— Como é?

— Sua escolha, minha escolha — Miguel abriu os braços. — A partir de hoje você está fora da minha vida astral, fora do meu contato, contente-se a partir de agora com a vida física que você acabou de escolher e da qual eu não tenho responsabilidade nem dela nem do que virá a acontecer nela.

— Você não pode fazer isso!

— Já fiz, Cristal — Miguel sorriu sarcástico. — Aliás, devia ter feito isso há muito tempo, teria evitado milhares de problemas, conflitos e transtornos na minha vida física, e principalmente teria impedido que a coisa chegasse a esse ponto.

O som estridente do despertador levou Miguel de volta ao corpo que acordou sobressaltado e suando muito.

Miguel sentou-se na cama atordoado, passou a mão pelos cachos do cabelo em desalinho que estavam grudados pelo suor, ficou olhando para o chão esperando o coração acalmar as batidas e o corpo parar de tremer.

Devo ter tido um pesadelo — pensou colocando a mão no peito. *Nossa, que horror! Que sensação estranha, é como se o mundo estivesse acabando e eu não pudesse fazer nada para evitar.*

— Um banho deve ajudar — falou em voz alta enquanto se dirigia ao banheiro.

A projeção de Elora parada no meio do quarto assistia Miguel fechar a porta do banheiro com a expressão totalmente transtornada.

Capítulo 9

Elora arrumava a roupa em frente do espelho sentindo-se imensamente feliz, tinha encontrado a grande solução para o problema que amargurava sua vida, iria ter Miguel ali pertinho dela, ao alcance da sua mão.

Pensou em Miguel e sorriu. Ele estava arredio agora com a notícia, mas na hora em que estivesse frente a frente com ela tudo se resolveria.

Desceu as escadas cantarolando, ainda era cedo para se arrumar e resolveu verificar os preparativos do jantar, afinal seu novo destino seria traçado naquela noite.

Encontrou Pietra atordoada no comando da cozinha para que tudo saísse a seu gosto, sabia que havia comunicado o jantar em cima da hora, mas ela tinha mania de perfeição e Elora sabia que tudo sairia perfeito.

— Agoniada, fofa?

— Você está bem? — Olhou para ela espantada. — Sabe a quantos anos não me chama mais de fofa? Pensei que havíamos superado essa fase.

— Não resisti! — Elora sorriu sentando-se à mesa. — Tem café?

— Tem — Pietra procurou uma xícara no armário e levou até ela. — Mas se me chamar novamente de fofa eu coloco veneno no lugar do açúcar.

— O.k.! O.k.! — Elora fez uma careta. — Pronta para as reclamações, qual é o problema?

— Você quer mesmo saber? — Pietra colocou as mãos na cintura. — Além de você não ter me contado como foi na clínica, ainda me arranja um jantar especial, quer que eu diga mais alguma coisa?

— Que você é maravilhosa, que tudo já está em ordem e sua superioridade não permite que você fique abalada com minhas neuras.

Pietra ia abrir a boca quando o telefone tocou, bufou fechando os olhos e foi atender irritada.

— Salva pelo gongo! — Pietra disse antes de atender olhando brava para Elora.

— É para você — Pietra esticou o telefone para Elora. — Um tal César Laurent.

— É o convidado — Elora franziu as sobrancelhas. — Será que desistiu?

— Um homem!!! Com corpo para jantar!!! — Pietra colocou as mãos em oração. — Obrigada, Senhor!

— César?

— Minha querida, você não vai acreditar quem está agora na minha frente.

— Quem? — O coração de Elora bateu disparado.

— JS, o roteirista de quem lhe falei — a voz de César mostrava grande animação. — Por coincidência, ele estava exatamente na cidade quando liguei; isso não é maravilhoso?

— Fantástico, perfeito — a voz de Elora tremeu de excitação. — Isso é um grande sinal, César, ele vai aceitar?

— Ainda não deu resposta, mas ficou muito tentado, não conhece o seu trabalho, aliás nunca tinha ouvido falar em você, acredita? O que foi ótimo, pois o deixou muito curioso e com vontade de participar do projeto.

— Isso é ótimo — Elora franzia os olhos achando interessante um pesquisador não a conhecer. — Por que não o traz hoje à noite para o jantar? Assim ele poderá me conhecer primeiro pessoalmente e depois o meu trabalho.

Elora ficou ouvindo o sussurro da conversa, ansiosa.

— Ele vai, minha amada — a voz de César era eufórica. — Na hora em que ele vir esse seu rostinho lindo, vai aceitar a proposta no ato, ainda mais sabendo que irá trabalhar perto de você.

— Vamos ver então — Elora sorriu com o gracejo. — Estou esperando vocês.

Elora desligou o telefone e ficou com o olhar perdido, era sorte demais esse tal JS estar na cidade.

— Mais visitas? — Pietra aproximou-se. — Quantas pessoas afinal?

— Agora 4, 5 com você, dois homens, três mulheres, podemos chamar mais alguém.

— Dois homens??? — Pietra arregalou os olhos. — Dois homens de verdade, com corpo, cheiro de homem, dentro desta casa? Meu Deus, o mundo vai acabar.

— Deixe de bobagens, Pietra — Elora olhou zangada para ela, que olhava para o teto como se falasse com o alto. — Devemos chamar mais alguém?

— Um juiz de paz, talvez? — Pietra sorriu. — Vai que uma de nós desencalha, é melhor não perder a chance.

— Pietra!!! — Elora gritou. — Eu estou falando sério.

— Eu também!

Elora fechou os olhos e abaixou a cabeça; os gracejos de Pietra a estava deixando profundamente irritada.

Ao perceber a expressão de Elora, Pietra tentou parar de sorrir e ficar séria. Elora estava mesmo irritada e ansiosa de uma forma que há muito tempo não via.

— É melhor não chamar mais ninguém — Pietra falou por fim. — Outra pessoa ficaria deslocada na conversa, afinal é um jantar de negócios, não estou certa?

— Está! — Elora olhou para ela aliviada. — Ficamos assim então, só nos 5.

Ficou perambulando pela cozinha, mexendo nas panelas e dando palpites que irritavam Pietra.

— Elora! — Pietra falou em voz alta. — Vai se arrumar, vai descansar, mas pelo amor de Deus, sai daqui.

Elora olhou para ela fazendo cara de birra, abaixou a cabeça e caminhou até a porta. Antes de sair, olhou sério para Pietra.

— Tá certo, fofa!

Saiu correndo fechando a porta e pôde sentir o barulho de algo de metal atingindo a porta de onde tinha saído.

Rindo muito subiu para o quarto; era melhor escolher uma roupa perfeita para a noite, a primeira impressão é sempre muito importante, e se precisava agradar esse tal de JS, deveria estar bem.

— Nunca ouviu falar de mim — Elora fez cara de deboche. — Pesquisador de araque isso sim, espero que ele saiba mesmo adaptar o livro.

Elora olhava no espelho com satisfação, o vestido de seda branco, com alças finas, modelava seu corpo alto e esguio com delicadeza, a saia à altura dos joelhos, com grandes aberturas laterais, dava um ar de sensualidade complementado com as pequenas e delicadas aplicações de minúsculos cristais brilhantes em forma de flores em um dos lados.

Os cabelos presos por dois grandes pentes ajudavam a deixar os ombros ainda mais à mostra.

Uma suave maquiagem ressaltava os olhos e agora procurava nas caixas de jóias um colar e um par de brincos que se adequassem apropriadamente ao conjunto.

Optou por uma gargantilha de ouro bem fina e pequenos brincos que acabaram dando um sóbrio e discreto ar à sua figura, porém de uma forma extremamente sensual.

O barulho de vozes na sala interrompeu o seu encantamento com a própria imagem; calçou os sapatos prateados de saltos muito altos e finos, e se apressou em descer.

Rita e César haviam chegado juntos, e enquanto descia a escada sob o olhar admirado de César, pôde perceber nitidamente o envolvimento da amiga com o produtor.

César caminhou até o final da escada para ajudá-la a descer, ignorando o olhar raivoso de Rita.

— Você está linda! — César sorriu levando sua mão até os lábios. — Achava impossível que conseguisse ficar mais bela do que estava à tarde.

Elora agradeceu com um sorriso e dirigiu-se a Rita para cumprimentá-la.

— Seu amigo... JS não vem?

— Deve estar chegando, tinha outro compromisso antes e ficou de nos encontrar aqui.

Elora fez sinal para sentarem e um garçom surgido do nada apareceu ao seu lado oferecendo *drinks* aos recém-chegados.

Ficaram algum tempo conversando sobre banalidades e o mundo do cinema, o que deixava o semblante de Rita cada vez mais deslumbrado diante de César.

Pietra, que havia se juntado a eles, tentava conter o riso da cara de embasbacada de Rita para César Laurent.

O som da campainha chamou a atenção dos presentes.

— Deve ser JS — César sorriu satisfeito. — Não vejo a hora de ele conhecer você.

Elora sorriu preocupada, o futuro de *Amor Astral* ia passar pelas mãos daquele homem, tinha que ser o certo, pois só assim poderia levar seu plano adiante.

Enquanto o convidado entrava na sala e era recebido calorosamente por César, Elora foi chamada por Pietra para acertar os últimos detalhes do jantar. Ao ouvir a voz de César a chamando, virou-se para poder enfim conhecer o rosto do futuro roteirista de *Amor Astral*.

Elora ficou perplexa, sentiu as pernas ficarem moles e o sangue sumiu de suas veias diante do sorriso tão conhecido.

— Elora — César conduzia Shuam pelo cotovelo. — Esse é JS, um dos maiores roteiristas do momento; JS essa é Elora Monteiro, a escritora.

Olhando para Elora com ar de curiosidade, Shuam aproximou-se dela estendendo a mao e recebendo maquinalmente uma outra mão trêmula e muito fria.

— Senhora Monteiro — Shuam segurou a mão gélida com as duas mãos e levou-a até os lábios. — Estou encantado em lhe conhecer, vejo que César Laurent não fez jus à sua beleza.

Elora estava sem ação, a voz não saía e não conseguia recolher a mão estendida nem tirar os olhos da expressão agora enigmática de Shuam.

— A senhora está se sentindo bem, senhora Monteiro? — A voz de Shuam soou preocupada. — Está pálida.

— Eu, eu... — Elora recolheu rápido a mão e tentou escondê-la atrás do corpo. — Estou bem, é que você me lembrou muito alguém, me desculpe.

— Espero que um amigo — Shuam ajudou-a a sentar — de quem sinta saudades.

— Não saudades — Elora sorriu cínica —, só um dos muitos fantasmas que assombram a minha vida.

Shuam sorriu para Elora, enquanto se acomodava no local indicado por Pietra.

Elora não conseguia coordenar os pensamentos e participava da animada conversa apenas movimentando a cabeça e respondendo por monossílabos; a presença física de Shuam por si só já seria um verdadeiro susto, mas caber a ele a adaptação de *Amor Astral* para o cinema era a última coisa que poderia imaginar.

Quando anunciaram o jantar, Shuam adiantou-se para poder conduzi-la à mesa, e na hora de ajudá-la a se sentar, sussurrou em seu ouvido.

— Está muito quieta, Escritora, não estou acostumado a vê-la assim tão calada.

Sentindo muita raiva, o sangue subiu pelo rosto de Elora, se em algum momento teve dúvida da consciência de Shuam, isso havia acabado, pois ele estava totalmente ciente e consciente do que fazia em sua casa.

Sentindo-se tristemente traída, procurou conter a raiva para não sair aos berros com o homem à sua frente. Precisava se acalmar, nenhum dos presentes iria entender seu gesto nem poderiam saber o que estava acontecendo.

Já havia passado por aquela situação inúmeras vezes, vez ou outra conhecia alguém com quem só tinha tido contatos astrais, mas nenhum daquela forma e naquela situação.

— Quer dizer então, senhor JS — Elora sorriu debochada — que nunca tinha ouvido falar de mim?

— É incrível — Shuam levantou os braços —, mas é verdade. Não sei como isso foi acontecer, afinal me considero um homem estudioso e bem informado, e não consigo entender como nunca me deparei com nada escrito pela senhora.

— Apenas Elora, por favor — ela deu um sorriso forçado. — Deve ser porque, como estudioso, considere meus livros sem real importância para o mundo místico.

— Muito provável — Shuam balançou a cabeça afirmativamente. — Gosto de tratados mais sérios e não de romances açucarados, recheados de pretensões místicas.

— Mas o trabalho de Elora é muito conceituado — Rita interveio em tom de repreensão — e muito respeitado também, já ganhou prêmios e dentro do universo holístico seus livros são apontados como os melhores livros iniciáticos da atualidade.

— Pois é — Shuam sorriu para Rita —, coisas que acontecem, espero que possam me perdoar pela ignorância.

— JS — César interrompeu a conversa —, você teve tempo de olhar o exemplar de *Amor Astral* que lhe entreguei?

— Uma olhada superficial — Shuam fez um gesto com a mão —, mas o suficiente para entender o trabalho.

— Nunca havia ouvido falar de mim, nunca leu nada que escrevo — a voz de Elora soou irônica — e numa olhada superficial conseguiu avaliar a obra, que ótimo!

— Tenho memória fotográfica para certos assuntos — Shuam sorriu, piscando para Elora. — Certos temas estão bem aqui — apontou para a cabeça —, armazenados, *Amor Astral* nada mais é do que uma forma sutil de passar teorias.

Elora cerrou o punho segurando com força o guardanapo que estava em sua mão, a vontade que sentia era a de jogar o prato na cara de Shuam.

— Bom, mas não estamos aqui para avaliar o trabalho de Elora — Rita falou apaziguadora — e sim para saber se você vai accitar o dcsafio.

Um silêncio aterrador tomou conta do local. Elora sentiu o coração bater na cabeça, apesar de não gostar da idéia e da resistência que tinha para com ele, a única coisa que realmente tinha certeza era de que Shuam era a pessoa ideal para o projeto.

— Quase cem por cento certo — Shuam sorriu. — Falta apenas um detalhe.

— Posso saber qual? — César perguntou, demonstrando certa agitação.

— Uma conversa pessoal com a senhora Monteiro, tenho alguns questionamentos, se ela não se opuser a essa, digamos, sabatina, aceito o desafio, inclusive o de trabalhar com ela.

— Isso não será problema — Elora olhou para ele desafiadora. — Tenho certeza absoluta que sua conversa e sua sabatina não será pior do que a convivência forçada que nós, místicos, temos de ter com certos Mestres.

— Contatos com Mestres? — Shuam sorriu irônico. — A senhora é daquelas pessoas que vêem anjos e conversam com Mestres? Que interessante!

— Elora tem muitas potencialidades afloradas — Pietra sorriu para ele. — Tem dons maravilhosos, é uma abençoada.

— Sorte a dela — Shuam levantou os braços em desânimo. — Eu, por mais que leia, estude ou tente fazer essas práticas descritas em livros, não consigo nenhum contato.

Elora riu nervosa, não sabia o que fazer com tanto cinismo.

Quando voltaram para a sala, os ânimos estavam mais calmos, Elora tentava acompanhar a conversa, mas vez ou outra se perdia em seus pensamentos, ora pela visão de Shuam e seu jeito irreverente de se portar, ora pela forma de como trazer Miguel para o projeto.

— Bom — César falou enfim —, então temos um acordo, posso fechar o contrato com Rita?

Elora olhou para ele silenciosa por alguns minutos e voltou seus olhos para Shuam, que a observava atentamente.

Durante segundos seu olhar ficou perdido no de Shuam, sabia o que ele pensava e o que acharia de sua atitude.

— Ainda não — Elora voltou-se para César. — Falta a melhor parte, pelo menos para você.

Shuam respirou fundo, fechando os olhos, e abaixou a cabeça balançando-a negativamente, de maneira sutil e discreta.

— Melhor parte para mim? — César sorriu. — Se fosse para você eu já teria aceitado.

— Quero Miguel Alvarez como a personagem principal de seu novo filme, senhor Laurent.

— Miguel Alvarez? — César a olhou assustado. — Por que Miguel Alvarez?

— Elora, por favor! — Pietra murmurou timidamente. — Não!

— Nenhum motivo em especial — Elora deu os ombros. — Esse é o meu preço.

— Como assim?

— Meu preço, senhor Laurent — Elora fez sinal com os dedos. — Se Miguel Alvarez for o ator principal de *Amor Astral* os direitos autorais são seus sem custo algum.

— Como é que é? — Rita levantou-se nervosa. — Você está louca, Elora?

— Sente-se, Rita — Elora apontou para o sofá. — Apesar de toda a sua "pavonisse", o senhor Laurent é um homem quebrado, sem dinheiro algum, muito menos para pagar os direitos autorais de uma obra como *Amor Astral*, então o meu preço não é monetário.

— Elora! — Rita exclamou aflita. — Como pode falar assim? Estou lhe desconhecendo.

— Rita, não estou querendo atrapalhar o seu namorico — Elora colocou a mão no peito de modo singelo. — Mas essa é a verdade.

O silêncio voltou a reinar na sala. Pietra olhava para Elora em estado de choque e Shuam parecia que ia lhe pulverizar com o olhar a qualquer momento.

— Então, senhor Laurent — Elora levantou-se —, temos um acordo ou não?

— Não posso responder isso agora — César estava atordoado. — Estamos falando de uma terceira pessoa, muito ocupada, cheia de compromissos, não posso garantir que ele aceite.

— Então converse com ele — Elora colocou a mão na cintura desafiadora. — Esse é o meu preço, minha condição.

— JS — César olhou para Shuam com o semblante carregado —, acha que Miguel Alvarez é indicado para o papel?

— É um grande ator — Shuam olhou para César tranqüilo. — Já escrevi um papel para ele, saiu-se muito bem, aliás se ele topar será perfeito.

Elora olhou para Shuam assustada, dava a impressão de que para ele sua exigência era algo totalmente natural.

— Que bom! — Elora sorriu e sentou-se no sofá. — Então, já trabalhou com Miguel Alvarez.

— Eu escrevi o roteiro de um filme onde ele era um médico paranormal.

— Sei qual é — Pietra sorriu. — Elora já assistiu esse milhares de vezes, você que o escreveu?

— Eu mesmo — Shuam levantou as sobrancelhas para Pietra e colocou a mão no peito. — Minha culpa.

Culpa mesmo. Elora pensou. *Foi nesse filme que ela viu Miguel pela primeira vez.*

— Rita, precisamos ir — César levantou aparentando muito cansaço. — Tenho de pensar na forma como vou abordar Miguel.

— Assim que tiver sua resposta, César — Elora levantou para acompanhá-los —, nós teremos o nosso acordo.

— Certo — César olhava para Elora com ar preocupado. — Você vem com a gente, JS?

— Agora não — Shuam se levantou. — Quero conversar um pouco mais com a senhora Monteiro, a cabeça já está fervilhando — Shuam olhou para ela sedutoramente. — Se a senhora não se incomodar.

— Ainda não temos um acordo, JS — César olhou para ele espantado. — Não desperdice seus neurônios ainda, posso precisar deles.

Shuam sorriu para César dando-lhe a mão em despedida.

— César — Shuam olhou para Elora —, a senhora Monteiro me parece uma pessoa bastante equilibrada e muito sensata, tenho certeza de que não será a participação ou não de Miguel Alvarez que a impedirá de realizar o filme.

— Não aposte nisso, senhor JS — Pietra não se conteve. — Não sabe como Elora pode ser teimosa.

Elora sorriu erguendo os braços como confirmando a frase da amiga.

— Mesmo assim eu insisto — Shuam sorriu para Pietra. — Se não for o momento inconveniente.

— Claro que não — Elora sorriu cínica. — Será um prazer conhecer suas idéias.

— Então — Rita parecia nervosa —, boa noite a todos, e Elora, pense mais sobre esse assunto está bem?

— Já pensei — Elora abraçou a amiga tentando acalmá-la. — Você nem imagina o quanto.

Pietra acompanhou César e Rita até a porta; quando voltou, encontrou Elora e Shuam sentados um de frente para o outro sem dizer uma palavra.

— Bom, eu vou me recolher — Pietra olhava para a cara deles sem nada entender. — Vocês querem alguma coisa?

— Seu café — Shuam sorriu para Pietra. — Sei que ele é delicioso.

— Claro! — Pietra olhou para ele e sorriu confusa. — Daqui a pouco eu trago, vou fazer um fresquinho.

— Obrigado! — Shuam colocou a mão no peito e fechando os olhos balançou levemente a cabeça. — Fico muito agradecido.

Ela saiu rindo do roteirista, ele era muito estranho.

— Eu preciso beber alguma coisa antes do café — Elora bateu as mãos na perna e levantou indo em direção ao bar. — Não quer uma dose também, JS?

Shuam não respondeu, levantou e a seguiu até o bar, ficou parado encostado em suas costas, muito próximo.

— Por que fez isso, Escritora?

— Na vida física também é meu Mestre?

— Ainda não sei — Shuam aproximou-se mais, fazendo-a sentir o calor de seu corpo em suas costas —, mas posso ser um amigo seu, se quiser.

— Não sabe? — Elora virou ficando frente a frente com Shuam. — Pensei que soubesse tudo, Mestre Shuam.

— Ainda dá tempo para mudar — Shuam tirou o copo da mão dela depositando-o no balcão. — Pare de beber, preciso de você lúcida agora, mude de idéia, Escritora, desista disso que está fazendo.

A voz de Shuam soava muito séria e ele a olhava profundamente como se estivesse lendo seus pensamentos e sentimentos.

— Eu não...

— Não diga — Shuam pousou dois dedos na boca de Elora. — Não faça isso, não mude sua história e seu destino assim.

Apesar do tom de voz, o semblante de Shuam era sereno, percorria o rosto de Elora com os olhos, e ela sentia os dedos depositados em seus lábios queimarem.

Elora sentiu-se profundamente perturbada pela forma como estava sendo observada, parecia que os olhos de Shuam tocavam nela por onde passavam.

— Você é muito bonita, Escritora — Shuam tirou os dedos da boca de Elora e segurou suas mãos levando-as aos lábios e dando um beijo em cada uma —, tem uma história e um futuro lindos, não se perca, não agora, não perto de mim.

Elora tentou falar, mas não conseguiu, sentia o corpo amolecido e os pensamentos confusos, tentava entender o que estava sentindo.

— Pare de melodrama, Shuam — Elora deu uma risada irônica e saiu de perto dele —, esse estilo não combina com você.

— O que você sabe sobre mim, Escritora?

— Fisicamente falando? — Elora colocou as mãos na cintura, olhando-o debochadamente. — Nada, mas em essência, em astral, nada disso do que estou vendo.

Shuam não disse nada, ficou olhando para ela, cruzou os braços e pendeu o corpo para trás, ficando numa posição tão conhecida.

— Não estou fazendo nada de errado — Elora falou por fim. — Veja as coisas como aconteceram. E eu vou até o fim agora, quero estar frente a frente com Miguel, algo que desejei a vida toda e não vai ser você a me impedir de realizar meu desejo.

— Eu? Impedir você? — Shuam riu irônico. — Nunca, fique à vontade, você fez a sua escolha, Escritora, a partir de agora, quem não tem mais nada a ver com isso sou eu.

— Como assim? — Elora olhou assustada. — Não vai fazer a adaptação?

— Isso é outra coisa, Escritora — Shuam a olhou irritado. — Não seja infantil.

— Não entendi.

— Não pode entender mesmo, só se entende aquilo que se quer entender — Shuam descruzou os braços. — E depois não sabemos mesmo que rumo as coisas vão tomar.

— Nada muda, Shuam — Elora balançou a cabeça —, continua tudo como está.

— Tudo muda, Escritora, ou você acredita realmente que provoca uma mudança geral na história e tudo fica do mesmo jeito? Não seja ridícula.

— Quem está sendo ridículo é você, como pode ter tanta certeza de que *Amor Astral* não iria virar um filme se sempre se foi aventada essa possibilidade?

— Pare de brincadeiras, Escritora — Shuam foi até ela e segurou os braços de Elora com força. — Sabe que não é disso que estou falando, estou falando da sua vida, Escritora, da nossa história.

— Nossa história? — Elora tentava se soltar dele. — Que nossa história? Temos um livro para escrever e nada do que eu decidir na minha vida atrapalhará isso.

Shuam a soltou e ficou olhando para ela com ira nos olhos.

— Tínhamos, Escritora, tínhamos, não existe mais livros para você, não existe mais futuro nesse campo para Elora Monteiro, ao menos comigo.

— Como assim?

— Seu futuro, Escritora, seu destino — Shuam abriu os braços com as mãos espalmadas para cima —, incerto e ignorado, pelo menos para mim, não sei o que acontece agora, a única coisa que eu sei — Shuam colocou a mão sobre o peito — é que o livro que estávamos escrevendo juntos acabou aqui, agora o resto, aonde mais vai mudar, não é mais comigo.

— Você está louco?

— Eu? Louco? — Shuam deu uma gargalhada. — Você alterou a roda do destino, Escritora, você resolveu escrever uma nova história de sua vida, mexeu com a história e o destino de muitas coisas e pessoas; é, realmente, eu devo estar louco.

— Eu fiz a minha escolha — Elora olhou para ele desafiadora. — Ninguém tem nada a ver com isso, eu sou a dona do meu destino, é o meu direito, é o meu livre-arbítrio.

— O livre-arbítrio é um direito de todos, Escritora, não apenas seu — Shuam cruzou novamente os braços. — Mas foi feito para ser usado com sabedoria, principalmente para quem tem a consciência que você tem, não pode usar a desculpa de que não sabia, ou achou que era o melhor, não espere agora da vida a mesma condescendência que é dada aos inocentes, você não é inocente, Escritora.

O barulho da bandeja caindo assustou-os, fazendo-os olhar para Pietra que tinha deixado cair ao ouvir as últimas palavras de Shuam.

— Você está bem? — Shuam foi ao seu encontro. — Sente-se, eu recolho.

— Elora, o que você fez? — Pietra olhava espantada para eles. — Quem é você, JS, para poder dizer isso?

— Acalme-se, Pietra — Elora falou zangada. — Não é hora para faniquitos.

— Sou um amigo — Shuam depositou a bandeja sobre a mesa e se aproximou dela. — Vim ajudar, mas, agora, minha ajuda não é mais necessária.

Shuam aproximou-se mais de Pietra e deu-lhe um beijo na testa, caminhou até Elora e ficou parado na sua frente olhando-a nos olhos; abaixou a cabeça e saiu quieto, fechando a porta calmamente, deixando a sala no mais profundo silêncio.

Elora sentia o corpo todo trêmulo, jogou-se no sofá soltando um suspiro. Estar frente a frente com Shuam na vida física tinha lhe provocado profundas perturbações.

Pietra olhava para a amiga preocupada, era visível o descontrole de Elora.

— Elora — Pietra falou por fim —, o que está acontecendo? Que briga foi essa? Quem é esse JS para falar assim sobre você?

— Oh, Pietra! — Elora colocou as mãos nos olhos. — Me deixe, por favor.

— Nunca! — Pietra se levantou e ficou parada na sua frente. — Você está transtornada, acaba de fazer o que para mim foi uma grande besteira, e ainda por cima uma cara que nunca vi na vida lhe enche de desaforos, lhe ameaça, não sou idiota, Elora.

— Não fiz besteira nenhuma! — Elora olhou para ela irritada. — Eu apenas estou fazendo o que acho que é certo.

— Provocar seu encontro com Miguel Alvarez é certo? — Pietra sentou-se ao lado dela. — Se isso for certo, eu não sei mais o que é errado.

— Você também, Pietra? — Elora encostou-se no sofá e ficou olhando para o teto. — Além de ter que aturar Shuam, ainda vou ter você para me recriminar?

— Shuam? — Pietra arregalou os olhos. — JS é Shuam? O Mestre encarnado?

— Ele mesmo — Elora suspirou. — Em carne, osso e cinismo.

— Meu Deus! — Pietra levou a mão à boca, espantada. — Como é que foi isso? Como pode ele estar aqui?

— Por favor, Pietra — Elora arrumou-se no sofá e a olhou com desprezo. — Qual o problema agora? Você sempre soube que Shuam era encarnado, ou seja, que tem um corpo físico e uma vida como a nossa.

— Mas, mas... — Pietra não sabia o que dizer.

— Mas nada — Elora fez sinal com a mão pedindo calma. — Não há nada de espantoso no fato de ele aparecer aqui fisicamente para nós.

— Sei disso, Elora — Pietra olhou para ela. — Não é disso que estou falando.

— É o que então?

— Ora, Elora, JS será o roteirista de *Amor Astral*, um dos seus maiores desejos vai ser realizado por ele, para mim é muito significativo.

— Meu maior sonho e desejo — Elora levantou olhando para ela — vai ser realizado sim — e começou a rodopiar e dançar na sala. — Vou estar lado a lado com Miguel.

Elora se agitava pela casa, dançando e fazendo reverência sob o olhar desgostoso de Pietra, que balançava a cabeça em sinal de reprovação.

Conhecia Elora muito bem, sabia que ela estava esperando e armando uma forma de estar perto de Miguel há muitos anos, e agora que a oportunidade tinha aparecido, ninguém conseguiria tirar isso da cabeça dela, muito menos ela ou Shuam.

Capítulo 10

Elora acordou sobressaltada por um sonho estranho, fechou os olhos novamente e ficou imóvel, tentando trazer para o consciente os acontecimentos da noite.

Procurou em vão pela presença de Miguel, mas não tinha nenhuma lembrança ou sensação de ter estado com ele.

Era estranho, pois foi se deitar para ir encontrá-lo, contar os acontecimentos do jantar com César Laurent e ver se ele já estava mais calmo e pronto para aceitar o papel no filme.

Logo que chegou ao quarto procurou se arrumar para se projetar e ir ao encontro dele, mas havia demorado em conseguir concentração, a imagem de Shuam ficava orbitando em sua mente.

O contato físico com o Mestre encarnado a havia deixado muito perturbada, já tinha passado por aquela experiência antes, mas nunca um encontro tinha mexido tanto com ela.

— Bom, ele é um Mestre — Elora pensou por fim. — Talvez esse fato esteja me perturbando.

Tentou novamente encontrar os acontecimentos da noite, mas logo sua mente vagueava e ficava presa à lembrança do jantar e de Shuam.

— Esse cara me perturbou tanto que nem devo ter conseguido me projetar — Elora pensava raivosa enquanto se levantava e sentava na cama. — Por isso não me lembro de nada.

Ficou sentada durante alguns minutos, indecisa sobre o que fazer, e o olhar debochado e o jeito displicente de Shuam se portar voltou à sua mente.

Elora acabou dando um pequeno sorriso com a lembrança de um *flash* dos acontecimentos da viagem de carro, e seu corpo acabou estremecendo diante da recordação.

— Que droga! — Elora gritou e saiu da cama nervosa. — Quanta perturbação, esse cara tá me tirando do sério, no mínimo está usando sua mente para me perturbar.

Foi em direção ao banheiro, um bom banho espantaria as lembranças e fazer que se equilibrasse e impedisse a interferência de Shuam em sua mente.

Elora saiu do banho nua e ainda molhada; havia deixado o robe em cima da cama no quarto.

— É sempre assim tão distraída, Escritora?

Elora voltou-se sobressaltada, tentando colocar o robe rapidamente ao se deparar com Shuam sentado na cadeira de leitura em seu quarto.

— Hei, como você entrou aqui? — Elora tentava arrumar o robe que ficava colando no corpo úmido. — Ainda mais assim?

— Usei a entrada secreta de Mila — Shuam deu um largo sorriso. — E depois conheço bem o caminho, não é a primeira vez que visito seu quarto.

— Com o seu corpo, sim — Elora o olhava, irritada. — E mesmo se assim não fosse, não teria esse direito.

— Que diferença faz isso? — Shuam levantou e caminhou até ela. — E depois, já disse, não existe nada debaixo desse roupão transparente que eu já não tenha visto ou que me interesse.

— Ora! — Elora tentou fechar mais o roupão — O que você quer aqui?

— Eu é que pergunto — Shuam chegou ainda mais perto e sorriu. — Você é que não pára de pensar em mim.

— Não me venha com seus truques, Shuam — Elora deu um passo para trás, tentando evitar o contato com ele. — Você é que está usando sua mente para me perturbar.

— Não é o que parece.

Shuam esticou a mão e deslizou o dedo indicador do ombro de Elora até chegar ao bico endurecido do seio evidente no tecido transparente e molhado.

— É melhor você se secar — Shuam continuou a deslizar o dedo até a barriga de Elora —, estarei esperando você lá em baixo.

Elora prendeu a respiração ao primeiro toque e ficou imóvel até que ele se afastasse e saísse do quarto tranqüilamente.

Fechou as mãos serrando os punhos nervosa e trêmula, respirou fundo e foi em direção do armário procurar uma roupa.

Encontrou Shuam largado em uma cadeira, os pés cruzados apoiados em outra cadeira, gesticulando muito e conversando distraidamente com Pietra na cozinha.

Pietra, com o cotovelo apoiado na mesa segurando o rosto, olhava para ele encantada, ouvindo atentamente o que ele dizia.

Após um comentário, ambos caíram em uma estrondosa risada.

Elora respirou fundo e se aproximou, tentando mostrar tranqüilidade.

— Senhora Monteiro! — Shuam desceu as pernas do apoio e se levantou. — Pietra disse que descansava.

— Falei que ia chamá-la — Pietra sorriu para Elora —, mas JS não quis lhe incomodar.

— Nossa! — Elora foi ao armário da cozinha à procura de uma xícara. — Quanta gentileza.

— Acabei de passar o café — Pietra levantou e retirou a xícara da mão de Elora. — Eu pego para você.

— Obrigada!

Elora voltou à mesa e sentou-se em frente de Shuam sem dizer nada; estava se sentindo extremamente agoniada com a forma que ele a observava.

— O que o trás à minha casa, senhor JS? Já obteve uma resposta positiva de César Laurent?

— Não me preocupei com isso — Shuam sorriu. — Afinal, tenho certeza de que acalenta o sonho de transformar seu livro em filme, e um detalhe tão, digamos, pequeno como a participação de um determinado ator ou não, não impedirá isso.

— Não tenha tanta certeza — Elora arrumou o corpo. — Posso ser muito insistente nas minhas idéias.

— É uma pena — Shuam levantou-se. — Mas se deseja assim, respeitarei sua vontade.

Shuam inclinou-se até aproximar seu rosto do de Elora, fixou os olhos nos dela e a ficou observando. Sem desviar o olhar, segurou com força seu queixo e sorriu.

Inclinou ainda mais o corpo até encostar a boca no ouvido de Elora e murmurar — Não imagina como estou ansioso para desenvolver esse trabalho com você.

Shuam deu-lhe um leve beijo no rosto, muito próximo à boca, e se arrumou, olhou para Pietra que assistia à cena de modo estranho.

Foi até ela e deu-lhe um beijo no rosto.

— Seu café estava maravilhoso, mas preciso ir, não se preocupe, conheço o caminho.

Shuam saiu da cozinha tranqüilamente, enquanto Pietra o acompanhava com o olhar até sair pela porta, voltou-se para Elora, que continuava na mesma posição sem se mexer.

Pietra colocou a xícara com o café na frente dela e sentou-se no lugar antes ocupado por Shuam.

Elora estava parada com o olhar perdido como se não estivesse ali, de repente deu um longo suspiro e voltou sua atenção para a xícara à sua frente, sem olhar para Pietra.

Silenciosamente tomou o café em pequenos goles, sem tirar os olhos da xícara.

Pietra inclinou o corpo na mesa, apoiou o queixo nas mãos entrelaçadas e ficou olhando para Elora com ar debochado.

— Você está querendo pregar uma peça no destino Elora, tomara que ele não resolva dar risada de você.

Elora não respondeu, apenas sorriu com o canto da boca e se levantou indo em direção do jardim, deixando Pietra sozinha.

Ao chegar ao jardim ficou olhando o céu, levantou os braços e respirou fundo ao sentir a suave brisa que a tocou.

Estava se sentindo feliz demais para se preocupar com as provocações de Shuam e as reprovações de Pietra.

Sentou-se no banco e tentou analisar que horas poderiam ser, sentia-se ansiosa, César já deveria ter entrado em contato com Miguel, logo ela saberia quando iria estar frente a frente com seu amor.

Sentia o tempo se arrastar e começou a ficar irrequieta, aquela espera estava lhe dando nos nervos.

— Hei! Eu não preciso ficar nessa agonia — Elora falou alto, levantando-se decidida. — Está na hora de usar alguns dos pequenos truques que aprendi.

Entrou na casa e seguiu pelo corredor parando na porta do santuário; por alguns segundos ficou olhando a constelação desenhada na porta.

Acionou o controle e entrou dando uma rápida olhada no ambiente, procurou um incenso na gaveta da mesa e se dirigiu para a cortina de contas.

Cuidadosamente acendeu o incenso e o depositou no incensório, a fumaça densa começou a deixar o ambiente ainda mais perfumado.

Aproximou-se solenemente da mesa com o espelho e fez pequenos círculos com a fumaça, delicadamente colocou o incensório no meio da mesa e cerimoniosamente acendeu as velas que estavam presas nos delicados castiçais de vidro fino.

Num gesto delicado, sentou na cadeira em frente da mesa e olhou sua imagem refletida no espelho por alguns segundos, fechou os olhos e ficou imóvel respirando tranqüilamente.

Ao abrir os olhos, já não via mais sua imagem refletida no espelho, via agora o local onde César Laurent se encontrava.

O local parecia ser um quarto de hotel e era decorado com muito bom gosto.

— Ele pode estar falido — Elora sorriu com seu pensamento —, mas não perdeu o gosto para o que é bom.

César estava sentado em uma pequena mesa de vidro redonda, fazendo algumas anotações; tinha um aparelho telefônico ao lado e o semblante aparentava preocupação.

Parava de escrever e olhava atentamente para o relógio de pulso, voltava os olhos para o telefone e ficava olhando o aparelho com o olhar perdido.

— Miguel Alvarez! — Elora sussurrou fechando um pouco mais os olhos. — Fale de Miguel.

César estampou um largo sorriso como se lembrasse de algo muito bom.

— Miguel, Miguel — César levantou falando em voz alta indo em direção do frigobar —, você não pode me decepcionar, velho amigo.

Encheu um copo com água, estava se sentindo muito quente e ficou tomando em pequenos goles na tentativa de se refrescar.

Ele ainda não falou com Miguel — Elora pensou irritada. *Por que tanta demora?*

O barulho agudo do telefone assustou César, fazendo-o quase derrubar o copo que tinha nas mãos.

Foi até a mesa, sentou-se olhando para o aparelho que tocava e respirou fundo.

— É agora!

Sentia-se extremamente agitado e trêmulo, seu futuro dependia do andamento daquela conversa com Miguel; instintivamente apertou o viva-voz em vez de levar o fone ao ouvido.

— César?

A voz forte de Miguel soou do aparelho fazendo o coração de Elora disparar e a imagem à sua frente ficar enevoada.

— Preciso me acalmar — Elora fechou os olhos, respirando fundo. — Se eu me descontrolar, perderei a conexão.

— Olá, Miguel — César sorriu. — Pensei que não havia recebido meu recado.

— Realmente só encontrei seu recado agora — Miguel deu uma sonora gargalhada. — Estava com Carmem, passamos um dia de reclusão.

— Dá para imaginar.

— Coisas do coração — Miguel riu ainda mais. — Mas fale, o que precisa tanto falar comigo? Sou todo ouvidos.

— Bom — César tentava falar calmamente —, tenho uma proposta para fazer a você, como anda sua agenda?

— Cheia.

— Eu vou direto ao assunto, Miguel, sabe muito bem o que aconteceu com o meu projeto; na última hora, por causa de uma briga, fiquei sem roteiro.

— Sim, eu sei — Miguel respondeu constrangido. — Aliás, não se fala em outra coisa.

— Sei disso — a voz de César acabou ficando alterada. — Mas acontece que eu recebi a luz e achei uma saída.

— Nossa! Que maravilha! Isso é excelente, César, excelente!

— Fui iluminado, meu amigo — César levantou e começou a caminhar. — Iluminado.

— César, por acaso você se converteu a alguma dessas seitas?

— Não! — César deu uma gargalhada. — Mas o misticismo pode me salvar, e agora só dependo de você.

— Como é que é? — Miguel falou assustado. — Misti o quê? Eu não tenho nada a ver com esse negócio não, meu amigo.

— Calma, Miguel — César deu outra gargalhada. — É misticismo, encontrei uma história de cunho espiritualista que se encaixou perfeitamente no projeto.

— Ah! Bom — Miguel suspirou. — O que chamam de romances espíritas, acho que sei mais ou menos o que é.

— É quase isso, meu amigo, não entra por doutrina ou algo assim, não sei explicar direito, mas é mais ou menos isso mesmo, e ontem, seu amigo aqui, jantou com uma das maiores escritoras do gênero, autora de um grande *best-seller*.

— E você quer fazer um filme desse livro? Nossa! — A voz de Miguel tornou-se exaltada. — E o livro é grande mesmo?

— Muito grande, meu amigo, muito grande, há anos estão tentando transformá-lo em filme, mas ela era irredutível no assunto, e o papai aqui conseguiu chegar perto da fera. E digo-lhe mais, a deixei entusiasmada.

— Hum! Deve ter sido uma noite fascinante — Miguel deu uma gargalhada. — Passou sua noite babando uma dessas mulheres malucas vestidas de sari, usando uma pedra no meio da testa, que tentam convencer você e a ela mesma de que são coelhos.

— Engano seu — César falou risonho. — Jantei com uma mulher extremamente elegante, culta, educada, sem nenhuma neura vegetariana, e ainda mais, em nenhum momento quis me convencer de nada.

— Só acredito vendo! — Miguel riu. — Deve estar preparando o bote religioso, acredite, e você desesperado não percebeu, mas e aí? Ela concordou? Vai passar os direitos para você?

— Vai — César fechou os olhos. — É aí que você entra.

— Eu?

— Você, Miguel Alvarez, no papel principal de *Amor Astral*, não soa bem?

O silêncio do outro lado da linha deixou César agitado.

Elora observava a expressão de César com ar de preocupação.

— Miguel? — a voz de César soou risonha. — Ainda está aí?

— Estou!

— Sim, meu amigo, o que me diz? Hoje, Miguel Alvarez é um nome em ascensão no mundo do cinema e encabeçando o elenco do próximo filme da Laurent Produções não vai ter erro.

— César — Miguel falou lentamente. — Realmente não sei o que te dizer nesse momento.

— Diga sim — César sorriu. — Brincadeira, sei que você não pode me dar a certeza agora, mas pode me dizer se posso manter ou não minhas esperanças.

— Eu, eu... — Miguel parecia confuso. — Seria muito bom trabalhar com você, mas não sei, preciso conhecer melhor esse projeto, essa idéia, não sei, preciso pensar.

— Não, pensar — César falou brincalhão. — Arrumar sua agenda para as filmagens, perdeu seu faro, Miguel? É um trabalho grande, gigantesco, vai impulsionar ainda mais sua carreira.

— Eu sei, eu sei, mas, sei lá, é que...

— Miguel, estou falando do filme, é o roteiro, que por sinal será assinado por JS e pela própria autora.

— Ela é roteirista também?

— Não — César riu. — É mística, ou sei lá como se chama, e quer acompanhar o trabalho de JS de perto e ele, pasme, concordou, e depois será ótimo para a mídia essa participação dela, se conseguirmos levar seus leitores às salas de exibição, estamos feitos.

— Como é mesmo o nome dela?

— Elora, Elora Monteiro, o livro se chama *Amor Astral* e é um grande sucesso, sabe quem é?

O silêncio de Miguel deixou Elora gelada.

— Não, não tenho certeza — Miguel falou por fim. — Acho que nunca ouvi falar dela não, mas o nome não me é estranho, mas não sei ao certo, *Amor Astral*, *best-seller*...

— É um fenômeno de vendas.

— Com certeza Carmem deve conhecer — A voz de Miguel soou estranha. — Ela gosta desse tipo de assunto.

— Então? — César falou apreensivo. — Ficou tentado?

— César, posso ser muito sincero com você?

— Claro.

— Existe algo estranho nisso tudo, eu te conheço, sua proposta está, digamos, diferente, não foi apenas pela nossa amizade que resolveu me chamar, por que pensou em mim?

César ficou parado olhando o aparelho, apreensivo.

Elora observava a cena preocupada, conhecia Miguel muito bem, ele estava sentindo algo no ar, e dependendo da resposta de César, ele escaparia.

Repentinamente, Shuramim apareceu atrás de César e o abraçou.

— Fale a verdade.

Elora ouviu nitidamente a voz de Shuramim que sussurrava no ouvido de César, depois ela se voltou e olhou diretamente para ela, como que certificando que sabia que Elora observava a cena.

— Miguel... — César respirou fundo. — É uma longa história.

— Estou pronto para ouvir.

— Não! — Elora suspirou. — Ele não vai aceitar se souber.

César parou um instante e balançou a cabeça, sentou-se e segurou o aparelho com as duas mãos.

— É uma exigência de Elora Monteiro a sua participação no filme.

— Uma sugestão da escritora?

— Não! — César balançou a cabeça. — Uma exigência, ela só libera os direitos do livro se você for o ator principal.

— Como assim?

— Bom, a proposta dela é excelente, os direitos serão doados à Laurent Produções.

— E onde eu entro nisso?

— Bom, isso só acontecerá se eu conseguir que você seja o ator principal; sem você, sem direitos, sem filme.

— Como é que é?

— Isso mesmo que você entendeu, Elora Monteiro está a par de toda minha situação, sabe que estou quebrado e que preciso desse projeto para me reerguer, para reestruturar minha carreira, e por isso está cedendo gratuitamente os direitos do seu livro, mas com uma exigência, aliás, duas, participação no roteiro e você como ator principal.

— Não sei o que dizer — a voz de Miguel soou pesarosa. — Acho uma atitude muito estranha, e se eu não aceitar?

— Nada de filme, essa é a regra, ou melhor, esse é o preço de Elora Monteiro: Miguel Alvarez.

— Nossa! Está mais me parecendo uma chantagem do que uma proposta.

— Bom, para ser sincero, em um primeiro momento até pensei assim, mas ela está abrindo mão de uma boa grana, é um modo estranho de se fazer chantagem.

— Sabe o motivo dessa exigência? Ou melhor, desse preço?

— Não imagino — César falou sério e por fim deu uma gargalhada. — Deve ser sua fã, sabe como elas são.

— Não acredito — a voz de Miguel soou preocupada. — Se fosse, eu saberia, afinal, pelo que você está dizendo, ela é conhecida, tem poder, deve ter meios melhores para demonstrar seu interesse por mim ou pelo meu trabalho, sem precisar chantagear um amigo meu.

— Ora, Miguel, não seja tão radical.

— Radical? — Miguel falou áspero. — Sabe-se lá Deus o que passa na cabeça dessa mulher para fazer isso, não tem sentido.

— Bom — César falou depois de alguns segundos de silêncio —, essa é a história, estou na sua mão, amigo.

— César, eu não estou gostando dessa história, não estou gostando de ser usado como material de barganha, está tudo muito estranho, muito estranho mesmo.

Elora ficou olhando a cena, mas já não prestava mais atenção à conversa, perdida em seus pensamentos.

Sabia da delicadeza do momento, fora os próprios questionamentos morais e pessoais, por mais que não entendesse o inconsciente de Miguel, estava gritando e muito alto, e a primeira reação quando acontece isso é a de fugir, se César o deixasse escapar agora, nunca mais o pegaria.

— A honra, César — Elora falou em voz baixa —, use a tão propagada honra mexicana, Miguel lhe deve muitos favores, cobre-os em nome de sua honra.

— Você não pode usar o portal para isso, Elora!

O rosto de Shuramim apareceu no espelho dando um grande susto em Elora, que pulou para trás dando um grito.

— Não foi para isso que aprendeu a usar o portal.

— Mas eu, eu... — Elora tremia assustada.

— Você está interferindo na história, nas decisões, não tem esse direito e não pode usar o portal para esse fim.

— Mas eu só estava tentando ajudar César.

— Elora! — O olhar de Shuramim ia ficando cada vez mais irritado. — A quem está querendo enganar, a mim? A Deus?

— Não estou enganando ninguém, se tenho a habilidade de abrir o portal eu posso utilizá-lo como achar melhor.

— Você está indo longe demais, menina, exagerando nos seus pretensos direitos humanos.

— As habilidades são minhas, Shuramim, eu as desenvolvi, e as utilizo de acordo com minhas necessidades, a responsabilidade é minha.

— Você não tem responsabilidades só na sua vida, Elora, seu destino está ligado a milhares de outros, e suas habilidades não foram desenvolvidas para esse fim. A partir de agora, você está proibida de usar esse portal.

Um redemoinho de nuvens violetas se formou à frente de Elora desfazendo a imagem de Shuramim, um barulho ensurdecedor começou a sair pelo espelho, que começava a trincar a partir do centro.

O barulho ficava cada vez mais forte e o redemoinho cada vez mais rápido, fazendo Elora ficar com os olhos petrificados na imagem à sua frente.

Um som de um forte estampido fez o espelho explodir na sua frente, e pequenos fragmentos de vidro voaram em sua direção, cobrindo seu corpo.

Um dos pequenos pedaços atingiu a lateral do rosto de Elora próximo ao queixo, fazendo-a sentir um forte ardor; levou a mão ao ponto onde doía e sentiu o sangue escorrendo pelos dedos.

Olhava a cena atordoada e muito assustada, estava coberta de fragmentos do espelho, a mesa estava destruída, as velas caídas no chão, os objetos virados e fora do lugar.

Saiu em disparada do santuário, o corte doía muito e as pernas pareciam que não queriam lhe obedecer.

No pé da escada não teve forças para vencer os degraus e sentou, sentia-se exausta.

Um enorme desespero se abateu sobre ela e lágrimas começaram a escorrer pelos seus olhos; vencida, desabou no choro, encolhendo o corpo e depositando a cabeça nos joelhos.

Elora ficou sentada ali, chorando até as lágrimas secarem, não tinha energia para sair do lugar.

Sem levantar a cabeça, ficou ouvindo o ranger dos tênis de Mila pela sala, até parar próximo a ela.

Imóvel, sentiu a pequena mão na sua cabeça, fazendo-lhe um carinho e soltou um longo suspiro.

— Elora — a voz de Mila rompeu o silêncio. — Você está bem?

Ela não respondeu, apenas balançou a cabeça, não sentia vontade de conversar e muito menos dar satisfação do que lhe estava acontecendo.

— Elora, olha para mim.

Mila carinhosamente forçou suas mãos e levantou o rosto de Elora, fazendo que ela lhe olhasse.

— Você está ferida! — Ela passou a mão pelo rosto de Elora. — Precisa cuidar desse corte.

Mila estendeu os braços, esticando as mãos para Elora segurá-las, ajudou-a a se levantar e, segurando-a pela cintura, empurrava Elora escada acima.

No quarto, ajudou-a a se deitar e foi até o banheiro procurar algo para limpar o ferimento.

Voltou trazendo uma caixinha de primeiros socorros e com muito jeito cuidou do ferimento.

— É um corte pequeno — Mila diagnosticou. — Foi só um arranhão, não sei por que tanto sangue, onde se machucou?

— Foi só um acidente — Elora se sentou na cama apoiando o corpo nos travesseiros. — Deixa isso para lá, já estou bem, foi só um susto.

— Se não quer dizer tudo bem, quer que eu chame Pietra?

— Não! — Elora balançou a cabeça e fez uma careta. — Agora eu quero ficar sozinha.

— Mas é que eu precisava muito falar com você.

— Agora não, Mila, não estou bem.

— Mas é importante.

O olhar de Mila parecia assustado, mas ela não sentia a mínima vontade de ouvir o que a menina tinha a dizer.

Passou carinhosamente a mão pela cabeça de Mila e deu um sorriso desalentado.

— Mila, eu não posso agora — Fechou os olhos se arrumando melhor nos travesseiros. — Depois, meu bem, depois.

— É que...

A menina ficou em silêncio observando Elora de olhos fechados, balançou os ombros e pendeu a cabeça para o lado numa expressão de desânimo.

Não havia o que fazer, Elora não conversaria com ela agora, sentiu os olhos marejarem, mas não podia insistir.

Silenciosamente saiu do quarto, deixando Elora sozinha.

Assim que adormeceu, foi levada imediatamente para as portas de um grande templo. Lá, foi informada de que tinha sido convocada para uma reunião com os conselheiros, e sem maiores detalhes os guardiões do local a encaminharam para um salão multicolorido, que aparentava ser algum tipo de portal. Sozinha ficou aguardando, tentando lembrar se já havia estado ali.

O ambiente começou a escurecer e a se transformar em um campo com fileiras de bancos de pedra posicionados de tal forma que nenhum ficava em frente do outro. Seres muito iluminados começaram a aparecer e cada um se posicionava em um dos lugares; alguns dos Mestres presentes ela já conhecia, mas vários ela nunca tinha visto antes, e apesar da doçura do olhar deles para ela, percebeu que seria severamente repreendida.

Em instantes a única coisa que existia do antigo lugar era ela e aqueles seres, parecia que estavam dentro de uma bola de luz no meio do nada.

Foi indicado a Elora onde ela devia se posicionar, havia ainda dois lugares vazios entre ela e os Mestres; olhando aquelas pessoas sentadas à sua frente, sentiu-se como se estivesse em um grande julgamento.

Assustada e muito confusa, Elora não conseguia entender realmente o que estava acontecendo e ficou surpresa ao ver Shuam e Shuramim entrarem, ao ser informada que os guardiões estariam presentes.

— Seu trabalho de orientação está seriamente comprometido Elora — começou a falar um dos Mestres. — E seu atual livro, suspenso por tempo indeterminado.

Elora olhou para Shuam assustada, mas ele não olhava para ela, apenas abaixou levemente a cabeça, olhando para o chão, e quando a levantou, seu semblante estava tranquilo, parecia que falavam do trabalho de outra pessoa.

— Também está sendo vedado a você usar várias de suas habilidades — falou outro —, principalmente as de comunicação, entre elas o portal.

Elora ameaçou levantar e responder, mas o olhar de reprovação de Shuramim a deixou ainda mais assustada. Paralisada e sem forças para reagir, continuou tentando prestar atenção ao que eles diziam.

— Fomos muito complacentes com as suas aventuras até agora e não interferimos porque estava correndo tudo a contento — um dos Mestres que não conhecia começou a falar. — Estamos tentando restabelecer a ordem e arrumar o caos que criou, ficam vetados os encontros astrais das duas polaridades do ovóide.

— O pedido de desconexão do ser que você reconhece como Miguel Alvarez foi concretizado — começou a explicar uma das Mestras. — Dessa forma, a partir de agora, por mais que tente, não conseguirá se encontrar ou se comunicar com ele astralmente.

Elora acordou sobressaltada. O encontro havia sido muito longo e com muitas informações. Procurou o relógio na cabeceira da cama e percebeu que havia dormido por muitas horas, e não lembrava em que momento havia perdido a consciência, pois tinha saído da reunião com a intenção de voltar imediatamente para o corpo físico.

Levantou cambaleante e foi para o banheiro sentindo o rosto muito dolorido. Olhou o machucado no espelho; o pequeno corte nem estava inchado, não havia motivos para estar se sentindo tão mal nem com tanta dor.

Tirou a roupa e entrou no chuveiro, precisa organizar os pensamentos e as informações que trouxera do astral.

Relembrando, percebeu que não informaram muita coisa sobre seu destino; disseram apenas que uma nova ordem seria estabelecida, e que ela repensasse o que estava fazendo enquanto aguardasse os novos desígnios serem organizados.

Após o banho foi para a cozinha à procura de algo para comer, sentia um vazio imenso no estômago, a mente fervilhava, não sabia ao certo onde tudo aquilo iria dar.

Desalentada, ficou olhando o lanche pronto no prato. Apesar da fome, não conseguia comer, a desconexão astral com Miguel e as proibições iam dificultar muito seu plano, não sabia exatamente o que fazer.

O som do telefone a fez dar um pulo, atrapalhando sua linha de raciocínio.

— Elora?

— César! — ela respondeu ansiosa. — Alguma novidade?

— Algumas — a voz soou misteriosa. — Quanto tempo demora para se preparar para uma viagem?

— Depende de para onde e para quê.

— Bom, temos uma festa, mas precisa estar no aeroporto em quatro horas, consegue?

— Se for por um bom motivo.

— É uma festa de premiação. Alguns dos meus patrocinadores, parte do elenco, equipe técnica estarão presentes, será uma excelente oportunidade de apresentarmos você e o nosso projeto.

— Parte do elenco? — Elora demonstrou interesse. — Isso inclui Miguel Alvarez?

— Ele é um dos convidados, acredito que irá comparecer, afinal é nesses eventos que surgem grandes contatos e contratos também.

— Ele já deu uma resposta, senhor César?

— Estive conversando com ele muito rapidamente — a voz de César ficou perturbada. — Mas quem sabe analisando o projeto com você e JS ele se anime ainda mais é dê o o.k.

— JS?

— Oh! Sim, ele é um dos premiados, como já disse, o time que vai transformar *Amor Astral* em filme é de primeira linha.

— O.k.! Está certo, nos encontramos no aeroporto?

— Para mim, perfeito, e Elora, é uma festa em grande estilo, quero você lindíssima.

— Nos vemos no aeroporto, César.

Capítulo 11

Elora terminou de ajeitar as sandálias no pé e deu uma olhada no espelho para conferir o visual.

O vestido azul tomara-que-caia de tecido leve e esvoaçante era colado ao corpo, mostrava detalhes das formas bem delineadas de Elora e se abria em uma dançante saia na altura da cintura, indo até os joelhos.

A idéia de César havia sido perfeita, ele a havia deixado hospedada no hotel onde a entrega de prêmios aconteceria.

Apesar da pressa que teve para se arrumar, o fato de estar instalada no mesmo local do evento tinha lhe poupado tempo e estava pronta antes mesmo da chegada de César.

Elora olhou a decoração delicada e muito luxuosa do quarto em que estava hospedada.

Ia aproveitar ao máximo a estadia naquele pequeno paraíso. Além da infra-estrutura do quarto ser muito confortável, o hotel tinha diversas dependências para o entretenimento de seus hóspedes.

Olhou-se novamente no espelho, estava radiante, era a primeira chance real de estar frente a frente com Miguel, e ansiava muito por esse momento.

Com o pensamento perdido nas inúmeras possibilidades do encontro, atendeu ao telefone que informava a chegada de César na recepção.

Na porta do quarto respirou fundo e sorriu, era sua grande noite, estava indo ao encontro da realização de dois grandes sonhos, a possibilidade de transformar *Amor Astral* em filme e conhecer fisicamente Miguel Alvarez.

César ficou parado observando a chegada de Elora; a ondulação da saia e a forma elegante de caminhar lhe davam a sensação de que ela flutuava ao seu encontro.

— Nossa! Eu preciso tomar mais cuidado com o que falo para você — César sorria enquanto lhe dava um leve beijo no rosto. — Eu disse lindíssima, mas você está estupenda.

Elora apenas sorriu ao galanteio, estava nervosa demais até para agradecer a gentileza.

O grande salão do hotel estava muito iluminado e ricamente decorado de branco e dourado.

Arranjos de flores e velas coloridas enfeitavam as mesas e exalavam um delicioso aroma pelo ar.

César e Elora foram conduzidos a uma mesa privilegiada, próxima ao palco, e com o nome de JS estampado na placa.

Passado alguns minutos, uma moça morena de cabelos muito negros e cacheados, que usava um colante vestido prateado, aproximou-se da mesa.

César, muito solícito, levantou-se para cumprimentá-la cordialmente.

Muito charmosa, agradeceu a deferência e sentou-se tranqüilamente à mesa, sorrindo encantadoramente para Elora.

— Elora, quero que conheça Liam — César mostrou a mulher. — Ela trabalha com JS há muito tempo. Liam essa é Elora Monteiro.

— Ah! — Liam sorriu irônica. — A escritora. JS me falou sobre você.

Elora retribuiu o sorriso sem nada dizer, sabia que JS estaria na festa, mas nem mesmo ele iria estragar seu momento.

Liam e César conversavam animadamente e Elora tentava acompanhar o assunto. Muito dispersa, ficava mais a observar discretamente os presentes e as pequenas agitações que aconteciam de acordo com a importância do recém-chegado.

Esperava vislumbrar Miguel no meio da agitação.

Um sinal sonoro e a quebra da iluminação anunciaram que a premiação começaria.

Apesar da tentativa de ser uma apresentação alegre, Elora achava toda aquela cerimônia entediante e estava sentindo-se extremamente frustrada por ainda não ter visto Miguel.

Ao ouvir o nome de Shuam, olhou interessada no palco pela primeira vez e ficou pasma com o que presenciou.

Shuam estava muito bonito, com o cabelo penteado e de barba feita. Usava uma blusa branca de gola alta e um *blazer* preto, que contrastava com a calça social de corte impecável de um verde muito escuro.

Com ares de grande cavalheiro agradeceu aos aplausos com um sorriso e cumprimentou os que estavam no palco. Fez um agradecimento rápido, mas muito emocionante, que arrancou aplausos do público.

Elora não conseguia esconder a cara de espanto. Shuam em pose de celebridade era uma novidade praticamente impensável.

— JS é muito respeitado no meio — Liam chamou a atenção de Elora. — É uma pena que quem trabalha nos bastidores não seja reconhecido pelo grande público.

— Deve ter uma vantagem essa discrição... — Elora olhou zombeteira. — As caçadoras de celebridades não devem se aproximar.

— É — Liam sorriu —, mas as oportunistas sim. Muitas pessoas se aproximam de JS por saberem que ele é muito influente.

A cerimônia continuou ainda por algum tempo e quando foi encerrada começou a ser ouvido o som de uma banda em um anexo ao salão em que estavam e que dava para um lindo jardim.

Alguns convidados saíram animados em direção do contagiante som. Elora percebeu o movimento agitado de César e olhou esperançosa para a direção em que ele acenava.

Shuam se aproximava e ria cinicamente para Elora, como demonstrando claramente saber que não era ele que ela havia esperado encontrar com o olhar ansioso.

Ao aproximar-se da mesa, Shuam foi agarrado sedutoramente por Liam, que ficou abraçada a ele por alguns segundos enquanto falava algo em seu ouvido que o fazia sorrir alegre e a abraçar ainda com mais força.

Quando se desvencilhou do abraço, rodou a mesa em direção de Elora, que se levantou e esticou a mão para cumprimentá-lo.

— Parabéns pelo prêmio — ela sorriu. — Acredito que deva ter merecido recebê-lo.

Ao segurar a mão de Elora, Shuam discretamente a puxou até ele e a enlaçou pela cintura dando-lhe um beijo no rosto.

— Seja mais gentil, Escritora — Shuam sussurrou em seu ouvido. — Afinal, aqui somos parceiros de trabalho, devemos mostrar entrosamento.

Elora não teve tempo para responder, ele a soltou e foi abraçar César animadamente.

Ficaram conversando e logo Liam se dependurou sensualmente em Shuam, participando da conversa. Elora assistia à cena divertida e voltou o olhar para o salão, curiosa, à procura de Miguel.

A voz de César chamando para irem para o jardim a tirou de uma espécie de transe; levantou-se rapidamente não sem antes perceber Shuam, que a observava cinicamente enquanto era rebocado por uma Liam dançante.

César e Elora ficaram parados observando a animação da pista de dança, e pouco a pouco César ia apresentando Elora para uma grande parte de convidados, na sua maioria atores e produtores de cinema.

Uma música suave e romântica começou a tocar, a voz forte do cantor encheu o ambiente.

Elora sentiu-se abraçada pelas costas e voltou-se à procura de quem a agarrava de maneira tão íntima.

Encontrou o olhar de Shuam que sorria encantadoramente e a embalou nos braços e a encaminhou vagarosamente para a pista de dança.

No meio da pista Shuam olhou sério para ela e sorriu.

— Desapontada?

— Não muito.

— Então vamos começar o show, sei que dança muito bem.

Com um toque, Shuam a rodopiou e a puxou sensualmente ao encontro dele e uma seqüência de passos ousados e sensuais começou a ser realizada pelo casal.

Shuam levava Elora pela pista como se ela fosse uma boneca sem vontade própria, parecia que dançavam juntos há muitos anos.

A *performance* acabou chamando a atenção, fazendo que alguns casais parassem de dançar para assistir à exibição.

Quando o último acorde da música tocou, Elora estava toda envolvida nos braços de Shuam, ofegante.

— Dança sempre assim?

— Digamos que fui animado pelo par.

Shuam sorriu e a puxou ainda para mais perto. Deu-lhe um demorado beijo no rosto muito próximo à boca.

Ele se afastou um pouco dela e a olhou nos olhos com preocupação.

— Seu momento chegou.

Ele a rodou e ficou abraçado a ela, fazendo que se apoiasse em seu corpo.

Miguel Alvarez estava parado à sua frente a apenas alguns passos de distância.

Elora sentiu o corpo todo tremendo e Shuam a segurou com força.

— Agora calma — Shuam falou em seu ouvido. — Se demonstrar ansiedade ou nervosismo perto de Miguel irá afastá-lo e não atraí-lo; ele está farto de fãs neuróticas e histéricas diante dele, se quer ele por perto, trate-o tranqüilamente, sem agitação.

— Virou meu conselheiro agora?

— Sou seu amigo, e apesar de achar errado e uma loucura o que está fazendo, tenho que respeitar sua decisão. É o seu direito e a sua história, e mesmo não concordando, vou estar ao seu lado.

— Como um amigo ou como um Mestre?

— Como seu Mestre tentarei impedir que utilize certas potencialidades — Shuam a olhava com carinho passando a mão pela sua cabeça. — Como seu amigo estarei aqui caso você precise de ajuda.

— Um ombro para chorar? — Elora olhou para ele zombeteira. — Se precisar chorar, Shuam, não vou querer ouvir zombarias e advertências.

— Bom — Shuam sorriu e deu-lhe um beijo na testa. — Recado dado. Daqui para a frente é por sua conta; eu não poderei fazer mais nada.

Elora acompanhou com o olhar a chegada de César perto de Miguel e o abraço dos amigos.

Shuam a conduziu mais alguns passos, parou repentinamente e fez Elora olhar para ele.

— Tem certeza de que é isso que você quer?

— Tenho!

— Então vai — Shuam abriu os braços em direção a César e Miguel. — Eles estão esperando por você.

Elora respirou fundo e caminhou tranqüilamente na direção de César e Miguel; era seu momento, havia esperado por ele a vida inteira.

— Elora, meu amor — César sorriu esticando o braço em sua direção. — Tem alguém que você precisa conhecer.

Elora segurou a mão de César com delicadeza e foi conduzida até ele, que a abraçou gentilmente, fazendo-a olhar para quem estava ao seu lado.

— Miguel, essa é Elora Monteiro, a escritora da qual falávamos.

Miguel olhava para Elora sem esboçar nenhuma reação, apenas seus olhos a percorreram de cima a baixo e voltaram para seu rosto enquanto estendia a mão em cumprimento.

— Senhora Monteiro — Miguel segurou a mão que lhe foi estendida com as duas mãos e aproximou-se dando-lhe um beijo no rosto. — Encantado em conhecê-la.

Contendo o impulso de abraçá-lo, Elora apoiou a mão livre em seu ombro para receber o beijo, e pôde sentir o aroma do perfume que a havia acompanhado por tantas noites.

— O prazer é todo meu — Elora conseguiu falar por fim. — Sou grande admiradora de seu trabalho.

— Deve ser mesmo — o sorriso de Miguel foi irônico. — Está muito empenhada para que eu trabalhe em seu filme.

O tom da voz de Miguel deixou César em alerta, conhecia o amigo e sabia que ele estava desconfiado dos propósitos de Elora.

— Já conhecia o trabalho de Elora, Miguel? — César interveio. — Seus livros são um verdadeiro fenômeno de vendas.

— Muito vagamente, não sou afeito às leituras de auto-ajuda.

— O trabalho de Elora é místico Miguel — César sorriu para o amigo e olhou para Elora —, não de auto-ajuda.

— Veja só! — Miguel arrumou o corpo e esticou a mão fazendo um gesto no ar. — O místico tem por base o autoconhecimento, o desenvolvimento do seu lado interior, e os processos de auto-ajuda são muito semelhantes, para mim é quase tudo a mesma coisa — Miguel sorriu para Elora colocando a mão no peito. — Perdoe-me se estiver errado.

— Deveria ler alguns dos meus livros, senhor Alvarez — Elora olhava para ele rindo. — Talvez mude de idéia.

— Estou tentando — Miguel deu risada. — Juro que estou. Desde que falei com César, estou com seu livro de um lado para o outro, mas é incrível, fico imediatamente confuso e muito cansado.

— Minha escrita o entedia, senhor Alvarez?

— Não! — Miguel arregalou os olhos. — Me confunde, fico cansado, longe de mim achar seu trabalho entediante.

Elora sorriu satisfeita. Por mais que tentasse ser cético, seu inconsciente se agitava ao tomar contato com as histórias de Elora, afinal, ele havia acompanhado a criação dos enredos, dado palpites.

— Devo estar provocando algum fenômeno místico em sua vida, senhor Alvarez — Elora esticou a mão e colocou-a no ombro de Miguel. — Deveria prestar mais atenção a esse fato.

— Minha noiva diz a mesma coisa — Miguel acabou dando um passo para trás para se livrar do contato. — Ela adora esses assuntos.

— Noiva? — César olhou para Miguel, espantado. — Quando ficou noivo?

— Há uns dois dias — Miguel sorriu. — Eu e Carmem pretendemos nos casar logo.

— Miguel Alvarez novamente fisgado! — César sorriu abraçando o amigo. — Espero que desta vez a história vingue.

— Já vingou! — Miguel olhou para Elora desconfiado. — Estou muito feliz e apaixonado também. Carmem é uma mulher maravilhosa, equilibrada, centrada, uma grande companheira.

Elora olhou séria para Miguel, que havia percebido nela um ar de irritação e sorriu sarcástico.

Elora respirou fundo e aprumou o corpo para responder ao olhar provocante de Miguel, mas foi interrompida pela voz de Shuam às suas costas.

— Miguel Alvarez!

— JS! — Miguel sorriu estendendo a mão. — Como tem passado, há muito não nos encontramos.

— Mas parece que nossos caminhos voltaram a se cruzar — Shuam cumprimentou Miguel. — Vejo que já conheceu nossa Escritora.

— Acabei de apresentá-los — César respondeu. — Estou aguardando agora Elora seduzir Miguel como fez com a gente.

— Então vai ser fácil — Shuam sorriu para Elora pegando sua mão e dando um beijo. — Ainda mais hoje que ela está especialmente encantadora. Nem sei se vou conseguir dormir esta noite, depois de ter estado tanto tempo próximo a ela.

— Acredito que não! — Miguel olhou para ele fazendo um maneio irritado com a cabeça. — Ainda mais depois da dança.

— Miguel, meu amigo, estou com problemas — Shuam olhava para Elora divertido. — Acho que fui fisgado.

Elora assistia à cena incrédula. Não conseguia acreditar no que Shuam estava fazendo; deliberadamente deixava claro a Miguel e a César que estava querendo seduzi-la.

Atordoada com a situação, acabou se deixando envolver no jogo de sedução que Shuam criara, ainda mais quando percebeu que sua anuência ao flerte deixava Miguel incomodado.

A chegada de Carmem ao grupo não alterou a atitude de Miguel, que se mostrava cada vez mais irritado com o casal à sua frente.

César assistia à cena toda sem nada entender. O jeito galante e sedutor de JS era uma grande novidade e a má vontade de Miguel em relação à Elora havia acabado rápido demais, tão rápido a ponto de ele estar deixando claro que a possível mudança de preferência de Elora o havia desagradado.

Parecendo alheia a tudo, Carmem acabou conduzindo muito docemente o assunto para o projeto de César, que lhe parecia muito interessante e desafiador.

— César — Shuam falou muito sério assustando a todos —, já tem o nome de quem fará a protagonista de seu novo filme?

— Tenho alguns nomes — César olhou para Elora sorridente. — Mas ainda não tenho um filme, nossa autora ainda não deu seu o.k.

— Mas ela vai dar — Shuam aproximou-se ainda mais de Elora, abraçando-a sensualmente. — Eu mesmo não vejo a hora de passar grandes momentos ao lado dela na construção desse roteiro.

Elora fechou os olhos tentando conter a gargalhada que ia dar. Ouvir Shuam dizendo que ia adorar passar horas ao lado dela já era um pouco demais para tudo o que haviam vivido.

— Como todo escritor — Miguel abraçou Carmem olhando-a divertido —, a senhora Monteiro tem idéias excêntricas e desejos descontrolados.

— Faz uma péssima idéia de escritores, senhor Alvarez — Elora olhou desafiadora. — Não somos excêntricos nem loucos, digamos que nossa percepção seja um pouco diferente por isso acabamos sendo decididos em nossas escolhas.

— Mas colocar todo um projeto desse porte a perder por um capricho — Miguel colocou a mão na cabeça —, não me parece sensato.

Elora não respondeu, apenas sorriu e balançou a cabeça, deixando claro que achava o comentário de Miguel infantil.

— Carmem é um bom nome — A voz de Shuam ficou muito grave. — Aliás, um excelente nome.

César olhou para Shuam sem entender direito o que ele dizia, pois estava distraído com a troca de farpas entre Elora e Miguel.

— Para fazer par com Miguel em *Amor Astral* — Shuam sorriu satisfeito. — É um nome em ascensão.

O semblante de satisfação de César deixou Elora preocupada; ele havia gostado muito da idéia. Ela olhou para Shuam com raiva; estava com vontade de pular no pescoço dele.

Shuam olhava para ela irônico e desafiador; sabia exatamente o que ela estava pensando. Carmem trabalhando ao lado de Miguel em *Amor Astral* ia atrapalhar seus planos.

Vivenciar as cenas descritas por Elora com a mulher por quem estava fisicamente envolvido ia refrear muito seus instintos e bloquear seu inconsciente. As sensações que iria viver, as lembranças dos encontros com Elora seriam automaticamente transferidas em sua grande maioria para Carmem.

Miguel acabaria achando que tudo o que sentia, que os *flashs* de lembranças e a sensação de busca de complementação vinham do seu relacionamento com a atriz e não tentaria buscar entendimento para o que estaria acontecendo.

— Oh! Seria maravilhoso! — Carmem demonstrou muita emoção e olhava encantada para Shuam. — Eu iria adorar fazer esse trabalho, não pensaria duas vezes em aceitar.

— Parece-me que tem razão, senhor Alvarez — Elora tentou se mostrar tranqüila, quando voltou seu olhar para Miguel. — Sua noiva parece-me realmente muito sensata e equilibrada; mais que isso, não perde boas oportunidades.

Elora aproximou-se de César e pendurou um dos braços em seu ombro e espalmou a mão no peito do produtor.

— Se conseguir os direitos, senhor Laurent — Elora deu dois tapinhas no peito de César —, fará uma excelente escolha em colocar Carmem como par de Miguel em seu filme.

César olhou para Elora espantado. Não conseguia entender. A forma como negociava os direitos e a sua participação, a imposição ao nome de Miguel e agora aceitar de bom grado o nome da atual mulher de Miguel o estavam deixando cada vez mais confuso.

— Quero o melhor para *Amor Astral*, senhor Laurent — Elora olhou para Shuam desafiadora. — E confio na opinião de JS, mas não abro mão da minha proposta inicial.

Elora soltou-se de César delicadamente e deu um passo para trás fazendo uma reverência.

— Vocês me perdoem, mas estou muito cansada, vou para meu quarto, a viagem foi um tanto quanto intempestiva.

— Eu a acompanho — César posicionou-se ao lado dela.

— Não precisa — Elora sorriu. — Você tem muitos contatos a fazer, fique à vontade.

— Você ainda não dançou comigo JS — a voz de Liam fez que se voltassem para a recém-chegada que assistia à cena.

Sem dar tempo para resposta, ela acabou por segurar Shuam e puxá-lo gentilmente.

Elora sorriu satisfeita e fez uma aceno de despedida com a cabeça.

Virou-se e caminhou tranqüilamente em direção do saguão do hotel. Antes de chegar na porta do elevador, sentiu o toque firme de uma mão em seu ombro.

Não precisou se voltar para saber quem era; conhecia aquela energia muito bem.

— Eu a acompanho.

— Deixou sua noiva sozinha?

— Está bem acompanhada por César — Miguel sorriu. — Estão tão empolgados na discussão do projeto que nem sentirão a minha ausência.

Entraram no elevador em silêncio. Elora tentava conter a alegria que sentia por estar ali ao lado dele, dentro daquele compartimento.

Quando a porta se abriu, Elora olhou para Miguel, que a observava de maneira estranha.

— Silencioso, senhor Alvarez — Elora aproximou-se dele para sair do elevador. — Algo o preocupa?

— Estou tentando entendê-la, senhora Monteiro.

— É melhor desistir — Elora sorriu abrindo a porta do quarto. — Mas pode tentar. Entre, tome um *drink* comigo antes de voltar à festa.

Elora entrou no aposento deixando a porta aberta com Miguel parado do lado de fora olhando desconfiado.

Acabou entrando e fechando delicadamente a porta.

Elora estava no pequeno bar da suíte servindo dois copos, demonstrando claramente a certeza de que o convite seria aceito.

Segurando os dois copos, Elora aproximou-se dele gentilmente oferecendo um e levando o outro para um brinde.

— Ao nosso encontro.

Olhando muito sério, Miguel correspondeu ao brinde e bebeu um pequeno gole sem tirar os olhos dela.

— Não deveria me olhar assim — Miguel levantou as sobrancelhas.

— Assim como?

Miguel não respondeu, voltou a bebericar sem demonstrar qualquer reação.

— Qual é o seu jogo, senhora Monteiro? — Miguel falou por fim. — Aonde exatamente quer chegar com suas manobras?

— Não entendi a colocação. — Elora assustou-se com o tom sério de Miguel. — Não estou jogando nem manobrando ninguém.

— Não mesmo? — Miguel sorriu sarcástico. — E chama essa manipulação toda com César de que então?

— Não estou manipulando César.

— Tem razão — Miguel colocou o copo no balcão e olhou sério para ela. — Está chantageando, o que pode ser muito pior.

— Chantageando?

— É o nome que dou ao tipo de negócio que está fazendo. Qual é exatamente o seu objetivo, senhora Monteiro? Tenho todo o direito de saber, afinal virei seu objeto de barganha.

— Você não está entendendo nada mesmo, não é Miguel? — Elora perguntou preocupada. — Foi por isso que veio até aqui?

— Quero entender seu objetivo, senhora Monteiro, e saber exatamente o que quer comigo.

Elora olhou para Miguel, apreensiva. Nunca o tinha visto daquela maneira, com a voz tão amarga e olhos enraivecidos. Em nada lembrava o Miguel que conhecia.

— Estou desconhecendo você, Miguel.

— Caso não se lembre, a senhora não me conhece, aliás, nós nunca fomos apresentados antes.

— Você pode até não acreditar — Elora sorriu debochada —, mas eu o conheço muito bem.

— Mesmo? — Miguel deu uma gargalhada. — Se me conhecesse mesmo, nunca chantagearia um amigo meu, nunca aproveitaria de uma situação tão delicada como a que César está, e ainda mais, nunca me colocaria numa situação dessas.

— Não coloquei você em nenhuma situação complicada, senhor Alvarez, é apenas uma questão de sim ou não.

— Colocou a vida, a carreira e a empresa de César na minha mão, na minha decisão, e diz que isso não é nada? — Miguel balançou a cabeça irritado. — Realmente a senhora me conhece muito bem.

— O suficiente para saber que nunca o deixaria na mão — Elora olhou para Miguel, desafiadora. — Você nunca suportaria ser o responsável pela derrocada de César Laurent.

— Você é uma louca! — Miguel levantou os braços em desespero, colocando as mãos na cabeça. — O que quer comigo, afinal?

A voz áspera de Miguel fez o coração de Elora apertar, havia esperado tanto por aquele momento e tinha apenas um homem em fúria à sua frente.

— Vamos, senhora Monteiro, estou esperando — Miguel apoiou um dos braços no balcão do bar com cara de impaciente. — Qual é o objetivo diabólico de me ter por perto?

— Diabólico? — Elora deu um pulo para trás. — Você agora foi longe demais, Miguel.

— Eu? — Miguel fechou os olhos balançando a cabeça. — Você aproveita a situação delicada em que César se encontra para me chantagear e eu é que estou indo longe demais? Isso é alguma piada ou algum surto desses fanáticos adoradores de não sei o quê como você.

— Não sou adoradora de nada! — Elora mostrou-se visivelmente irritada. — Sou mística e o meu trabalho é divulgar ensinamentos que transformem o ser humano interiormente.

— Deve ser péssima no que faz — Miguel sorriu. — Aliás, deve ser ótima, se o objetivo do seu tal misticismo é o de transformar as pessoas em manipuladores fúteis e inconseqüentes.

— Você não sabe o que está dizendo.

— Sou sincero — Miguel colocou a mão no peito. — Falo o que vejo e sinto. Onde é que eu entro nisso tudo, senhora Monteiro?

— Não entra — Elora virou-se e foi em direção do pequeno sofá. — Você não tem nada a ver com isso.

Elora sentou-se tentando aparentar calma. Sentia o corpo todo trêmulo e precisava se acalmar. O inconsciente de Miguel estava gritando, e se ela não entendesse isso e perdesse o controle, tudo estaria perdido.

— Começamos a caminhar — Miguel falou sarcástico. — Menos uma possibilidade, seu objetivo não é despertar em mim o grande e poderoso místico adormecido no meu inconsciente, e isso já é alguma coisa.

Elora respirou fundo, tentando manter a calma. Fechou os olhos e posicionou os indicadores na boca com as mãos entrelaçadas; não sabia como argumentar com Miguel naquele estado.

— Quais são as outras possibilidades, senhora Monteiro? — Miguel aproximou-se dela irritado. — Existem inúmeras, e quero a verdadeira. Ninguém arma uma estratégia tão baixa quanto a sua sem um objetivo.

Elora abriu os olhos e o olhou tentando demonstrar serenidade. O rosto de Miguel estava transtornado e ele se apresentava visivelmente agitado e irritado.

— Não diga que está querendo me seduzir. — Miguel sentou-se ao lado dela e se aproximou de seu rosto. — Será que por dentro dessa mulher aparentemente equilibrada existe uma fã desvairada, apaixonada pelo ídolo, e que faria qualquer coisa por uma noite de amor com o homem de seus sonhos?

Elora prendeu a respiração e arregalou os olhos tentando conter as lágrimas. Nunca tinha se sentido tão magoada.

— Existem vários caminhos para a cama de um homem, senhora Monteiro — Miguel debruçou-se sobre ela, colocando seu rosto muito próximo ao dela. — Você escolheu o caminho errado, ou o homem errado.

A proximidade de Miguel fez Elora esquecer o que estava acontecendo e seus lábios tremeram na expectativa de um beijo.

Miguel olhou para a boca de Elora e deu um sorriso com o canto da boca.

— Algo em você não me agrada, senhora Monteiro — Miguel afastou-se. — Mas eu ainda vou descobrir o que é e o que quer comigo.

Miguel levantou e arrumou a roupa; sob o olhar melancólico de Elora caminhou em direção da porta em silêncio.

— Vai aceitar fazer o filme?

Miguel voltou-se para ela com uma expressão fria no olhar.

— Talvez eu não tenha outra escolha.

Virou e saiu deixando Elora parada, acompanhando a porta se fechar.

Capítulo 12

Elora acordou com o toque de um carinho na cabeça. Suspirou contrariada, tinha acabado de dormir e agora Shuam vinha lhe atormentar.

Virou-se para brigar com ele, mas não o encontrou. Sentou-se na cama, sentindo-se estranha.

Fechou os olhos tentando se concentrar; tinha sentido nitidamente a presença e o toque de Shuam, mas não conseguia vê-lo.

Esfregou a mão no rosto com força e coçou a cabeça respirando fundo; ficou imóvel, não sentia mais nada.

— Deve ter desistido.

Elora sorriu satisfeita e levou a mão ao estômago, estava sentindo fome.

Olhou o relógio, ainda podia pedir o café da manhã. Ligou para o restaurante e foi tomar um banho enquanto esperava a refeição.

Mal tinha acabado de vestir o roupão e ainda com os cabelos desalinhados ouviu o som da campainha.

Correu para a porta animada, o serviço havia sido muito rápido.

Abriu a porta sem olhar, apenas pedindo para deixar a refeição na mesa, agradecendo enquanto voltava ao banheiro.

— Ainda não sou servido pelo serviço de quarto.

Elora estancou assustada. Shuam estava parado no meio do quarto, com as mãos na cintura e uma cara bem debochada.

Vestia a mesma roupa da noite anterior, sinal de que ainda não havia ido para casa.

— Tão cedo assim, Shuam? — Elora voltou-se para ele divertida. — Pensei que a essa hora você ainda estaria tomando conta de sua assistente.

— Ciúmes de mim, Escritora?

— Eu? — Elora riu. — Não haveria motivos para isso. O que quer?

— Por que se recusou a me ver quando estive há pouco aqui?

— Não me recusei! — Elora olhou espantada. — Eu não o vi que horas foi isso?

— Agora há pouco — Shuam aproximou-se da cama e deitou. — Você dormia e eu lhe acordei.

Elora ficou olhando para ele pensativa e balançou a cabeça em sinal de lembrança.

— Foi... Realmente — Elora olhou para ela com a testa franzida. — Eu senti você, seu toque, mas...

— Não quis falar comigo — Shuam esticou-se na cama. — Eu entendo.

— Não!!! — Elora sentou-se na cama ao lado dele. — Eu simplesmente não vi você.

— Não viu?

— É — Elora ficou com o olhar perdido. — Eu até tentei, mas não consegui. Achei que tinha sido impressão ou que você havia desistido de falar comigo.

— Nem uma coisa nem outra — Shuam olhou para ela preocupado. — Eu estava aqui, mas você não me viu nem ouviu.

— Nossa, que estranho, mas o que você quer agora?

— Eu não acredito — Shuam sentou-se e olhou para ela indignado. — Você acaba de saber que não viu nem ouviu uma manifestação astral e nem se preocupa?

— Ora, Shuam, para que tanto escândalo? — Elora olhou para ele irritada. — Às vezes isso acontece. Vários fatores podem atrapalhar a comunicação.

— Eu sei disso, Elora — Shuam esticou o braço e colocou a mão na perna dela. — Mas quantas vezes isso aconteceu com você?

— Não sei — Elora olhou séria. — Não lembro, mas deve ter acontecido.

— Elora, essas falhas de comunicação acontecem no início — Shuam levantou-se irritado. — Por falta de experiência, desequilíbrio, desconhecimento das práticas e técnicas, mas há vários anos não acontece com você. Hoje, mesmo desequilibrada, nervosa, irritada, fisicamente doente, sua comunicação nunca se falha, sua visão nunca fecha.

— Tem razão — Elora olhou para ele espantada. — É mesmo muito estranho.

— Estranho? — Shuam a olhou ainda mais irritado — Mais do que estranho. Escritora, você nem percebeu que era eu que estava na porta.

Elora virou-se para ele preocupada.

Shuam fez sinal de silêncio para ela e caminhou até a porta? Esperou alguns segundos e a abriu deixando o entregador com cara de espanto e com o dedo esticado para tocar a campainha.

— Sua refeição! — Shuam olhou para ela com o semblante carregado. — Bem na hora.

O rapaz, sem ação, ficou olhando confuso para Shuam e Elora.

Com um gesto, Shuam pediu para que ele colocasse a bandeja na mesa, e ficou na porta esperando ele sair.

— Não está vendo? — Shuam voltou-se para ela assim que fechou a porta. — Você está sem percepção nenhuma.

— O que pode estar acontecendo?

— Não sei ao certo. Acredito que suas potencialidades foram fragmentadas — Shuam aproximou-se da mesa e puxou a cadeira. — Venha, sente-se, é melhor você comer alguma coisa para não deixar seu organismo desequilibrado também.

Elora obedeceu sentando-se à mesa e observando os pratos; sentia-se realmente faminta.

Shuam sentou-se à sua frente e ficou observando Elora comer com vontade, e rindo com a cara de espanto do entregador.

— Nossa, comi demais! — Elora afastou-se um pouco da mesa e encontrou o olhar divertido de Shuam. — O que foi?

— Há séculos não vejo você comer assim com tanto gosto.

— Sempre comi muito bem — Elora olhou para ele curiosa. — E você não me conhece há tanto tempo assim, conhece?

— Acompanho você há muito tempo, Elora — Shuam esticou o braço e colocou a mão sobre a dela. — Há muito tempo.

— Como assim?

Shuam esticou-se na cadeira com seu modo costumeiro de relaxar, colocou as mãos cruzadas na nuca e ficou olhando nos olhos de Elora por algum tempo.

Elora observava a cena achando graça. Tinha se acostumado ao jeito despojado de Shuam, mas era estranho tê-lo fisicamente à sua frente, ainda mais bem vestido e elegante como estava agora.

— Bom, ao contrário de você, eu tento seguir a minha história — Shuam fez uma careta — e procuro ao máximo obter informações sobre ela.

— E onde eu entro nisso tudo?

— Minha vida passa pela sua, Escritora. Nada mais natural para mim saber a quantas andam seus projetos, uma medida, digamos, preventiva, de estar preparado para os encontros ou para as possíveis falhas e desvios.

— Nossa! — Elora riu apoiando a cabeça na mão. — Você deve bisbilhotar a vida de muita gente.

— Só das mais importantes — Shuam soltou os braços e se debruçou na mesa a imitando. — E sim, isso é um elogio, mas não deve ficar mais metida do que já é.

Elora riu muito, Shuam sabia ser agradável e engraçado quando queria.

— Adoro ver você assim — Shuam esticou a mão e passou-a gentilmente no rosto de Elora. — Alegre, leve.

O toque de Shuam fez Elora estremecer e ficar olhando perdida em seus olhos, agora muito provocantes.

— Como está sua vida, Shuam? — Elora levantou-se rápido, fugindo do contato. — Fale-me de você, como está a vida de sua metade?

— Ao que eu sei, está ótima — Shuam riu da forma como ela havia desviado o assunto. — Por sinal, está grávida e muito feliz.

— Grávida?

Elora virou-se tão abruptamente com a notícia que acabou se desequilibrando e sentando-se na cama com força.

— Sim, grávida, ela é casada eu já disse, qual o espanto?

— A forma como você encara a situação; eu não conseguiria ter essa frieza toda.

— Não é frieza, Elora — Shuam levantou-se e aproximou-se da cama —, é amor. Ela está bem, está feliz, vivendo a história que ela tem para viver, fazendo seus resgates, evoluindo, ao lado de alguém que a ama, a respeita e a faz muito feliz. Por que deveria ser diferente?

— É estranho, Shuam, muito estranho, como ela, como vocês conseguem viver assim, eu não entendo.

— A vida, Elora, é muito mais do que essa encarnação — Shuam sentou-se ao lado dela. — A realização de se estar fazendo a coisa certa, reparando erros, recebendo e doando amor, carinho, gentilezas às pessoas que nos são caras ou que temos dívidas é muito grande.

Elora olhava para ele, que demonstrava muita serenidade em suas palavras.

— Nunca deixaremos de ser parte um do outro, Elora. Um dia voltaremos a ser únicos, mas por enquanto iremos viver um momento de cada vez, uma realização de cada vez, a história de cada vida como deve ser vivida.

— Isso tudo é muito lindo, Shuam, mas nada fácil.

— Ninguém disse que seria — Shuam balançou a cabeça. — Mas se vivermos, se aprendermos a viver cada vida como ela deve ser vivida, se realizarmos aquilo que viemos destinados a realizar, a sensação de felicidade e amor supera qualquer dor, qualquer dificuldade.

— Você é feliz, Shuam?

— Muito — Shuam sorriu. — Fico chateado apenas quando encontro escritoras teimosas e obstinadas pela frente, mas de resto...

Shuam olhou para Elora e deu uma gargalhada; ela estava com uma cara cheia de raiva.

Ela levantou-se irritada e ficou olhando Shuam que se dobrava na cama de tanto rir, e quanto mais nervosa ficava, mais ele ria.

— Chega, Shuam! — Elora parou ao lado da cama com a mão na cintura. — Estou tentando entender o que se passa e estou com problemas também.

— Desculpe — Shuam levantou-se e a puxou de volta para a cama. — O que a preocupa, Escritora?

Elora caiu em cima dele e tentou se levantar, mas foi impedida. Shuam a abraçou e fez que se deitasse, apoiando a cabeça em seu peito.

— Por que acha que minhas potencialidades foram fragmentadas?

Shuam ficou em silêncio por algum tempo; aquele silêncio pareceu a ela uma eternidade.

— Podem ser muitas coisas — Shuam levantou a cabeça e olhou sério para ela. — Mas entendo que suas potencialidades foram afloradas e aperfeiçoadas por um propósito divino.

— Sim e daí?

— Você está desviando de seu propósito divino, Elora, e esse pode ser o motivo. À medida que você se afasta de sua história, suas habilidades vão ficando desnecessárias.

— Ora, Shuam — Elora soltou-se dele. — Não sou nenhuma privilegiada. O que faço, sinto, percebo, é absolutamente normal, todo mundo pode ter e fazer.

— Com essa facilidade toda? — Shuam olhou para ela debochado. — Não seja ridícula, Escritora. Você sabe que foi preparada para algo diferente. Toda sua vida foi criada em função desse propósito. Suas habilidades, potencialidades, até mesmo o suporte financeiro que você possui lhe foram dados com um grande e belo objetivo, como parte de um propósito divino. Ao se afastar da sua meta, de sua história, qual seria o objetivo para mantê-la na mesma posição, serviços prestados?

— Tem sentido — Elora sentou-se. — Mas não sei se é assim.

— Claro, as potencialidades são inerentes ao ser humano, basta treiná-las, desenvolvê-las, mas no seu caso, tudo foi amplificado, aprimorado. Se estiver certo, quanto mais você reescrever sua história, menos habilidades terá, poderá tê-las novamente treinando, praticando, mas não com a mesma facilidade.

Elora olhava para ele espantada.

— A natureza é sabia, Escritora. Tudo funciona ciclicamente e com perfeição. Se no seu caminho todas as coisas que seriam úteis e necessárias foram lhe dadas, ao se afastar, ao se recusar, uma nova ordem passa a imperar, uma nova rota é criada; dependendo do novo caminho, tudo pode ser retirado, até mesmo sua estabilidade financeira.

Elora olhava a expressão carregada de Shuam com preocupação, tentando acompanhar o raciocínio rápido e lógico do homem à sua frente.

— Você tem a liberdade de escolha, Elora. Traça seu próprio caminho, sabe que para cada decisão existe uma resposta, um retorno, causa e efeito. Já lhe disse uma vez, você não é inocente, Escritora, sabia que isso aconteceria. Esperava condescendência cósmica para as suas decisões?

— Não estou assustada se é o que acha — Elora levantou-se e foi até a mesa para tomar mais suco, sentia a garganta muito seca. — Não me arrependo da escolha que fiz.

— Muito bem — Shuam sentou-se na cama e bateu palmas. — A dona do seu destino em ação, agora adapte-se às suas escolhas.

Elora voltou-se para ele decidida. Tinha estado frente a frente com Miguel, havia sentido o cheiro e o calor que emanavam dele, logo tudo seria resolvido.

Shuam olhava para ela sem demonstrar o que sentia; arrumou-se na cama, encostou os braços nos joelhos e olhou para o chão.

— Pelo seu olhar, parece que a noite foi animadora. Sei que Miguel a acompanhou até o quarto, o que aconteceu?

— Você não sabe? — Elora riu. — Não perde nada do que eu faço, e não acompanhou meu primeiro momento a sós com Miguel Alvarez?

— Pelo bem da minha integridade física e da sua, achei melhor não — Shuam levantou a cabeça e ficou olhando para ela. — Ainda não estou preparado para ver você seduzindo Miguel Alvarez, muito menos agarrada a ele.

— Faz-me rir, Shuam — Elora balançou a cabeça. — Tenho certeza de que já nos viu inúmeras vezes juntos.

— Fisicamente não — Shuam levantou-se rápido e se aproximou dela. — As sensações físicas são diferentes, como foi?

— Maravilhoso! — Elora olhava desafiadora para Shuam. — Não poderia ser diferente.

— Sinceramente? — Shuam arqueou as sobrancelhas. — Não é isso que está parecendo, se a noite tivesse sido assim tão agradável você não estaria cheia de olheiras e com cara de quem chorou a noite toda.

— Não me provoque, Shuam — Elora ficou irritada. — Sabe muito bem o que aconteceu, senão não estaria aqui para tripudiar da minha cara.

— Juro que não — Shuam ficou sério. — Mas pelo jeito dá para se ter uma idéia.

Elora suspirou; estava cansada e nervosa com todos os acontecimentos, não queria dar explicações.

Shuam aproximou-se mais dela e olhando-a nos olhos passou carinhosamente a mão pela sua cabeça.

— Acreditava mesmo que iria ser fácil?

— Não — Elora abaixou a cabeça. — Só não pensei que seria tão difícil e tão dolorido. Ele está irritado, com raiva de mim, parece até que me odeia.

— Não poderia ser diferente, Elora — Shuam colocou a mão em seu queixo fazendo-a levantar a cabeça. — Por mais inconsciente que ele seja, sua essência grita, fala alto, sabe o perigo que está correndo, sente-se fisicamente ameaçado por algo que não sabe o que é.

— Não devia ser assim. — Os olhos de Elora ficaram marejados. — A força que nos une deveria ser mais forte que o medo.

— A gente roda, roda, roda e volta no mesmo ponto, Elora. — Shuam balançava a cabeça. — Essa não é a história de vocês, esse não é o trabalho a ser feito; por maior que seja a força da ligação, a sensação de erro é muito grande, principalmente para quem não sabe o que está acontecendo e que em essência abriu mão dessa união.

Elora ficou olhando para Shuam com o olhar perdido, não conseguia ordenar os pensamentos nem acompanhar o raciocínio de Shuam.

— Sei que está tentando pensar, Elora — Shuam segurou-a pelos ombros. — Mas Miguel não aceitou o encontro, da mesma forma que você usou seu livre-arbítrio para estar perto dele, ele está usando o dele para ficar longe de você, inclusive astralmente. Foi a sua escolha não a dele, por isso ele vai fugir de você o quanto puder.

— Ele não vai fugir por muito tempo — os olhos de Elora brilharam. — A minha presença, o filme, as situações que estão por vir quebrarão a resistência; se eu desarmá-lo, ele deixará o coração falar mais alto.

— Por que procurar tanto sofrimento? — Shuam apertou seus ombros um pouco mais. — A vida é muito mais do que isso, Escritora, muito mais.

Shuam puxou Elora, agarrou-a com força, e segurando sua cabeça lhe deu um beijo tão intenso que ela sentiu todo seu corpo enfraquecendo, como se fosse perder os sentidos.

Com habilidade, Shuam começou a deslizar as mãos pelo seu corpo, fazendo-a soltar um gemido demonstrando o prazer que sentia.

A sofreguidão dos carinhos acabou abrindo o roupão e revelando o corpo nu sob ele, fazendo Shuam a apertar com mais força ainda.

Entregue aos carinhos, Elora foi conduzida por Shuam até a cama, esquecida de qualquer tentativa de repulsa.

Ofegante, acompanhou excitada Shuam retirar o *blazer* e a blusa branca e se jogar sobre ela para retomar a sessão de beijos e carícias.

Os lábios de Shuam percorreram o pescoço de Elora até o ombro, fazendo-a estremecer e soltar um novo gemido. Ele levantou a cabeça para olhá-la.

— Você está me fazendo perder o bom senso, Escritora.

Ela não respondeu, esticou os braços trazendo-o de volta para ela.

Shuam agarrou-se a ela com força e voltou a beijá-la intensamente, fazendo Elora deslizar as mãos pelas suas costas nuas e fosse habilmente retirar o resto de roupa que ele ainda usava.

Quando enfim Shuam jogou-se exausto ao lado dela na cama começou a rir.

— Realmente, Escritora, você me fez perder o bom senso.

Elora olhou para ele com os olhos enevoados, fazendo com que a puxasse para perto novamente. Exausta e ainda trêmula, Elora aninhou-se nele entorpecida, sentindo as batidas descompassadas do seu coração que aos poucos ia serenando.

Sonolenta, Elora sentiu o passar delicado de dedos nos lábios.

Abriu os olhos e encontrou o olhar de Shuam que percorria seu rosto.

Ficou parada alguns momentos tentando entender o que havia acontecido e o que estava sentindo.

Levantou-se rápido e a consciência da nudez fez com que procurasse o lençol para se enrolar.

— O que aconteceu?

— Nada do que não deveria ter acontecido há muito tempo.

Shuam esticou-se na cama e passou o dedo pela coluna desnuda de Elora, fazendo-a ficar arrepiada.

— Eu devo ter ficado louca — Elora virou-se para ele. — Não tem nenhum sentido, eu devo estar realmente muito desequilibrada.

— Não cometemos nenhum crime, Elora — Shuam sentou-se na cama — Somos livres e sentimos atração um pelo outro, qual o problema?

— Eu nunca senti atração por você — Elora olhou séria para ele. — Muito pelo contrário.

— Não seja ridícula! — Shuam pareceu irritado. — Você controla seus impulsos, mas sempre se sentiu atraída por mim, apenas hoje deixou fluir.

— Você está louco! — Elora levantou-se e saiu da cama. — E está querendo me deixar louca.

Pegou o roupão largado no chão e o vestiu apressada, voltou-se para Shuam que a olhava com ar de reprovação.

— Você me manipulou, Mestre Shuam — Elora colocou a mão na cintura desafiadora. — Viu que eu estava fragilizada energeticamente e usou seus conhecimentos comigo.

— Eu o quê? — Shuam gritou e levantou-se pegando as roupas. — Você está louca, Escritora.

— Não se faça de santo, Shuam, sei de suas habilidades e capacidades.

— Se está pretendendo me irritar, Escritora, está conseguindo — caminhou em direção do banheiro nervoso. — É melhor pensar bem no que está dizendo.

Shuam bateu a porta do banheiro com força, deixando Elora sozinha. O barulho do chuveiro ligado deixou-a envergonhada.

Apertou o roupão no corpo; contrariada como Shuam havia se atrevido a invadi-la daquela maneira?

A porta do banheiro abriu delicadamente fazendo o quarto se encher com o cheiro do sabonete que Shuam tinha usado.

Elora havia se acolhido no pequeno sofá, e não se voltou ao ouvi-lo se aproximar.

Shuam aproximou-se e passou carinhosamente a mão pela cabeça dela, que num gesto brusco o repeliu.

— Isso não vai ficar assim — Elora voltou-se para ele com o olhar revoltado. — Você não tinha o direito de usar seus poderes em mim.

O semblante de Shuam voltou a ficar sério, passou as duas mãos pelos cabelos ainda molhados e respirou fundo.

— Como pode pensar isso de mim? — Shuam abriu os braços. — Acredita mesmo que tenho poderes tão especiais a ponto de convencê-la a transar comigo?

— É a única explicação lógica para eu ter me atirado em cima de você dessa maneira, a ponto de permitir...

— Que eu a amasse? — Shuam balançou a cabeça. — Que você ficasse louca de desejo por mim?

— Que eu me deixasse ser seduzida pela situação. Vamos Shuam, admita, você aproveitou o momento e agiu em minha mente com grande facilidade; aliás, há meses você faz isso, invade meus pensamentos, meus sonhos. Qual o seu objetivo agora? Ter de volta seu grandioso projeto e cumprir mais essa etapa do seu plano divino?

— Você está surtando, Escritora — A voz de Shuam era grave. — Não consegue ver nem entender nada que esteja fora do plano que você traçou.

— Isso não vai ficar assim, Shuam — Elora levantou-se e o encarou. — Sua manipulação não vai ficar impune.

— Você não entendeu nada mesmo — Shuam balançou a cabeça e foi em direção à porta. — E outra coisa; eu não sou você, que utiliza suas habilidades para manipular situações a meu favor, não me tire por você.

Shuam saiu fechando a porta, deixando o quarto silencioso. Elora sentou-se desolada, sentindo uma imensa vontade de chorar.

Ficou parada, imersa em seus pensamentos e sensações confusas. Não sabia o que fazer, as lembranças dos momentos passados com Shuam invadiam sua mente com tanta intensidade que não conseguia contê-los.

Foi em direção do banheiro, precisava tirar do corpo as marcas deixadas por Shuam.

Ao tirar o roupão, a fragrância do perfume masculino chegou até seu nariz, instintivamente apertou o tecido próximo ao nariz para sentir melhor e percebeu que era seu corpo que exalava aquele cheiro.

Irritada, jogou o roupão longe, entrou debaixo da água e por fim deixou o pranto rolar intensamente.

O som insistente do telefone a encontrou ainda debaixo do chuveiro, e apesar do desejo de não falar com ninguém, achou melhor atender.

— Elora?

— Pietra? — Elora perguntou assustada. — Aconteceu alguma coisa? Você parece ansiosa.

— Nada ainda, eu acho — Pietra suspirou do outro lado da linha. — Mas é que Mila veio procurá-la e eu a achei muito estranha, parecia abatida.

— Ela falou alguma coisa?

— Não, nada, disse apenas que queria falar com você, parecia preocupada e muito nervosa.

— Não deve ser nada — Elora suspirou. — Se fosse algo sério, eu saberia.

— Sei disso, mas não sei, ela estava tão estranha, me preocupei.

— Verei isso depois. Se ela aparecer aí novamente, peça para me ligar, deve ser algum probleminha de adolescente, sabe como é essa idade, qualquer coisa vira bicho-de-sete-cabeças.

— É, pode ser — Pietra falou resoluta. — E aí, como foi tudo?

— Maravilhoso — Elora sorriu. — Ontem conheci pessoalmente Miguel Alvarez, foi incrível.

— Bom para você — A voz de Pietra era de quem estava inconformada — E aí?

— Aí nada, quer dizer, rolou um clima na hora em que ele veio me trazer ao quarto, mas segurei a onda.

— Voltou à ativa? — Pietra riu. — Pretende seduzir o mexicano? Essa é boa.

— Quero ele no filme e despertar sua memória astral; farei o que for preciso para isso.

— Cuidado, Elora, isso não está me cheirando nada bem. Ele já deu ao menos uma resposta?

— Ainda não — Elora falou triste. — César ficou de passar aqui no início da noite para jantarmos; talvez tenha alguma resposta até lá.

— Elora — Pietra ficou em silêncio. — Está tudo bem mesmo? Estou sentindo você estranha, diferente.

— É que eu... — Elora segurou a frase, a imagem de Shuam tirando a blusa branca invadiu sua mente. — Não, nada, estou bem, acredite.

— Sei — Pietra suspirou. — Se é assim, tudo bem, lembre-se de que estou aqui, Elora, e de que nunca tivemos segredos uma para a outra.

— Não se preocupe, está mesmo tudo bem.

Elora desligou o telefone e se jogou na cama sentindo-se derrotada, a mente confusa, o corpo exausto, precisava relaxar e dormir, pois ainda tinha um longo caminho a percorrer para conseguir trazer as lembranças de Miguel à tona.

O som de uma porta batendo despertou Elora. O sono agitado não havia sido nada reparador; olhou o quarto na penumbra, estava escurecendo, precisava levantar e se arrumar para o encontro com César.

Desanimada, ficou observando os detalhes do teto do quarto que ia aos poucos ficando cada vez mais escuro.

— Preocupada com alguma coisa, Elora?

— Shuramim! — Elora levantou-se rápido. — Que bom poder vê-la, pensei que não ia conseguir mais.

— Me ver depende muito mais de mim do que de você — Shuramim sorriu complacente. — Preocupada com o enfraquecimento de suas potencialidades?

— Também, sabe o que está acontecendo?

— Shuam não lhe explicou?

— Bom, ele falou sobre o que entendia da situação, mas não deu certeza.

— Nunca se tem certeza de nada, Elora — Shuramim levantou a mão com os dedos voltados para cima. — Não existe verdade absoluta, só teorias e hipóteses.

— Sei, sei, sei — Elora bufou contrariada. — É sempre assim mesmo.

— Deveria estar acostumada, sabia os riscos que corria quando tomou a decisão de se encontrar fisicamente com Miguel Alvarez.

— Quanto drama; é só um encontro físico entre duas almas gêmeas. Por que tanto alarde?

— Não é o encontro, Elora, é a quebra da história, esse é o ponto. Cada um tem a sua história para viver nesta vida e a sua era longe de Miguel Alvarez, mas você resolveu mudar as regras do jogo no meio da partida.

— Eu assumo as minhas atitudes e suas conseqüências, o.k.

— Você não tem escolha — Shuramim riu muito. — Essa parte da decisão não é sua, é da vida, da natureza, do cosmos.

— É, mas não sou a única aqui a violar as regras — Elora apontou para Shuramim. — Seu protegido também está agindo de maneira errada.

— Meu protegido? — Shuramim olhou espantada. — Quem? Shuam?

— Ele mesmo. — Elora olhou para ela com indignação. — Ele utilizou suas habilidades para interferir mentalmente em mim.

— Shuam? — Shuramim olhou desconfiada. — Quando?

— Hoje — Elora cruzou os braços revoltada. — Aproveitou-se que estou sem defesas e me perturbou mentalmente a ponto de eu acabar indo para a cama com ele.

— Como é que é?

— Isso mesmo que você ouviu, ele me agarrou, me beijou e eu acabei seduzida e me entregando a ele.

— Entregando? — Shuramim colocou a mão na testa. — Que coisa antiga, Elora, por favor.

— Não deboche de mim — Elora ficou enraivecida. — Ele se utilizou de seus poderes para me seduzir.

— Tem certeza disso? — Shuramim olhou sério para ela levantando as sobrancelhas. — Tem certeza de que foi isso mesmo que aconteceu? Ele manipulou sua mente para que você o desejasse?

— Claro que tenho — Elora olhava para ela espantada. — Só assim ele conseguiria...

— Ocupar o lugar que você destinou a Miguel Alvarez, despertar em você emoções e sensações que só seriam sentidas se estivesse com Miguel.

— Isso também.

— Elora, por favor — Shuramim balançou a cabeça. — Você está sendo infantil. Shuam nunca iria usar esse artifício para ter mulher alguma, parece que não o conhece.

— Eu também pensava assim — Elora abriu os braços. — Mas aconteceu comigo, é a única explicação que tenho para o que aconteceu.

— Elora, Elora, eu sempre soube que a teimosia era perigosa, mas que deixava a pessoa cega e burra é a primeira vez.

— Não é teimosia, é só um fato.

— Procure ver as coisas como elas são, Elora, e não como você quer que elas sejam. Shuam não precisou usar seus poderes para seduzi-la, foi seduzida porque sempre se sentiu atraída por ele, só isso.

— Sabe que isso é impossível, Shuramim. Ele não é Miguel para fazer que eu perca os sentidos da maneira que perdi.

— Seria se essa fosse a sua história, mas não é. Nesta vida, nesta encarnação, é mais forte o que tem que ser vivido, e sua história, nesta vida, não passa por Miguel; logo, o chamado para o que deve ser feito é muito forte e de certa forma inibe o que está errado.

— Como assim?

— Ora, Elora, tudo depende da história que deve ser vivida. Não existe felicidade se você não estiver vivendo a sua história, seu plano, e como Miguel Alvarez não faz parte de seu projeto nesta vida você está apta e aberta para outros relacionamentos. Querendo ou não, aí depende da competência da outra parte, e vamos à verdade, Shuam tem competência de sobra.

Elora olhava para Shuramim num misto de espanto e indignação, fazendo-a rir mais ainda.

— Não busque desculpas, Elora, você esteve com Shuam, entregou-se como você diz, porque gosta dele e ele a atrai.

— Ninguém vai substituir Miguel na minha vida, muito menos Shuam.

— Eu não disse isso — Shuramim olhou contrariada. — Você é teimosa mesmo, quem falou em substituição?

— Você.

— Eu? — Shuramim colocou a mão no peito. — Você está variando, Elora, eu não disse isso; ninguém vai ou pode substituir Miguel ou o que ele representa, mas isso não significa que a vida não gere outras possibilidades, que reforçadas pelo cumprimento do plano se realizem. Não coloque palavras na minha boca, entendeu?

— Não!

— Nem vai — Shuramim suspirou. — Você não quer, mas tudo bem, o tempo se encarrega de fazer você entender, se não for nesta vida, será em outra.

Elora ia responder, mas o gesto de silêncio de Shuramim a deixou quieta.

— Chega de conversa, Elora, você não é mais criança para ser adulada. Tente se controlar, se equilibrar e não destruir mais coisas do que já destruiu. Procure ao menos tomar conta das vidas que ainda estão sob sua responsabilidade até os novos tutores aparecerem, e tire dessa cabecinha dura que foi manipulada por Shuam, ele não precisa disso. Saiba que meio mundo de mulheres dariam a vida para estar no seu lugar essa manhã.

Sob o olhar espantado de Elora, Shuramim desapareceu, e ela percebeu que a noite tinha chegado por completo.

Era melhor se arrumar, César não demoraria a chegar.

Capítulo 13

— Pontuais! — César olhou para o relógio e sorriu para Elora. — Vamos.

Elora acompanhava César sem muito entusiasmo, a noite anterior e todo o dia haviam sido muito angustiante.

Olhou para a decoração luxuosa do refinado restaurante em que se encontrava, achando tudo muito estranho e diferente.

O espaço entre as mesas eram maiores que os normais e todo o salão era circundado de dependências privativas, com paredes de vidro, permitindo a quem sentasse nos compartimentos grande privacidade, sem perder a visão do salão principal.

Uma sorridente recepcionista os conduziu a um dos compartimentos e avisou que os convidados ainda não haviam chegado.

— Melhor assim — César sorria gentilmente para a moça enquanto ajudava Elora a se acomodar.

— Muito diferente.

— É um restaurante criado para se fazer negócios — César explicava. — Grandes projetos, idéias são criados e fechados aqui; a distância entre as mesas e os reservados facilitam a privacidade.

— Tem razão — Elora sorriu. — Pode se acertar qualquer coisa aqui sem que ninguém saiba.

Elora acabou ficando distraída ouvindo a explicação irônica de César sobre as armações dos grandes negócios do mundo do entretenimento.

— Somos os primeiros a chegar?

Elora sentiu o corpo todo gelar e o coração disparar ao ouvir a voz ao lado da mesa; respirou fundo antes de ter força suficiente para olhar para o recém-chegado.

— Miguel, Carmem — César levantou-se animado —, sentem-se, estava contando para Elora as aventuras do *show busines*.

— Histórias picantes, creio eu — Miguel estendeu a mão para cumprimentar Elora. — Nossa escritora estava realmente muito entretida com a conversa.

Elora sorriu cinicamente e se levantou para cumprimentar Carmem com um beijo no rosto.

— Divertidas — Elora respondeu enquanto voltava a se sentar. — E desestressantes; nem percebi a chegada de vocês, quase me assustei.

— Então precisamos tomar cuidado — Carmem sorriu. — Não podemos correr o risco de assustarmos a nossa escritora.

— Meu coração é forte — Elora sorriu. — Agüenta ainda muitos trancos.

— Ou insensível — Miguel olhou para ela sério. — Algumas pessoas acreditam que os escritores, principalmente os românticos, só conseguem ter emoções em seus escritos, uma forma de compensar as frustrações e outras incapacidades.

— Miguel! — a voz de Carmem ecoou no ambiente. — Assim poderá ofender Elora, o que deu em você?

Ele não respondeu, apenas a olhou gentilmente e balançou a cabeça.

— É uma boa teoria — Elora respondeu para Carmem demonstrando tranqüilidade. — E em nada me ofende, quem sabe essa não é a grande verdade?

— Grandes verdades, isso muito me interessa, você com certeza deve ser Elora Monteiro, a escritora esotérica.

Elora voltou-se rápido para a voz atrás dela e encontrou o olhar risonho de um homem de meia-idade, muito alto e magro.

— Deixe que eu mesmo me apresento — o homem fez uma mesura. — Sou Vicent Vinerdi, um grande admirador de seu trabalho.

— E um místico, suponho — Elora sorriu estendendo-lhe a mão. — Não tenho encontrado muitos admiradores nos últimos dias.

— Ainda estou muito longe disso, mas aprecio os mistérios da vida, a busca das teorias, e nenhum estudo estaria completo se não passarmos pelos seus escritos.

— Você é um galanteador, Vinerdi — César levantou estendendo-lhe a mão. — Estou muito feliz que tenha aceitado o meu convite.

— Como recusar? — Vinerdi fez cara de espanto enquanto se sentava. — Ser convidado para ser o diretor de um filme baseado em *Amor Astral* para mim é uma verdadeira glória.

— Entusiasma-se com o projeto? — Carmem perguntou animada. — Vai ser mesmo o diretor?

— Mataria César se não fosse — Vinerdi esticou a mão para Elora e segurou a dela. — Acalento esse sonho desde que o li pela primeira vez.

— Verdade? — a voz de Miguel era de espanto. — Acha mesmo que será um bom trabalho?

— Tem alguma dúvida? — Vinerdi olhou para Miguel com uma expressão muito séria. — É perfeito, eu o li há vários anos e sempre considerei a história um perfeito roteiro, e modéstia à parte, cara Elora, o filme será muito melhor do que o livro.

— Vejo que já foi fisgado, Vinerdi — Shuam aproximou-se da mesa rindo. — Meu Deus, o mundo do cinema nunca mais será o mesmo.

— JS! — Vinerdi levantou eufórico. — Como você está? Há quanto tempo! — Vinerdi abraçou Shuam com alegria. — Você também está envolvido no projeto de César?

Shuam não respondeu, apenas balançou os ombros e deitou a cabeça de lado fazendo uma careta.

— Guardei essa surpresa para você — César interveio. — JS será o responsável pelo roteiro, junto a Elora.

— Que maravilha! Que maravilha! — Vinerdi parecia eufórico, fechou as mãos e, esticando os indicadores, aproximou-os dos lábios e olhou para a mesa. — Casal de enamorados — falou esticando um dos dedos para Miguel e Carmem — roteirista —, esticou outro dedo para Shuam — e diretor —, falou apontando os dois dedos em sua direção. — Vamos ser um sucesso, um sucesso.

Elora assistia à cena emocionada. A empolgação de Vinerdi era impressionante; Shuam olhava para ele sorrindo e não havia olhado para Elora uma única vez.

César, apesar da animação, tinha o semblante preocupado. A falta de resposta de Miguel o deixava apreensivo, sabia que Vinerdi iria ficar animado, era a chance de provocar Elora a aceitar ceder os direitos do filme, independente de Miguel estar ou não na produção.

— Nossa, quanta animação! — Liam chegou pendurando-se em Shuam enquanto acenava para todos. — Pelo jeito, o projeto desencantou.

— Liam, minha bela — Vinerdi a abraçou com força. — Ainda tentando seduzir JS, é uma pena — Vinerdi sapecou um beijo em seu rosto. — Se você desistir, não esqueça que estou na fila, esperando você virar seus olhos para mim.

— Vicent! — Liam deu-lhe um tapinha no ombro. — Não provoque!

Elora prendeu a respiração com a notícia, então estava mesmo certa com relação a Shuam e Liam.

Sentiu o rosto ficar vermelho e o coração disparar, e acabou se deparando com o olhar de Shuam que, cinicamente, avaliava sua reação.

Elora aprumou o corpo e levantou as sobrancelhas numa típica atitude de provocação, encarando ainda mais Shuam.

Shuam abaixou um pouco a cabeça e com os olhos percorreu todo o rosto de Elora, foi descendo lentamente o olhar pelo seu pescoço e por toda parte do corpo exposto atrás da mesa, mostrando claramente na expressão o que pensava.

Quando os olhos de Shuam voltaram a encontrar os de Elora, ela estava totalmente perturbada, em nada lembrava a provocação que havia iniciado.

Sentindo o corpo todo trêmulo, Elora ajeitou os cabelos e desviou o olhar para a mesa; naquele momento, não sentia condições de encarar nem Shuam nem nenhum dos presentes.

Apesar de toda a movimentação deles ser discreta, Miguel observava a cena atentamente, e a forma como Elora havia ficado desconcertada com o olhar de Shuam acabou por deixá-lo irritado.

Olhou para Elora com tanta fúria que fez que ela o olhasse assustada ao sentir a energia que emanava dele em sua direção.

Miguel a olhava de maneira gélida e provocadora, parecia que sabia que algo se passava dentro dela.

Acomodaram-se à mesa animados, discutindo os detalhes do filme, enquanto aguardavam o jantar ser servido.

Apenas Elora e Miguel nada diziam, apenas acompanhavam os animados comentários com sorrisos.

Totalmente desequilibrada, Elora não conseguia sentir ou perceber nada, era como se nunca tivesse tido sensibilidade, só conseguia avaliar as expressões no rosto de cada um sem saber com certeza se o que expressavam era realmente o que estavam sentindo.

Procurou o olhar de Shuam preocupada, pois estava se sentindo extremamente perdida na sua nova condição; a insegurança de lidar com as pessoas sem poder avaliar o que sentiam a estava deixando assustada.

Sentindo o olhar angustiado de Elora, Shuam olhou para ela e sorriu tranqüilizador, pedindo calma por meio da sua expressão, e demonstrando estar ciente do que lhe acontecia.

A troca de olhares cúmplices foi acompanhada atentamente por Miguel, deixando-o novamente nervoso e irritado com a escritora.

— A conversa está realmente animada — Miguel sorriu gentil para Vinerdi —, mas nossa escritora ainda não cedeu os direitos à Laurenti Produções.

— Como é?

Vinerdi olhou espantado para César e depois para Elora.

— Nada de mais — César sorriu —, ainda estou negociando com Elora.

— Entendo — sei que Elora é muito preocupada com seus ensinamentos, e com certeza quis verificar se as pessoas que iam trabalhar no projeto iriam respeitar sua proposta.

— Quase isso — Elora sorriu. — Não deixa de estar, de certa forma, correto o seu pensamento.

— O problema da senhora Monteiro — Miguel continuou — é que a forma que utiliza para realizar seus projetos nem sempre me parece coerente.

— Coerente? — Vinerdi olhou para Miguel preocupado. — Da forma que se expressa parece que estamos no meio de uma grande trama.

— Senhor Vinerdi — Elora chamou a atenção —, na verdade minha resposta final à Laurent Produções está dependendo do posicionamento do senhor Alvarez.

Vinerdi olhou para os presentes e uma ruga de preocupação surgiu em seu semblante; tentava alcançar o que estava acontecendo, sentia os ânimos exaltados demais para um simples fechamento de contrato.

— E você já se decidiu, Miguel? — Shuam falou com voz séria. — Afinal, como disse Elora, estamos dependendo da sua posição.

— Sim, Miguel — Carmem sorriu para ele. — Diga se aceita e acabamos logo com esse suspense.

Miguel ficou alguns segundos em silêncio, perdido no olhar de Carmem. Abaixou a cabeça, olhando para a mesa.

Elora prendeu a respiração, a sorte havia sido lançada, agora era o desejo de Miguel que comandaria o rumo dos acontecimentos.

Miguel levantou a cabeça muito sério e olhou diretamente para César.

— Apesar de não concordar com os métodos da senhora Monteiro, farei por você — e voltando seu olhar para Carmem, passou gentilmente a mão pelo seu rosto. — E por você, Cristal.

Elora sentiu o coração gelar, ver Miguel tão carinhoso com Carmem, chamando-a pelo seu apelido, apagou a alegria que deveria estar sentindo por ele ter concordado em realizar o filme.

Com a resposta de Miguel, Shuam balançou a cabeça contrariado; tinha esperanças de que Miguel não cedesse à chantagem de Elora.

Voltou-se para ela para contemplar sua vitória, mas o olhar de dor que encontrou não era o que esperava ver.

Olhou para a cena que Elora assistia e viu a troca de olhares e carinhos entre Carmem e Miguel.

Apesar de não terem consciência do que estava acontecendo, sentiam o perigo em que estavam se enfiando ao aceitarem o trabalho junto a Elora. Precisavam ser fortes para passar pelos dias que viriam, sem abalar a história que pretendiam realizar juntos.

— Precisamos comemorar! — César levantou-se animado, erguendo o copo de bebida. — Um brinde ao mais novo sucesso do cinema.

Capítulo 14

Elora sentou-se exausta, jogou-se na cama e a única vontade que sentia era de morrer.

Deveria estar feliz, seus sonhos estavam se transformando em realidade, mas o sabor de sua vitória ainda era amargo.

Ver Miguel se derretendo para Carmem e a tratando tão friamente não estava literalmente nos seus planos.

Eles haviam tomado tantas decisões aquela noite que para ela estava difícil de assimilar quem ou quando aconteceria o quê.

César estava apressado, iam correr contra o relógio, e dependiam agora de Shuam e seu roteiro.

Esquecendo-se totalmente dela, ele e Liam haviam garantido a entrega do roteiro em no máximo 30 dias.

Era o tempo que César e Vinerdi levariam para ajustar as datas e terminar de escolher os atores.

— Vai nos acompanhar nas seleções, não é minha estrela? — Vinerdi olhou para ela, sonhador. — Seu olhar além vai nos gerar um grande time.

— Impossível — a voz de Shuam acabou lhe assustando. — Elora precisa estar comigo para poder entregar o roteiro a tempo.

Miguel olhou para JS e depois para Elora, e deu um leve sorriso, pela forma rude de JS o romance não estava decolando muito bem.

— É — Elora estava atônita e atrapalhada. — JS tem razão.
— Será uma pena.
— Eu acredito em você — Elora esticou a mão para alcançar Vinerdi. — Saberá quem deve fazer o quê.
— Ver além — Elora ficou pensativa. — Não estava conseguindo ver nem sentir nada.

Precisava se equilibrar e tentar recuperar ao menos um pouco da sensibilidade, se continuasse assim em pouco poderia ajudar a Shuam.

— Não se preocupe com isso, Elora — Shuramim apareceu ao seu lado sentada na cama. — Um trabalho do porte de *Amor Astral* nunca será perdido, mesmo que a autora se perca.

— Não estou perdida.
— Não mesmo? E por que tanta angústia?
— É o desprezo de Miguel, por mais que soubesse que ia ser difícil, não estava preparada para tanta agressividade.
— Você não foi é preparada para esse encontro — Shuramim colocou a mão na cabeça. — Quando é que vai entender isso?
— Que o meu amor por Miguel não será suficiente para nos aproximar? — Elora olhou séria. — Nunca!
— Bom — Shuramim deu os ombros. — Agora já não adianta mesmo, finito.
— Como vou ajudar Shuam assim? Além de estar vulnerável às suas manipulações, não terei confiança no que sentir.
— Devia ter pensando nisso antes, não é mesmo?

Elora não respondeu, ficou olhando para Shuramim com ar de superioridade.

— Já disse, não se preocupe, Shuam sabe o que está fazendo, aliás, nesse momento ele precisa pouco mesmo de você.
— Sim, e agora o que é que acontece?
— E eu que vou saber? — Shuramim colocou as duas mãos no peito. — Você pega, bagunça tudo, cria uma nova ordem ao seu bel-prazer e eu é que vou saber o que acontece? Elora, por favor!
— Preciso pensar — Elora levou as mãos ao rosto. — Suas artimanhas e as de Shuam dificultam o meu acesso a Miguel.

— Deve ser a convivência com você — Shuramim se levantou. — Levante-se, seu amado está chegando e com jeito de poucos amigos.

— Meu amado?

Elora levantou-se bruscamente, mas Shuramim já havia desaparecido. Correu para o espelho para ajeitar a roupa e os cabelos, não queria aparentar tristeza ou cansaço para Miguel.

O toque da campainha do quarto fez seu coração disparar e as pernas tremerem de emoção.

Respirou fundo enquanto se dirigia para a porta, quem sabe agora que ele tinha aceitado fazer o trabalho não estaria mais maleável.

Abriu a porta com um sorriso estampado no rosto que foi desfeito ao olhar o semblante irônico de Shuam à sua frente.

— Feliz em me ver, Escritora?

— O que você está fazendo aqui?

— Sim, eu também senti saudades de você.

Shuam deu alguns passos empurrando Elora delicadamente para dentro do quarto, segurando-a pelos braços e fechando a porta atrás dele com a perna.

Puxou Elora para bem próximo dele, grudando seu corpo no dela.

Ele ficou percorrendo seu rosto com o olhar e deslizou vagarosamente suas mãos pelas costas dela até chegar aos quadris, enquanto Elora sentia o corpo todo estremecer. O caminho percorrido pelas mãos de Shuam ardiam como fogo.

Shuam a apertou com mais força, trazendo-a ainda para mais perto, e aproximou seus lábios aos dela. Elora esticou os braços agarrando-se a ele, sentindo o calor que emanava da boca de Shuam em seus lábios.

Percebendo Elora entregue em seus braços, Shuam deu-lhe um beijo cheio de fúria e desejo, enquanto suas mãos percorriam avidamente os contornos de seu corpo.

Shuam soltou Elora bruscamente e foi em direção ao meio do quarto, deixando-a trêmula sem nada entender.

— Temos trabalho a fazer, Escritora — Shuam voltou-se para ela com o semblante sereno. — Ou acha mesmo que estou aqui para seduzi-la?

Elora sentiu o sangue subir-lhe ao rosto, num misto de raiva e vergonha; tinha vontade de estrangular o homem à sua frente.

— Então, Escritora? — Shuam sentou-se no pequeno sofá. — Como pretende me ajudar?

Elora respirou fundo, estava se sentindo fragilizada demais e ter um embate com Shuam naquele momento só iria deixá-la mais nervosa do que já estava.

Caminhou até o bar para preparar um *drink*, era melhor se acalmar e acertar logo com Shuam como fariam o trabalho.

— Precisa mesmo de mim, Mestre Shuam? — Elora falou por fim. — Parece que você e sua assistente se bastam para qualquer projeto.

— Liam realmente é ótima — Shuam respondeu tranqüilo. — Não sei o que seria de minha vida sem ela, mas o trabalho também é seu.

— Nossa! — Elora saiu do bar e foi em sua direção. — Quanto entrosamento! Nunca imaginei que você pudesse pensar que precisa de algo ou de alguém.

— Você não sabe nada de mim, Escritora — Shuam olhou para ela de cima para baixo. — Mas pode descobrir se quiser.

— Não, obrigada — Elora sentou-se ao lado dele mostrando indiferença ao olhar. — O que sei sobre você já me é suficiente.

Elora ficou *irrequieta*; a proximidade fazia que sentisse o calor que emanava do homem ao seu lado.

— Você é o roteirista. Diga o que quer que eu faça? — Elora olhou para ele e sorriu. — Não vai funcionar de outra forma mesmo.

— Você consegue fazer que eu me sinta um monstro, sabia?

Elora riu da careta de Shuam para ela e acabou se sentindo mais à vontade e tranqüila ao seu lado.

— Vamos inverter os papéis, Escritora — Shuam disse por fim. — Eu escrevo e você faz a revisão, o que acha?

— Está se sentindo bem? — Elora se esticou até ele e colocou a mão em sua testa. — Quer que eu revise o que escreve e ainda me pergunta se concordo?

— Escritora! — Shuam retirou a mão dela de sua testa. — Você está me provocando ou a bebida já começou a fazer efeito?

Elora deu um leve sorriso e voltou a se posicionar um pouco mais longe de Shuam, ficando com o olhar perdido.

— Estou me sentindo tão estranha — Elora olhou para Shuam e seus olhos se encheram de lágrimas. — Não sei o que está acontecendo comigo.

— Elora, você passou a maior parte da sua vida com suas sensibilidades à flor da pele, vendo, ouvindo, sentindo, sabendo o que fazer, o que dizer, para onde ir, e tudo isso está lhe sendo tirado, é natural que se sinta perdida.

— Mas por que isso justo agora? Na hora em que eu mais preciso dessas potencialidades elas me faltam.

— Porque elas não lhe foram dadas, ou melhor, não foram ampliadas dessa forma para isso que você está fazendo — Shuam suspirou. — Não é possível que ainda não entendeu o que fez!

— O que eu fiz? — Elora esbravejou. — Fiz o que todo mundo faz, utilizei meu direito de realizar o que desejo, quero e acredito, e sou punida por isso, que liberdade é essa afinal?

— Não confunda liberdade para se fazer o que quer com conivência, Escritora. — Shuam se mostrou irritado. — Isso é ridículo.

— Quem falou em conivência ou outra coisa parecida? — Elora se exasperou. — Estou falando na verdadeira liberdade de escolha, coisa que não existe para nós, simples mortais.

— Você está descontrolada, Escritora, não sabe o que está dizendo.

— Sei muito bem, Mestre Shuam, estou sentindo na pele a reprovação do Grande Senhor, do Arquiteto do Universo, do Infinito Poder Cósmico.

Shuam não respondeu, ficou olhando para ela com ar de preocupação. O descontrole energético de Elora era tão grande que ele nada podia fazer naquele momento, apenas deixar que ela soltasse sua fúria.

— Liberdade! Oh, sim! Temos liberdade até certo ponto. Decisões? Claro! Desde que não sejam contrárias às do Chefão. Com certeza, somos apenas bonecos, Shuam, fantoches que se não seguirem à risca direitinho as decisões do Todo-Poderoso, deixamos de ser úteis.

Com um gesto mais alterado, Elora acabou derrubando todo o conteúdo do copo em Shuam.

— Que droga! — Elora levantou rápido. — Desculpa, eu ajudo.

Ela correu ao banheiro, pegou uma toalha e começou a tentar secar Shuam que estava todo molhado.

Shuam, começou a rir do constrangimento de Elora por ter derrubado o copo em cima dele.

Ele gentilmente tirou a toalha das mãos dela e se levantou, tentando secar o corpo por debaixo da camisa.

— Desculpa, Shuam, foi sem querer, eu juro.

Elora olhou para ele e não conseguiu conter a gargalhada; a camisa clara estava toda manchada e grudada no corpo, grandes riscos marcavam a calça na altura do quadril e nas pernas, ele realmente tinha tomado um banho.

— Nossa, sua roupa.

— A roupa? — Shuam olhou para ela divertido. — Estou com cheiro de alambique e você pensa na roupa?

— Acho que tenho algo para você usar — Elora sorriu. — Você é pequeno, uma camiseta básica deve te servir.

— Eu não sou pequeno, Escritora — Shuam fez uma careta. — Você é que é grande, não se preocupe, estou bem.

— Vai ficar assim? Molhado?

— Não pretendo demorar — Shuam entregou a toalha para ela. — Não tenho mais nada a fazer com você hoje, ou tenho?

Elora não respondeu à provocação e foi secar o sofá, fingindo indiferença à observação de Shuam.

Quando retornou do banheiro, ele já estava confortavelmente instalado no sofá, puxando a camisa para desgrudá-la do corpo e secá-la.

Elora ficou olhando a cena, e lembranças do dia anterior fizeram seu corpo tremer.

Sentindo sua presença, Shuam levantou os olhos para ela e percorreu seu corpo com o olhar, dando a certeza do que estava pensando.

Elora desviou o olhar embaraçada com a lembrança e voltou-se para o bar.

— É melhor não beber — Shuam falou risonho —, posso não ser tão cavalheiro como da outra vez em que se embriagou.

Elora olhou para ele com raiva e abriu a boca para responder, mas desistiu.

— Tem razão — ela deu os ombros. — Do jeito que estou, é melhor mesmo manter minha mente lúcida.

— Uau! — Shuam levantou os braços. — Agora é a minha vez de perguntar se está doente. Concordando comigo, Escritora? Quanta evolução!

Elora fechou os olhos para se conter, Shuam sabia como deixá-la irritada.

— Você não estava indo embora?

— Estava, ou melhor, estou — Shuam se levantou e fez uma careta. — Nossa, esse cheiro está atacando minha cabeça.

— Não quer aceitar a camiseta?

— Acho melhor — Shuam cheirou a roupa. — Mas vou tomar um banho antes, senão quem vai ficar bêbado sou eu.

Shuam foi em direção do banheiro deixando Elora parada no meio do quarto, achando sua atitude um tanto atrevida.

Contrariada, foi ao encontro do armário à procura de algo que Shuam pudesse usar para ir embora.

Enquanto mexia nas roupas, escutou fortes batidas na porta do quarto, mesmo achando estranho; foi conferir quem estava batendo.

Abriu a porta e sentiu-se enfraquecer. Miguel estava parado na porta do quarto com cara de poucos amigos.

— Não me convida para entrar?

— Sim, claro, por favor — Elora deu passagem para que ele entrasse. — O que o trás ao meu quarto a essa hora da noite, senhor Alvarez?

Ele não respondeu, olhou para ela a meio sorriso e percorreu o ambiente com os olhos.

Foi até a mesinha onde o copo vazio estava e levou-o até o nariz.

— Bebendo sozinha, senhora Monteiro? — ele voltou a olhá-la e ficou analisando sua expressão. — É uma mulher de muitos vícios, bebidas, chantagens, que mais esconde?

Elora olhou para ele achando graça de suas palavras. Sem desviar os olhos, foi se aproximando até ficar bem perto dele.

Miguel não se mexeu, ficou olhando-a se aproximar; apesar do intenso brilho de seus olhos, seu semblante não mostrava nenhuma reação.

— Não sabe o que veio fazer aqui, Miguel? — Elora esticou o braço e passou a mão pela lateral de seu rosto. — É melhor pensar em uma desculpa então.

Instintivamente Miguel fechou os olhos ao sentir o carinho, e com eles ainda fechados segurou com força no pulso de Elora, tirando sua mão de seu rosto? Abriu os olhos com expressão de raiva.

— Não estou aqui para seduzir ou ser seduzido, senhora Monteiro — Miguel soltou seu braço e saiu de perto dela virando-lhe as costas. — Já aceitei sua chantagem, estou no seu filme, o que mais vai querer de mim agora? Minha alma?

— Achou a camiseta, escri...

Miguel olhou na direção de onde vinha a voz e se deparou com Shuam que saía do banheiro ainda meio úmido, sem camiseta, descalço, com as calças entreabertas e secando os cabelos com uma toalha.

— Parece que não perde mesmo tempo, senhora Monteiro — Miguel voltou-se para ela. — Pelo jeito coleciona vítimas também.

— Boa noite, Miguel — Shuam olhou sério para ele. — Posso ajudar em alguma coisa?

— Não, nada — Miguel levantou os braços. — Desculpe-me, JS não sabia que a senhora Monteiro estava com visita. Meu assunto com ela pode ser resolvido em outra hora.

Miguel caminhou lentamente como se estivesse num desfile, abriu a porta e saiu sem olhar para trás.

Elora estava parada estupefata assistindo toda a cena. A entrada triunfal de Shuam no quarto tinha criado em Miguel a nítida impressão de que ela e JS eram amantes.

— Você fez isso de propósito!

Elora se lançou em cima dele com muita raiva, na tentativa de acertá-lo com tapas.

Agilmente Shuam desviou dela, que ainda insistia em avançar sobre ele com fúria.

Num gesto rápido, Shuam a segurou pelas mãos levando seus braços para as costas, tentando imobilizá-los.

Elora se debatia e tentou chutá-lo.

Aproveitando o momento, Shuam a virou e a empurrou na cama, deitando-se sobre ela numa tentativa vã de acalmá-la.

— Eu vou matar você!

Elora espumava de raiva e se debatia mesmo diante do peso de Shuam em cima dela.

— Calma, Elora, você precisa se controlar — Shuam falava sem fôlego, tentando segurá-la. — Pare, você está histérica.

Ela continuava a se debater e a xingá-lo, nada fazia que parasse.

— Agora chega!

Shuam gritou alto e muito forte, fazendo que enfim ela ficasse quieta.

Imóvel diante do grito de Shuam, ela ficou olhando para ele. Os cabelos desalinhados cobriam o rosto e seu peito arfava de cansaço devido ao esforço que havia feito.

Lágrimas começaram a cair dos seus olhos e logo o pranto ficou compulsivo.

Sem soltá-la, Shuam começou a tirar os cabelos de seu rosto com o nariz e o queixo.

— Não chora.

— Por que você fez isso? — Elora olhava para ele magoada. — Por que, Shuam, por quê?

— Foi sem querer — Shuam a soltou e sentou-se na cama. — Eu juro, não foi de propósito, eu não percebi que ele estava aqui.

— Mentira — Elora falava aos trancos por causa do choro. — Você sempre sabe de tudo.

— Foi sem querer, Elora.

— Você disse que ia ser meu amigo — Elora sentou-se na cama. — E faz isso comigo, não é justo, na hora que ele estava aqui, na minha frente.

— Elora, olha para mim — Shuam ajoelhou-se no chão e segurou a cabeça dela fazendo-a olhar para ele. — A última coisa que eu ia querer nesse momento era deixar Miguel Alvarez com ciúmes de você, achar ou pensar que existe outra pessoa em sua vida.

Elora olhou para ele tentando entender o que dizia.

— Elora, nunca ia querer despertar em Miguel qualquer sentimento pessoal com relação a você — Shuam falava muito sério. — Por mais que ele não queira, por mais que não seja esse o plano, o sentimento está lá, existe, é real, está apenas oculto pelo véu do esquecimento de quem você é; despertar nele sentimentos de ciúme, perda, pode detonar o gatilho que ele está usando para bloquear o sentimento.

— E por que fez?

— Não fiz, já disse, aconteceu — Shuam fazia carinho em seu rosto. — O cheiro da bebida atacou minha cabeça e eu me desliguei pensando em outras coisas durante o banho, me distraí, não senti a presença dele.

— Distraiu? — Elora fungou.

— Distraí — Shuam sorriu culpado. — Energeticamente você e Miguel são semelhantes, eu teria que estar atento para perceber que eram duas pessoas na sala em vez de uma.

— Ah! Shuam — Elora olhou para ele e os olhos voltaram a se encher de lágrimas. — Mas o que aconteceu foi gerar nele mais ódio, raiva e rancor.

— Ele está lutando, Elora, é natural que em vez de amor ele sinta raiva.

— Que luta desigual! — Elora balançava a cabeça. — Em nada lembra o meu Miguel. A sensação que tive na hora em que ele me olhou é que seu ódio, seu desprezo por mim é tão forte e tão grande quanto o seu amor.

— Como pode achar que seria diferente? Como pode acreditar que é possível lutar contra o destino? Contra a história que deve ser vivida.

Elora olhou para ele em desespero; seu corpo se contorcia como se sentisse uma dor insuportável.

— Meu Deus, por que eu tenho que passar por isso? — Shuam a levantou e a abraçou com força fazendo carinho em sua cabeça. — Chore, Elora, chore, eu sei o tamanho da dor que está sentindo.

Elora voltou a chorar compulsivamente, e Shuam apenas ficou ali, quieto, alisando seus cabelos, esperando que toda a dor de seu peito saísse pelas lágrimas.

Depois de um tempo Elora se acalmou, soltou-se de Shuam e foi ao banheiro lavar o rosto sem dizer nada.

Quando voltou, encontrou-o estirado na cama com a mão na cabeça e uma estranha expressão no rosto.

— Você está bem?

— Minha cabeça — Shuam tentou se levantar —, está explodindo de dor.

— Foi o cheiro — Elora se aproximou dele. — Desculpe, quer um remédio?

— Quero!

Elora procurou alguma coisa na bolsa, pegou um copo com água e levou até ele.

— Tome.

— A culpa é sua — Shuam fez uma careta para o comprimido. — Primeiro me encharca de bebida, depois quer me matar, vou catalogá-la como as dez mais perigosas.

— Tome logo esse remédio.

— Você é uma fera! — Shuam tomou o comprimido olhando para ela. — Onde aprendeu a lutar assim?

— Falar não vai te ajudar — Elora pegou o copo da mão dele. — Deita aí, tenta descansar, espere a dor passar antes de ir.

Shuam ajeitou-se na cama e colocou o braço nos olhos ficando imóvel. Elora olhou para ele, balançou a cabeça e saiu em direção do banheiro.

— Não vai me fazer companhia?

Elora voltou-se para ele, que continuava na mesma posição.

— Preciso tomar um banho, relaxar, fique quieto para a dor passar.

Elora tomou um banho demorado, queria lavar mais do que o corpo debaixo da água morna do chuveiro.

Quando voltou ao quarto encontrou Shuam deitado de lado, todo encolhido, dormindo sono solto.

Ela riu da cena; nunca tinha pensado em Shuam tão humano, tão normal, sujeito a distrações e dores de cabeça.

Acabou deitando ao lado dele e o cobriu ao perceber que ele sentia frio. Ficou observando seu semblante tranqüilo enquanto o corpo se aconchegava, agora aquecido. Adormeceu vendo o sorriso discreto que ele dava durante o sono.

Quando acordou, o sol já estava alto e a cama vazia.

Levantou olhando o aposento procurando-o; ele devia ter ido embora e não a tinha acordado.

Sentia muita fome, pediu o serviço de quarto e foi ao banheiro lavar o rosto.

Encontrou preso no espelho um bilhete de Shuam.

"Para que encontre!"

"Obrigado pela noite, foi ótima, só faltou uma coisa para ser perfeita, amor."

Capítulo 15

Elora entrou no quarto às escuras e nem se preocupou em acender as luzes. Foi direto ao banheiro, queria tomar um banho e trocar de roupa, estava com um cansaço para ela desconhecido, fazia muito tempo que não se sentia tão inútil.

Apesar de levar uma vida meio solitária e sair pouco, sempre tinha uma coisa ou outra para resolver, um exercício novo para praticar, uma nova teoria a desvendar, e como que por encanto apareciam sempre pessoas que entravam intempestivamente em sua vida.

Agora parecia que mais nada existia, apenas a expectativa ainda habitava sua vida, não havia questionamentos, práticas, ordens a serem seguidas e as pessoas novas que conhecia em nada precisavam dela.

Nem mesmo seus passeios astrais estavam sendo compensadores; qualquer coisa a trazia de volta ao corpo, tentou algumas vezes acompanhar o que César e Vinerdi estavam fazendo, mas nem sempre conseguia entender o que diziam ou ficar com eles por muito tempo.

Para elaborar o roteiro, Shuam havia combinado que ela ficaria à sua disposição, impedindo-a de acompanhar fisicamente os trabalhos de seleção e preparação que Vinerdi estava providenciando, mas mesmo para Shuam ela estava sendo de pouca utilidade.

Não sabia ao certo em que pé estava o tão esperado roteiro, pois até aquele momento ele não tinha lhe mostrado nada escrito, apenas aparecia todos os dias no final da tarde no hotel, algumas vezes trazia Liam com ele e durante algum tempo questionava algo que Elora havia escrito em *Amor Astral*.

Na maioria das vezes era nítido que Shuam já tinha a resposta do que questionava, era um ritual simbólico de satisfação aos envolvidos no projeto e uma forma de justificar o nome dela no roteiro.

Havia encontrado com Miguel uma única vez nesse período, mas o olhar gélido que ele lançou a deixou tremendamente desconcertada e tentava demonstrar em toda oportunidade que tinha que sabia do envolvimento romântico entre Elora e JS.

Saiu do banheiro e deitou na cama desanimada. Queria dormir para ver se o tempo passava mais rápido, o roteiro ficava pronto e começassem logo a gravar, seria a melhor e a mais importante parte do seu plano, estaria com Miguel praticamente todos os dias e poderia ver o efeito que representar o texto faria nele.

O telefone tocou e ela ficou olhando para o aparelho sem saber direito o que fazer, não tinha a mínima idéia de quem estaria do outro lado da linha, algo que nunca tinha acontecido em toda sua vida.

— Elora, estamos com problemas.

— Pietra?

— Você está bem? — a voz de Pietra soou preocupada. — Não sabe que sou eu?

— Oh, é que... — Elora ficou em silêncio. — É que eu estava distraída, esquece, temos um problema? Do que você está falando?

— Mila, Elora, do que é que eu poderia estar falando? — Pietra bufou irritada. — Seja lá o que for que você anda fazendo com ela não anda surtindo muito efeito. Ela está nervosa, e se continuar assim, logo, logo, estará totalmente descontrolada.

— Mila descontrolada? — Elora se mostrou surpresa. — Do que você está falando?

— Elora, por Deus o que está acontecendo? — Pietra se mostrou irritada. — Mila não pode bater o dedo na parede que você está do lado dela, e agora vem me dizer que não sabe o que anda acontecendo? Estou falando dos sonhos, Elora, das visões que a estão deixando muito assustada e nervosa.

— Pietra, por favor, eu realmente não sei do que você está falando, já faz muito tempo que Mila não se apavora com sonhos ou visões.

— Por favor digo eu! — Pietra respirou fundo. — O.k., o.k., se você quer assim, vamos fazer assim, desde que você viajou, Mila está se mostrando cada dia mais inquieta, chegou a vir três vezes no mesmo dia para saber de você e quando você voltava, eu falei isso para você.

— Sim, continue.

— Bom, eu acabei apertando ela para que me contasse o que estava acontecendo e por que ela não estava conseguindo conversar com você desse jeito que vocês fazem. Ela me explicou dos sonhos e das visões que está tendo com o pai e está tão assustada e com tanto medo do que venha a acontecer que acha que nem está conseguindo chegar perto ou lembrar-se de você.

— É possível! — Elora suspirou. — Que mais?

— Eu disse que era mais fácil ela não estar se lembrando de falar com você, e aí ela ficou ainda mais nervosa, ela também me disse que quem está sempre perto agora é o Shuam, que ele tenta acalmá-la, mas que precisa mesmo falar com você.

— Shuam? — Elora falou alto. — O que ele disse para ela?

— Olha, ele tenta acalmá-la, explica que ela está fazendo uma, uma, uma sei lá o quê, algo como uma previsão, o que não ajudou muito, se o medo dela é do sonho virar verdade.

— Que mais ele disse?

— Ele falou que, para parar as visões, ela precisa contar para o pai o que está acontecendo, falar dos sonhos, alertar para o perigo do que pode acontecer.

— Ele está certo — Elora suspirou. — E Mila? Fez o que ele mandou?

— Não — Pietra riu. — Claro que não, ela disse que ele não conhece o pai e a mãe dela para dizer uma coisa dessas, e quer falar com você, que você os conhece bem e vai saber ajudar direito.

Elora riu, queria ter visto a cara de Shuam na hora em que Mila desobedeceu a uma ordem dele.

— Não ria — Pietra falou séria.

Elora ficou em silêncio, certamente a orientação de Shuam era correta, mas não tinha a mínima idéia de como ajudar ou convencer Mila a seguir a orientação dele.

— O assunto é grave, as visões dela são preocupantes, é fato que Shuam não tem muito jeito para adolescentes, mas enfim, tecnicamente, ele é mais preparado que você e muito mais intrometido também.

— Mais intrometido do que eu? — Elora se mostrou indignada. — Eu não sou intrometida.

— Certo, certo — Pietra riu. — Ele é muito intrometido.

— Que mais ele anda fazendo, além de aparecer para Mila?

— Não sei dizer ao certo — Pietra ficou alguns segundos em silêncio. — Mas tenho sonhado muito com ele, cheguei até a ficar preocupada achando que tinha acontecido alguma coisa com ele, mas aí ele me ligou só para dizer que estava bem, você acredita?

— Não — Elora ficou irritada. — Não acredito. Shuam então além de estar povoando seus sonhos anda fazendo ligações para você, que interessante, ele não falou nada disso comigo.

— Deve ser porque não é nada importante — Pietra riu. — Somente sonhos de uma mulher carente com um homem muito bonito, por quê? Ficou com ciúmes?

— Shuam? Bonito? — Elora riu. — Está mesmo carente, minha amiga.

— Você é que está cega — Pietra deu uma gargalhada. — Tudo bem que ele não tem a beleza física do seu atorzinho mexicano, mas dá de dez a zero em sensualidade, masculinidade e ousadia.

— Cuidado — Elora riu. — Você está é apaixonada pelo Mestre, e isso é muito perigoso, mas afinal de contas que tipo de sonho você anda tendo com ele para estar assim com tanto assanhamento?

— Tá com ciúmes de Mestre Shuam! — Pietra cantarolou dando outra gargalhada. — Não vejo a hora de contar isso para ele, Elora tá com ciúme, Elora tá com ciúme.

— Pára com isso — Elora falou brava. — Eu só sinto ciúmes de quem eu gosto e diga-se de passagem, esse não é o caso, muito pelo contrário, vai me contar ou vou ter que usar minha imaginação de escritora para descobrir o que você e Shuam andam fazendo no astral?

— Ah, tá — Pietra riu. — Eu não te conheço muito bem mesmo, mas não é nada de mais não, você é que tem uma mente muito poluída, são apenas sonhos, sem muita importância, conversas, lugares estranhos, pessoas que não conheço, eu não me lembro de muita coisa.

— Interessante, que mais?

— Nada mais do que isso, mas teve um sonho outro dia que eu até ia conversar com você a respeito, porque achei muito estranho, mas a agonia de Mila acabou me fazendo deixar isso pra lá, nunca fui de dar importância para essas coisas mesmo, acredito e respeito, porém essa não é a minha praia, deixo isso para você e para Mila, que adoram conversar com o vento.

— Acho que não era a sua praia Pietra — Elora riu. — Penso que você foi literalmente fisgada pelas ordens cósmicas, culpa do seu amado e idolatrado Shuam — Elora riu mais. — Mas fale, conte-me o sonho.

— Eu estava em um lugar que parecia um laboratório, nunca estive naquele lugar, mas a sensação que eu tinha é que eu conhecia bem ali, sabia onde era, onde estavam as coisas, era como se eu trabalhasse naquele lugar.

— Até aí nenhum problema, um sonho até comum, qual o espanto?

— Eu não entendo nada de laboratórios nem nunca tive vontade de conhecer um, e tinha um cara, um médico, sei lá, e ele me mandava pegar algumas coisas e eu sabia exatamente o que ele estava dizendo.

— Viu o rosto dele? Lembra como ele é?

— Aí é que tá — Pietra riu nervosa —, a impressão que eu tenho é que eu o conhecia muito bem, mas só lembro da voz e das mãos dele mexendo numas coisas esquisitas, e na hora que eu ia olhar bem na cara dele, Shuam apareceu do nada com a cara muito brava e me tirou de lá, acordei tão assustada.

— Nossa, Shuam bravo? Não entendi.

— Menos eu — Pietra suspirou. — Mas a cara dele era de que eu tava fazendo alguma coisa errada, que mal tinha eu olhar o rapaz, ele tinha jeito de que era bonitão — Pietra riu. — Eu sonhei outras vezes com o mesmo lugar e em outras situações acho que com o mesmo médico, mas não sei ao certo, nunca vejo o rosto dele, o que você acha que pode ser isso?

— Pietra — Elora ficou em silêncio e olhou pensativa para a parede como que tentando ver alguma coisa. — Não sei dizer, não tenho a mínima idéia do que está acontecendo com você.

— Elora, você está bem? — A voz de Pietra soou preocupada. — Está doente? Está acontecendo alguma coisa errada com você e não quer me contar?

— Quanta pergunta! — Elora riu. — Calma, eu estou ótima, apenas cansada demais com toda essa agitação do filme e acho que muito distraída também.

— Muito distraída, Elora, demais até para o meu gosto, esse não é o seu normal, não saber de Mila e não saber o que me dizer nem usando o seu clássico "teoricamente", mas enfim, deixa isso, vou esperar para ver se Shuam me liga, senão eu ligo para ele e pergunto.

— Você tem o telefone dele?

— Claro! — Pietra falou espantada. — Por quê? Você não tem?

— Não.

— Deve ser porque você não precisa — Pietra riu. — Sabe fazer aquele negócio para ir atrás dele onde quiser, e pelo jeito ele deve estar o tempo todo perto de você, é só chamar que ele aparece.

Elora não respondeu à provocação e voltou a falar com Pietra sobre Mila.

Quando desligou o telefone estava muito preocupada, não só pelo que estava se passando com a menina, mas com a falta de habilidade para poder ajudar a ela e a Pietra em seus questionamentos; era como se sua mente fosse um grande vazio.

Angustiada, pensou em Shuam e tentou fazer contato, mas não conseguiu, nem chegou a sentir a sensação de que ele podia ter vindo ao seu encontro, acabou adormecendo na tentativa de se projetar e procurar por ele no astral.

Acordou com o barulho da campainha do quarto, vestiu apressada o roupão e foi atender a insistente chamada, quem tocava parecia saber que ela estava dormindo.

Abriu a porta e se deparou com o sorriso e o olhar cínico de Shuam que a percorria de cima a baixo.

— Pensando em mim, Escritora?

— Sim — Elora olhou para ele com os olhos arregalados. — Por que você não veio me ver quando chamei?

— Para quê? — Shuam entrou passando por ela. — Você não ia me ver nem me ouvir mesmo.

— É verdade — Elora responde desolada fechando a porta. — Então por que demorou tanto?

— Preciso de incentivo para ser mais ágil e atender aos seus apelos, Escritora — Shuam respondeu aproximando-se dela — E depois, nada do que você tenha a me dizer pode ser tão importante a ponto de eu largar tudo para vir ao seu encontro.

Elora olhou para ele furiosa, Shuam riu e se aproximou ainda mais, deixando-a desconcertada. Gentilmente ele levantou uma das mãos para ajeitar os cabelos dela que estavam bagunçados enquanto pousava a outra em sua cintura apertando levemente.

Sem ação, Elora ficou observando o olhar sedutor que ele lançava para ela.

— É melhor você ir vestir outra coisa, Escritora — Shuam colou-se a ela sussurrando em seu ouvido. — Agora que conheço intimamente o que tem debaixo desse roupão posso garantir que me interessa — Shuam deslizou a boca pelo seu rosto. — E me atrai, muito.

Respondendo ao carinho, Elora gentilmente virou o rosto de modo que seus lábios encontrassem os lábios de Shuam e começou a dar leves beijos em sua boca. Aos poucos os beijos foram ficando mais intensos até Elora sentir que estava totalmente envolvida pelos braços de Shuam.

— Não, Elora — Shuam a segurou pelos braços, afastando-a dele. — Não enquanto povoar em sua cabeça que eu possa estar usando algum tipo de truque barato para manipular sua mente.

Sentindo o rosto muito vermelho, ela saiu correndo em direção ao banheiro, deixando Shuam sozinho no quarto. Demorou algum tempo para ter condições de retornar e encarar Shuam, torcia para que ele tivesse desistido e ido embora.

Quando conseguiu sair do banheiro, encontrou Shuam sentado tranqüilamente na mesa lendo uma revista como se nada tivesse acontecido.

— Vai me contar o que tanto queria falar comigo? — Shuam perguntou sem levantar os olhos da revista. — Ou teve apenas uma reação devido ao interessante material de leitura que se encontra em seu quarto?

Shuam esticou para ela a revista com fotos de Miguel e Carmem flagrados pelos fotógrafos em ardentes beijos em um de seus passeios românticos.

Elora pegou a revista com força, não tinha ainda visto as fotos e ficou olhando o casal com olhos entristecidos. Sem ânimo, deixou o braço pender ao lado do corpo sem soltar a revista e olhou para Shuam, que a observava estranhamente.

— Eu que tenho minhas potencialidades fragmentadas e você que fica louco? — Elora falou irritada. — Sabe muito bem que eu chamei você aqui por causa de Mila.

— Mila? — Shuam levantou as sobrancelhas interrogativo. — Não existe nada de errado com Mila, no máximo ela apenas precisa se libertar de você.

— Não parece ser o caso — Elora riu zombeteira. — Parece que Mestre Shuam não está sabendo trabalhar com a adolescente.

— Você não sabe nada de mim, Escritora — Shuam balançava a cabeça. — Nem como trabalho ou deixo de trabalhar, Mila precisa crescer, já passou da hora de ela perder o medo dos pais e mostrar a eles a que veio.

Elora ficou olhando para ele em silêncio, sentou-se na cama e lágrimas começaram a sair de seus olhos. Um turbilhão de emoções confusas corriam em sua mente, sabia que aquele momento chegaria na vida de sua pequena amiga, somente não esperava estar tão longe e sem condições de poder ajudar.

Capítulo 16

Elora segurou a mão que César lhe oferecia para sair do carro. Arrumou o vestido frente-única vermelho e muito colado, olhando para o prédio.

Passou a mão nos cabelos presos num grande coque e conferiu os fios soltos displicentemente que contrastavam com os grandes e longos brincos dourados.

— Não se preocupe — César segurou sua mão e deu-lhe um beijo. — Está maravilhosa; pronta para enfrentar as feras?

Elora sorriu nervosa, César tinha agido rápido e em grande estilo.

Havia preparado um grande evento para o lançamento do projeto e era algo de maneira tão estrondosa que mais parecia uma *première*.

Jornalistas, fotógrafos, empresários e patrocinadores circulavam entre atores, produtores, técnicos e diretores.

Apesar de Shuam ainda não ter entregado o roteiro, o conhecimento de Vinerdi sobre o livro e o desejo de vê-lo na tela grande tinham determinado o que e como ele queria tudo.

Haveria uma rápida apresentação de César e Vinerdi sobre o projeto, para logo em seguida ser realizado uma coletiva na qual Elora participaria como co-roteirista ao lado de Shuam.

A presença de Elora estava causando um pequeno alvoroço ao projeto. Apesar de ter um nome reconhecido, sua imagem era desconhecida do grande público, e a aventura no campo cinematográfico tinha deixado muitos curiosos e especuladores em alerta.

Assim que entrou no salão foi arrastada por Vinerdi de um canto a outro sendo apresentada a tantas pessoas de maneira tão rápida e esfuziante que dificilmente conseguiria se lembrar quem eram.

Numa distração de Vinerdi, ela conseguiu se desvencilhar dele e foi ao encontro de Shuam, que conversava de costas para ela com alguém que estava sentado em um dos vários bares do local.

Ao se aproximar de Shuam, ele virou e sorriu abraçando-a e puxando-a para mais perto dele, dando-lhe um beijo no rosto.

— Assustada, Escritora?

— Muito.

Elora olhou para ele e sorriu diante da percepção tão aguçada.

— Quem diria, a grande Elora Monteiro tem medo da multidão, que contraste, não combina em nada com você.

— Boa noite, Miguel — Elora se voltou para ele, tentando se afastar de Shuam. — Um escritor gosta de silêncio e solidão, não são como os artistas que precisam de aplausos para se sentir confiantes e seguros.

Shuam olhou para ela e sorriu apertando-a um pouco mais.

— Então, Elora — César aproximou-se deles risonho —, está gostando do evento?

— É tudo tão estranho — Elora olhou para ele fazendo uma careta. — Deveria perguntar isso para quem entende e está acostumado a essas situações.

— Eu particularmente acho tudo um tanto quanto precipitado. — Miguel falou sério. — Nem um roteiro você tem ainda e já gasta cartucho como se o filme fosse entrar em cartaz amanhã.

— Miguel — César olhou espantado —, está desconhecendo o meio? Perdeu o faro, velho amigo?

— Minha opinião — Miguel abriu os braços. — Mas tenho achado tudo muito estranho ultimamente.

— Precisa prestar mais atenção aos detalhes, senhor Alvarez — Elora sorriu. — Às vezes estamos recebendo grandes sinais e não percebemos por estarmos presos a determinadas convenções.

— Pode ser — Miguel a olhou zombeteiro. — Se bem que em meu país honra e caráter são imprescindíveis.

— César está sendo um grande estrategista — Shuam cortou a conversa. — Ele está de olho nesse grande filão que é o esoterismo, massificando a idéia de um clássico do gênero ser transformado em filme.

César olhou para Miguel e sorriu fazendo uma reverência com a mão para Shuam.

— Ele está contando com a curiosidade que os milhões de leitores de Elora vão ter com relação ao filme — Shuam sorriu para Elora. — Fora os novos leitores que irão tomar contato com o livro ao saberem do projeto.

— Nossa! — Miguel olhou espantado. — A história é tão boa assim?

— É perfeita — Shuam sorriu para ele. — E o nome Elora Monteiro por si só iria atrair publicidade, o fato de ela estar envolvida, nossa, para o meio será muito significativo.

— JS — César bateu palmas —, para quem nunca tinha ouvido falar de Elora Monteiro até poucos dias, você me surpreendeu.

— Sou um especialista agora — Shuam sorriu. — E um admirador também.

— Eu imagino onde adquiriu tanto conhecimento — Miguel olhou para ele demonstrando raiva. — Eu imagino.

Shuam não respondeu, apenas apertou mais Elora contra o corpo e deu um leve roçar de lábios em seu pescoço, deixando-a arrepiada e sem jeito.

César assistia a cena divertido e, apesar de Miguel estar disfarçando muito bem, ele não conseguia esconder o desagrado de ver Elora tão intima de JS.

Foram chamados para dar início à coletiva e Shuam saiu arrastando Elora com propriedade sob o olhar de um Miguel enraivecido.

Depois de uma calorosa apresentação de Vinerdi e alguns destaques dados por César sobre o novo projeto da Laurent Produções, deu-se início à coletiva.

Durante quase uma hora eles foram sabatinados pelos jornalistas que queriam saber desde detalhes puramente técnicos a curiosidades do tipo por que Elora Monteiro iria se aventurar agora no mundo do cinema.

Quando saíram da mesa, Miguel avançou alguns passos e segurou Elora pelo braço, sem se preocupar com as pessoas em volta.

— Para quem tem medo de multidões, você se saiu muito bem.

— Definitivamente, senhor Alvarez, acho que está realmente enganado a meu respeito — Elora olhou para ele entristecida. — Reuniões, debates, entrevistas não são novidades para mim.

— Como não? — Miguel falou alto chamando a atenção. — Você mesma disse a César não entender.

— Miguel — Elora balançou a cabeça —, eu não entendo desse seu mundo do cinema, dessa exposição pura e simples pelo fator aparecer, não estou caindo de pára-quedas no mundo das celebridades como está pensando, por mais que você não saiba ou não acredite, dentro do meu mundo eu tenho tanta fama e reconhecimento quanto você.

— E dinheiro também — Shuam aproximou-se deles. — Algum problema com vocês? Estão chamando atenção desnecessária e negativa para a situação.

Miguel olhou atordoado para Shuam, tentando entender o que ele dizia.

Sem dizer mais nada, Shuam abraçou Elora e saiu caminhando com ela, enquanto Miguel percebia olhares nada discretos que assistiam à conversa.

Carmem aproximou-se dele e deu-lhe um beijo, logo o estampido de *flashs* cercou o casal, que ficou esquecido dos acontecimentos enquanto faziam pose para os fotógrafos.

— É o mundo deles, Escritora — Shuam fez Elora parar e assistir ao casal se apresentando para os fotógrafos. — Não o nosso.

— Eu não entendo você, Shuam — Elora voltou-se para ele. — Você diz que não quer despertar nenhum tipo de sentimento de Miguel por mim, mas não faz outra coisa senão provocá-lo, não que eu esteja reclamando de deixá-lo com ciúme.

— Está sendo mais forte do que eu — Shuam sorriu encabulado. — Apesar de não concordar, achar errado o que fez, não consigo ver a forma como Miguel está absorvendo tudo, e ele acaba sempre lhe ofendendo e magoando, deixando-a mais angustiada do que já está.

— Não resiste? — Elora olhou para ele irônica. — Mestre Shuam não resiste?

— Corre sangue aqui, Escritora — Miguel esticou o braço e bateu nele. — Você e seu Miguel despertam o que eu tenho de mais humano.

— Faz você se lembrar de você mesmo.

— Mais ou menos — Shuam olhou longamente para Miguel e voltou seu olhar para Elora. — Fazem me lembrar o tempo todo de que eu não sei mais o que vai acontecer.

— Perdeu o controle da situação? — Elora deu risada. — Meu Deus!

— Você criou um caos, Escritora — Shuam olhou sério para ela. — Não acredito que ainda não percebeu o que fez, eu tinha lhe dito para desistir, nos liberar e não nos enfiar nessa espera interminável.

— Você já foi liberado, Mestre Shuam.

— Acha mesmo?

Shuam olhava muito sério para ela e Elora sentiu um calafrio de medo.

Instintivamente, ele a abraçou e a trouxe ao encontro de seu peito.

Uma estranha sensação tomou conta de Elora, que acabou olhando em volta para encontrar os olhos de Miguel cheios de frieza e desprezo fixos nela e em Shuam.

Rapidamente ela se afastou de Shuam, não conseguia absorver o olhar de reprovação de Miguel sobre si, mesmo sabendo o quanto aquele sentimento poderia lhe ser útil.

— Preocupada com alguma coisa? — Shuam voltou-se na direção em que Elora olhava. — Não gosta de ver seu Miguel com ciúmes de você?

— Não vejo ciúmes em seus olhos — Elora olhou séria para Shuam —, vejo apenas raiva e rancor.

— Sua presença o afronta, Escritora. O que esperava, apenas encontrar o amor sem limites que viviam no astral?

— Sabe que sim — Elora olhou para ele e levantou o braço. — Como é em cima é em baixo, não é essa a lei?

— E onde está diferente? — Shuam levantou as sobrancelhas e cruzou os braços.

— Como onde? — Elora colocou a mão na cintura. — Não existe esse rancor na minha vida com Miguel, só amor.

— Escritora, seu Miguel não quer mais saber de você no astral, a essência dele não queria realizar esse encontro, não queria modificar plano nenhum, não compactuou com você nessa busca desenfreada de realização pessoal em detrimento do que deve ser feito.

Elora olhou para ele e arregalou os olhos assustada, prendendo a respiração.

— Como eu já disse — Shuam colocou a mão em seu queixo com raiva —, você é amadora, Escritora, até mesmo nas suas armações. Não sei por que me preocupo tanto com os destinos.

Visivelmente irritado, Shuam afastou-se dela deixando-a sozinha para encontrar novamente o olhar de Miguel que assistia à cena, satisfeito.

Elora sentia-se extremamente confusa e perturbada, e não conseguia controlar a emoção para se apresentar tranqüila diante daquela multidão de jornalistas e empresários.

Saiu disfarçadamente do recinto, indo se refugiar em um canto de uma varanda.

Respirou fundo ao sentir a brisa fresca da noite em seu rosto e olhou para o céu semi-encoberto com uma lua teimosa em brilhar através de densas nuvens.

Fechou os olhos e cruzou as mãos deixando os dois dedos indicadores esticados e os encostou um em cada lado do nariz, próximo às sobrancelhas.

Ficou parada e em silêncio, tentando controlar a respiração, sem mexer um só músculo de seu corpo.

— Assustada? — a voz de Shuramim chegou aos seus ouvidos. — Será que finalmente algo conseguiu lhe atingir?

Elora voltou-se para ela e fechou um pouco os olhos, demonstrando raiva.

— Não estou assustada — Elora voltou a olhar o infinito. — Apenas não tinha me atentado a certos detalhes.

— Detalhes? — Shuramim colocou uma das mãos na cabeça. — Você não atentou a nada Elora, a nada, detalhes, ora, faça-me um favor.

— Só agora consegui entender realmente por que Miguel está tão raivoso.

— Elora — Shuramim pousou a mão em seu ombro —, Miguel não traz nada da sua vida astral para a consciência, conseqüentemente não leva nenhuma mazela da vida física para a astral como você, Shuam e tantos outros que conseguem se dividir nas duas realidades.

— Eu sei — Elora voltou-se para ela. — Mas isso não significaria ele se negar a mim.

— Se ele tivesse concordado com você nessa empreitada, minha criança, se ele tivesse concordado... seu contato, sua vida com Miguel é realizada na parte mais pura de seu ser, na sua essência, e quando a essência não quer, quando a parte divina está decidida, nada pode ser feito para mudar, você pode fisicamente brigar, lutar, até espernear, mas não vai adiantar.

— A briga do forte contra o fraco — Elora balançou a cabeça. — E tantos acham que a vida física objetiva é mais forte que a essência.

— Por isso tantos brigam com o destino — Shuramim suspirou —, achando que conseguem fazer ou realizar algo que não é deles ou que não querem.

— Mas tantos se perdem.

— Não é o físico que se perde, Elora, é a essência, só quando ela se perde ou se decide, é que realmente muda alguma coisa, como você fez; caso contrário, somos levados a uma enorme sucessão de erros e desvios para percebermos que estamos indo na direção errada. As falhas na vida, nas conduções, nos projetos, estão montadas aí, nesse ponto, na luta entre físico, racional, lógico e a vontade, o desejo e a realização da essência.

— Razão e emoção — Elora colocou a mão no peito. — O equilíbrio perfeito, mas muito injusto.

— Injusto?

— Claro, pois é a vida física que sofre, que padece, que deve realizar, e nada mais somos do que seres manipulados pela essência, sem vontade própria na verdade.

— Não necessariamente. Somos duais, Elora, físico e essência. O fato de fisicamente sermos conduzidos e orientados pela essência não coloca o físico de forma tão inútil, ao contrário, se ele estiver em sintonia com a essência saberá conduzir as realizações e até mesmo alterar os desejos da essência, que está em evolução e passível de escolhas.

— Não vejo isso acontecer — Elora deu os ombros —, vejo apenas físicos que teimam em determinadas ações e atitudes, servindo apenas como obstáculos de suas próprias realizações.

— Somos os nossos maiores inimigos, Elora, potentes e perigosos, pois as liberações, as seduções da vida física podem sim comprometer a essência e levar a caminhos que não deveriam ser seguidos.

— Nunca — Elora riu.

— Veja só o que você mesma fez, Elora — Shuramim suspirou. — Veja como sua vida física seduziu sua essência, seduziu a tal ponto de permitir e realizar uma alteração do Plano Divino do tamanho que realizou.

— Não me use como exemplo — Elora olhou sério para ela. — Minha essência anseia e deseja Miguel.

— Tem certeza?

— Claro!

— Elora, acha de verdade que sua essência aceitou esse plano, essa idéia, encarnou, cumpriu um tempo e depois... — Shuramim colocou a mão na cabeça. — Ai, cansei, não quero mais, faça-me um favor, sim. Acha o quê? Que a sabedoria Divina é leviana? Que lhe seria proposto algo para que você mudasse no meio do caminho?

— Claro que não.

— Então, como explica sua atitude a não ser a de simplesmente ter permitido que sua essência fosse corrompida pela vida física, pelas emoções bárbaras; você nasceu e caminhou dentro de uma determinação criada por você, no meio do caminho resolveu mudar as regras do jogo combinado, sua essência se deixou seduzir pela máquina humana e aceitou e absorveu a mudança, por isso está aqui agora, tentando terminar de demolir o que começou. Só não conseguiu ainda, se é que vai, porque suas decisões e mudanças passam por outras vidas, outras decisões.

— Então não tenho com o que me preocupar.

— Como não? — Shuramim a olhou irritada. — Você mudou a roda da vida, mexeu com os destinos de pessoas interligadas a você.

— Mas se elas não mudarem comigo nada acontece, nada muda.

— Tudo muda, você sai dessa história e começa outra, e as pessoas ligadas a você são obrigadas a ir também para novas histórias, novos destinos sem você, passaram a viver na adaptação que você fez com a vida delas.

— E o que acontece com Miguel?

— Com Miguel, nada, a vida dele nessa encarnação não estava ligada à sua vida, nem à sua história, nem ao seu plano.

— Mas eu vou fazer a ligação — Elora olhou séria para Shuramim. — Eu vou colocá-lo na minha história, no meio do caminho.

— E a decisão dele, Elora? Não cabe a você decidir ou escolher por ele, mas caso você consiga fazer que o físico dele modifique os desejos da essência, ele entra na mesma posição e sintonia que você, passa a alterar, mudar, atrapalhar a vida dele e por seqüência a vida de todos os que estão ligados a ele.

— E se eu não conseguir?

— Foi o que você pagou para ver Elora. — Shuramim abriu os braços. — Agora assista ao triste espetáculo que você criou.

Shuramim desapareceu, deixando Elora ainda mais confusa.

Não havia acreditado que Miguel tivesse falado sério quando disse que não queria o encontro, achava que na hora que estivesse ali, lado a lado com ele, o amor falaria mais alto, o desejo de estarem juntos superaria todas as dificuldades e obstáculos.

— Vai ser difícil conseguir isso — Elora suspirou falando alto. — Como conseguir fazer o físico dele modificar o desejo da essência?

— Tem o hábito de falar sozinha, senhora Monteiro? — A voz de Miguel soou atrás dela. — Ou anda conversando com os seres invisíveis que só a senhora e seu seleto grupo vêem?

— As duas coisas — Elora respondeu sem se voltar, sentia-se trêmula demais para encarar Miguel naquele momento. — E o senhor tem o hábito de ficar às espreitas, observando as pessoas?

— Só as que me interessam.

— E eu lhe interesso, senhor Alvarez? — Miguel olhou para ela e sorriu, aproximou-se mais e encostou-se na balaustra da varanda.

— Muito, afinal sei que tem um plano para mim, mas — ele fez um gesto no ar com a mão — ainda não sei qual é.

Elora voltou-se para ele e ficou olhando em seus olhos sem nada dizer.

Imóvel e sem demonstrar nenhuma emoção, Miguel percorreu Elora de cima a baixo, voltando a olhar em seus olhos.

— Tem um olhar profundo, senhora Monteiro — Miguel voltou a percorrer seu corpo com os olhos. — Deve ter outros atrativos também ou então não teria fisgado JS como fisgou.

— JS? — Elora se espantou. — O que JS tem a ver com isso?

— Ingênua também? — Miguel deu uma gargalhada. — Vai me dizer que não percebeu que JS está apaixonado por você?

— Não seja ridículo — Elora balançou a cabeça rindo. JS pode sentir qualquer coisa por mim, menos amor.

— Não é o que os olhos dele dizem.

Elora olhou para ele chocada.

— Meu Deus! — Miguel passou a mão pelo rosto. — Não acredito que não percebeu o brilho de encantamento e paixão que JS tem quando olha para você, coitado de meu amigo.

— Coitado de você! — Elora olhou para ele irritada. — Está muito longe de aprender a ler os olhos das pessoas, Miguel.

Num impulso, ele segurou Elora pelo braço fazendo-a ficar próxima a ele.

— Não vai me dizer o que passa nessa sua mente, Elora?

— Não creio que esse seja o local adequado para essa conversa.

— Tem razão — ele a soltou e voltou-se para fitar o horizonte. — Mas eu preciso saber, preciso entender o que está acontecendo.

— Tudo a seu tempo, Miguel — ela virou-se e caminhou em direção ao salão. — Tudo a seu tempo.

— Você não vai fugir de mim.

Elora voltou e olhou para ele achando graça.

— Eu nunca disse que fugiria — e fez uma reverência com a mão no peito. — Muito pelo contrário.

Voltou para o salão sentindo-se exausta, a noite cansativa tinha lhe tirado todas as forças, sentia o chão fugindo de seus pés.

— Algum problema, Escritora?

Shuam seguia ao lado dela segurando-a pelo braço para ampará-la.

— Não estou bem.

— Venha — Shuam a abraçou —, é melhor você ir embora.

Capítulo 17

Elora deixou-se ser conduzida por Shuam até o carro sem protestar; tinha a sensação de que iria perder a consciência a qualquer momento.

— Tente descansar — Shuam passou a mão na perna dela —, quando chegar eu te acordo.

Elora ajeitou-se no banco e fechou os olhos, sentindo apenas o balançar do carro e a mente escurecer.

— Escritora! — Elora ouvia ao longe a voz de Shuam. — Chegamos.

Elora abriu os olhos e encontrou o olhar carinhoso de Shuam sobre ela. Ele passou carinhosamente a mão no seu rosto e sorriu.

— Nossa! Apaguei! — Elora olhou pela janela do carro. — Onde estamos?

— Na minha casa!

Shuam desceu do carro e o contornou para ajudá-la a sair.

Ainda sentia-se fraca e o ar fresco da noite deu-lhe um novo ânimo.

Atravessou o pequeno jardim e chegou à porta da casa de dois andares cercada de uma pequena varanda.

Shuam abriu a porta e acendeu a luz, iluminando o ambiente espaçoso e decorado de maneira multicolorida.

Elora observou os diferentes tons dos vários jogos de sofás, almofadas, pufes e pequenas mesas que geravam diversos pequenos ambientes em um mesmo espaço.

As paredes muito brancas, cheias de luminárias, davam a sensação de deixar o ambiente ainda mais amplo.

— Bom... — Shuam sorriu para ela — aqui é o social. — E apontou para a escada. — Meu mundo é lá em cima.

Elora olhava para ele achando graça. Como alguém poderia criar um ambiente tão bonito e acolhedor para não usar?

— Gosto de ter minha vida e meus momentos bem divididos — Shuam falava enquanto subia com ela pela escada. — Amo a minha privacidade e sou possessivo com as coisas que amo, logo nada melhor do que protegê-las da maioria das pessoas que conheço.

— Posso me considerar uma privilegiada então? Estou subindo ao Castelo do Rei.

— Castelo do Rei? — Shuam deu uma gargalhada. — É, pode pensar assim.

O ambiente espaçoso em que entrou não apresentava divisórias. Uma espécie de saleta e uma mesa de jantar harmonizavam-se com a enorme cama no canto de uma parede de tijolos de vidro.

Do lado oposto de onde seria o quarto, havia uma grande bancada com um *laptop* e cheia de papéis; as estantes ao redor davam a impressão de um escritório.

Na frente dos sofás, uma porta corrediça de vidro escuro dava para uma pequena varanda.

Shuam aproximou-se da porta de vidro e a abriu fazendo o vento noturno entrar e arejar o local.

— Está se sentindo melhor?

Elora fez uma careta e Shuam a levou até o sofá, ajeitou algumas almofadas para que ela se encostasse.

— Há quanto tempo não se alimenta direito, Escritora?

— Eu comi alguma coisa no hotel.

— Alguma coisa? — Shuam riu arrumando uma mecha de seu cabelo que havia se soltado do penteado. — É uma comedora compulsiva, Escritora. Seu organismo não está acostumado à privação de alimento, deve estar fraca sem os cuidados de Pietra.

Ele se levantou, foi em direção ao telefone e a olhou com ar de reprovação.

— Vou providenciar alguma coisa para comer.

Elora não queria discutir, fechou os olhos e ficou ouvindo a voz de Shuam que falava ao telefone.

Ainda de olhos fechados ouviu-o desligar e sentiu quando se aproximou dela. Tentou abrir os olhos e não conseguiu.

— Venha, encoste-se em mim — Shuam sentou perto dela e a abraçou. — Vou energizar você um pouco.

Elora ouvia a voz de Shuam muito longe, conseguia perceber o carinho em sua cabeça e acabou adormecendo novamente, sentindo o cheiro forte do perfume que ele usava.

Sentindo um tranco no corpo como se estivesse caindo, ela acordou sobressaltada e se agarrou a Shuam.

— Bem-vinda ao mundo dos vivos! — Shuam falou risonho. — Está se sentindo melhor?

— Estou. — Elora soltou-se dele e o olhou. — Bem melhor, obrigada.

— Não por isso — Shuam levantou e esticou a mão para ela. — Não quer tomar um banho antes que a comida chegue?

Elora fechou os olhos e suspirou.

— Acho que sim.

— Venha — ele a ajudou a levantar —, devo ter alguma coisa mais confortável para você usar do que esse vestido apertado.

Conduziu-a até uma porta perto da cama, que ele abriu revelando um *closet* e um banheiro.

— Espere aqui!

Shuam vasculhou alguma coisa e voltou para ela com um sorriso de triunfo.

— Esta deve servir — Shuam lhe entregou uma toalha e uma camisa masculina branca com pequenas listas bege. — É grande o suficiente para lhe cobrir.

Sem dizer mais nada, saiu fechando a porta atrás dele, largando Elora parada no meio do *closet* com as coisas na mão sem saber o que fazer.

Elora voltou à sala renovada. Tirar aquele vestido, soltar os cabelos e tomar um demorado banho tinha recuperado suas forças.

A mesa arrumada de maneira simples mostrava que a comida já havia chegado, mas não havia nenhum sinal de Shuam no local.

Olhou para a escada e viu tudo escuro lá embaixo; voltou-se para a porta de vidro e foi até a varanda.

Shuam estava sentado em uma confortável cadeira com os olhos fechados e a cabeça apoiada em uma das mãos.

O cabelo molhado e a camisa entreaberta revelavam que ele havia tomado banho em algum outro lugar.

Ficou parada observando; era claro que só o corpo dele estava ali.

— Com fome, Escritora?

Elora tomou um susto e riu muito.

Shuam olhou para ela interrogativo.

— Já fiz tanto isso — ela riu ainda mais. — Mas é a primeira vez que alguém faz comigo.

— Precisava conferir algumas coisas — Shuam levantou dando-lhe a mão. — Vem, vamos comer.

— Então é dali que você sai para os seus passeios? Interessante. Pode me contar onde estava?

— Estava com Mila — Shuam riu ajudando ela a se sentar. — Está com saudades de você.

— Ela está bem? — a voz de Elora soou preocupada. — Pietra não disse mais nada sobre ela.

— Tudo sob controle — Shuam riu. — Pietra está cada dia melhor, mais sensível, mesmo com a resistência inicial de Mila poder ajudá-la, você fez um excelente trabalho com ela.

— Eu? — Elora colocou a mão no peito. — Apesar de estar comigo há tantos anos sempre se mostrou arredia. O mérito é seu. Depois que apareceu ela despertou, você seduziu minha amiga.

Shuam riu balançando a cabeça diante da observação.

— Vai cuidar delas agora que estou inoperante?

— De Pietra? — Shuam deu os ombros. — Talvez, Mila sempre foi responsabilidade minha, mas estava com você e retardei um pouco minha intervenção.

— Sua? — Elora olhou espantada. — E me deixou ter tanto acesso a ela?

— Coma, Elora — Shuam falou sério. — Você precisa se alimentar.

Elora olhou para a comida e sentiu-se faminta.

Shuam, com um sorriso nos lábios, observava comendo com gosto quando de repente deu uma gargalhada.

— O que foi? — Elora deu um pulo.

— Estou lembrando seu susto na varanda agora há pouco.

— Efeito retardado?

— Não — Shuam deu os ombros. — É que só agora estou de novo em mim.

Elora olhou para ele compreensiva, entendia aquela sensação estranha no corpo e na mente quando voltavam de algum tipo de saída astral.

Começou a contar-lhe algumas das inúmeras situações hilárias em que já havia se envolvido ou envolvido outras pessoas em situações constrangedoras.

Shuam ria muito, comentando as situações e reportando outras muito parecidas ou tão hilárias quanto às dela.

Ficaram horas ali sentados, trocando experiências, reformulando teorias, achando graça deles mesmos e da vida.

O dia amanhecia quando Shuam deu um longo suspiro e sorriu para Elora.

— Agora eu entendi.

— O quê?

Shuam ficou alguns segundos em silêncio olhando a cara interrogativa de Elora.

— O que Pietra e Mila vêem em você — Shuam esticou a mão e segurou a dela. — E por que gostam tanto de você.

Elora olhou para ele sem entender o que dizia.

— Você é uma mulher maravilhosa quando quer, Escritora — Shuam riu da cara de espanto dela. — Ou quando não está às voltas com seu Miguel.

— Nossa! — Elora se assustou. — Saímos sem avisar nada para ninguém.

— Não se preocupe — Shuam pegou sua mão e a levou a boca dando um beijo. — Todos saberão que está bem protegida.

Elora riu do jeito carinhoso dele; lembrou da observação de Miguel e acabou ficando alguns minutos perdida no olhar de Shuam.

— Se continuar me olhando assim — Shuam levantou — vou acabar esquecendo da minha promessa.

— Promessa?

Elora levantou e o seguiu até a varanda onde ele já olhava o vazio, vendo o dia nascer.

Ela parou ao lado dele, observando-o em silêncio; depois voltou seu olhar para o horizonte onde os últimos traços da noite iam desaparecendo.

— Shuam — Elora fechou os lábios, indecisa. — Por que você se apresenta ao público assim.

— Assim como? — Shuam voltou-se para ela. — Cético?

— É — Elora balançou a cabeça —, mais ou menos isso. Você diz não acreditar em nada, que não vê nada, não aceita muitas coisas, quando, na verdade, olha quem você é.

— Simples — Shuam passou a mão no seu rosto carinhosamente. — Pelo mesmo motivo que você abre tudo o que faz e tudo o que lhe acontece.

— Não entendi — Elora deu um passo para trás fugindo do contato. — Eu procuro ajudar pessoas como nós e você as coloca em cheque.

— Não é bem assim — Shuam sorriu ao perceber seu afastamento —, eu apenas não declaro o que faço, até porque isso é uma coisa só minha. E por conhecer tão bem o assunto, posso facilmente identificar impostores e charlatães.

— Entendo — Elora sorriu. — É a sua forma de ajudar, ou melhor, proteger.

— Também, mas existe muito mais por detrás disso.

— Mais?

Shuam balançou a cabeça olhando zombeteiro.

— Você não sabe nada mesmo, Escritora.

— Desculpe se eu o ofendo com minha ignorância — Elora deu-lhe as costas entrando na sala. — Vou poupar-lhe de tanto constrangimento; estou indo embora.

Shuam olhava para ela divertido; colocou a mão na cabeça e depois levantou os braços olhando para o céu divertido.

Foi atrás dela, impedindo-a de entrar no banheiro.

Elora olhou irritada para ele enquanto tentava passar, ficando ainda mais nervosa diante da gargalhada de Shuam que tentava segurá-la.

— Você é muito irritada, Escritora — Shuam a segurou e começou a arrastá-la para longe da porta. — Não queria lhe ofender, só acho você muito estranha.

— Eu? — Elora soltou-se dele. — Estranha? Já parou para fazer uma análise da sua vida?

— Meu estranho é diferente do seu — Shuam voltou a segurá-la. — Fica linda assim nervosa, mas eu prefiro mansinha.

Shuam apertou-a com força e deixou seu rosto próximo ao dela e ficou olhando em seus olhos.

Elora acabou ficando quieta olhando para ele. O comentário de Miguel sobre Shuam voltou-lhe a mente.

— Não precisa ir a lugar nenhum, Escritora — Shuam roçou os lábios nos dela. — Dorme aqui. Amanhã temos muito trabalho e é perda de tempo voltar ao hotel; além disso, aqui é bem mais confortável.

Shuam soltou-se dela e se afastou um pouco olhando seu jeito indeciso.

— Trabalho? — Elora olhou para ele com um brilho nos olhos. — Terminou o roteiro?

— Quase — Shuam sorriu. — Mas queria que você desse uma olhada antes.

— Onde está? — Elora parecia eufórica. — Estou louca para ver como ficou.

— Não agora — Shuam balançou a cabeça e a conduziu até a cama. — Precisamos dormir; quando acordarmos resolveremos isso.

Elora fez uma careta contrariada, mas deixou-se ser conduzida por ele; sabia que quando Shuam resolvia alguma coisa nada podia ser feito.

— Você vai dormir aonde?

— Aqui com você — Shuam sorriu. — Não será a primeira vez que dividimos a cama.

Shuam terminou de ajudá-la a se deitar e a cobriu; pulou por cima dela e a aninhou nos braços, fazendo um carinho em sua cabeça.

— Agora dorme.

Elora sentiu o cheiro do perfume de Shuam e acabou se tranqüilizando; acomodou-se nos braços dele e nem percebeu quando dormiu.

Elora acordou sentindo um forte cheiro de café e um leve toque em seus pés.

Abriu os olhos assustada, olhando à sua volta, tentando se situar.

Sentou-se rápido e encontrou Shuam sentado aos pés da cama olhando-a com um estranho sorriso nos lábios.

— Bom dia, Bela Adormecida — Shuam fez uma careta. — Ou melhor, boa tarde.

— Nossa! — Elora passou a mão pelos cabelos tentando arrumá-los. — Que horas são? Dormi tanto assim?

— O suficiente para descansar — Shuam levantou dando-lhe as costas. — Parecia que há tempos não dormia assim; aliás, você ronca, e muito.

— Ronco nada — Elora riu.

Shuam voltou-se para ela e chegou perto da cama entregando-lhe uma sacola.

Elora observava seus movimentos e tentava arrumar os cabelos ainda mais; devia estar toda amassada, sentia-se extremamente constrangida pela forma como Shuam a olhava.

— Não se preocupe, está linda.

— Muito — Elora fez uma careta. — O que é isso?

— Bom, não costumo ter visitas — Shuam deu os ombros sorrindo. — Deve ter aí tudo o que precisa: escova de dente, pente e uma roupa para poder ficar mais à vontade.

Elora abriu a sacola achando graça do gesto de Shuam.

Havia muito mais do que precisava; até um creme para cabelos e maquiagem ele havia comprado.

— Desde quando é um cavalheiro?

— Desde que tenha oportunidade — Shuam levantou. — Vá se arrumar, o café já está pronto e estou morrendo de fome.

Elora pulou da cama indo em direção ao banheiro.

Quando voltou, encontrou Shuam sentado na mesa, distraído lendo o jornal.

— A roupa serviu, Escritora? — Shuam perguntou sem levantar os olhos. — Não sou bom nessas coisas.

— Faltou pano.

Shuam levantou os olhos devagar observando-a vestida em um pequeno *short jeans* e um *top* vermelho que deixava parte da barriga à mostra.

Ele tentou conter o riso diante da cara de indignação de Elora; era evidente seu constrangimento em usar uma roupa nada convencional como aquela.

— Está ótima! — Shuam dobrou o jornal risonho. — Parece até uma pessoa de verdade.

Elora olhou espantada sem entender a observação e sentou-se à mesa diante do olhar risonho de Shuam.

Antes que Elora pudesse dizer alguma coisa, ele começou a falar das notícias dos jornais sobre o lançamento da noite anterior.

A idéia de César tinha sido realmente perfeita. Menos de 24 horas após o lançamento do projeto de *Amor Astral*, ele já estava sendo cotado como o acontecimento do ano.

— Estou realmente espantado por tudo estar dando tão certo assim — Shuam olhava para ela incrédulo. — Cada passo percorrido me deixa mais preocupado.

— Não sei por que tanto espanto — Elora balançou a cabeça. — Por que daria errado?

— Está fluindo — Shuam ficou com o olhar perdido. — Começou tudo muito errado, você alterou todo o projeto e mesmo assim — Shuam esticou o braço — tudo está fluindo, não sei onde isso vai dar.

— Você se preocupa demais, Shuam.

— Já vivi e vi coisas demais, Escritora. — Shuam levantou e colocou a mão em seu ombro antes de se afastar. — Tenho meus motivos para estar preocupado.

Elora ficou olhando Shuam caminhar até o espaço do escritório. Ele mexeu em alguns papéis e pegou um enorme volume de folhas encadernadas.

Olhou para o objeto durante um período e levantou os olhos para Elora, fitando-a por alguns minutos.

Respirou fundo, caminhou até ela muito sério e estendeu-lhe a encadernação.

— Seu filme!

Elora olhou para ele e sentiu o coração disparar. Segurou o volume com as duas mãos e percebeu como estava trêmula.

Shuam a olhava com meio sorriso, num misto de preocupação e encanto.

Elora abraçou a encadernação com os olhos fechados.

Sentindo sua emoção, Shuam esticou o braço e fez um carinho em sua cabeça; depois, delicadamente, percorreu com os dedos o rosto de Elora.

Ela abriu os olhos e encontrou o olhar de Shuam, e durante algum tempo ficaram no mais absoluto silêncio, apenas se olhando.

Shuam encolheu o braço serrando o punho para depois passar a mão pelos cabelos, dando as costas para Elora e indo na direção do sofá.

— O que entende de roteiros e de cinema, Escritora?

— Nada — Elora levantou e o seguiu. — Por quê?

— Bom — Shuam sentou e fez sinal para que ela se sentasse ao lado dele —, o esquema de construção de um roteiro é um pouco diferente de um romance ou de um livro.

Elora sentou-se ao lado dele e começou a folhear o caderno que tinha nas mãos, enquanto ouvia atentamente as explicações de Shuam.

— Outra coisa que precisa levar em conta, Escritora, é que em um roteiro nada é permanente, por isso estamos sempre por perto e atentos, nunca se sabe quando teremos de reescrever falas, mudar cenário, criar ou excluir cenas.

— Nossa que trabalhão! — Elora suspirou. — É uma coisa quase insana.

— Totalmente — Shuam riu da cara dela. — Vai ficar pior na hora em que começar as filmagens e nós começarmos a nos digladiar com Vinerdi, atores, iluminadores, continuistas.

Shuam começou a relatar cheio de caras e bocas situações hilárias em que já havia se envolvido em *sets* de filmagens.

Elora ria muito, achando tudo muito estranho, desorganizado e confuso.

— Bom, vou deixar você se divertir — Shuam levantou. — Preciso resolver algumas coisas.

— Vai me deixar aqui sozinha?

— Está segura em minha casa — Shuam riu. — Ainda mais sem mim por perto.

Elora acompanhou, incrédula, Shuam descendo a escada; ele tinha tanto cuidado e preocupação com sua casa e a deixava sozinha em seu mundo.

Balançou a cabeça e começou a ler as primeiras páginas do roteiro. Logo estava totalmente absorvida pela leitura.

Quando Shuam retornou já era noite. Encontrou Elora adormecida em sua cama.

Shuam sentou-se ao lado dela e ficou observando seu sono silencioso.

Delicadamente passou a mão pelo rosto de Elora, tirando um pouco de cabelo que o cobria. Ela deu um leve sorriso ao sentir o toque em sua pele.

Shuam abaixou e se aproximou mais, dando-lhe leves beijos no rosto.

Sorrindo mais ainda, ela mexeu a cabeça retribuindo o carinho, fazendo que Shuam começasse a beijá-la suavemente.

Elora enlaçou Shuam, trazendo-o mais para perto dela; ele suspirou e afundou a cabeça no pescoço de Elora, enquanto percorria o corpo seminu com as mãos.

— Miguel!

Shuam ficou paralisado ao lado de Elora. Levantou rápido, ficando em pé à beira da cama.

Com sua saída, Elora se mexeu e se acomodou melhor na cama, fazendo que ele percebesse que ela estava ainda adormecida.

Num impulso, deu-lhe as costas indo em direção ao banheiro.

Quando voltou encontrou Elora sentada na cama com o olhar perdido. Ao ouvir o som da porta, voltou-se para ele e sorriu.

— Não vi você chegar.

— Dormia como um anjo — Shuam acendeu as luzes. — E eu estava muito quente, precisei me refrescar.

Shuam esticou a mão para ajudá-la a sair da cama; ela segurou a mão estendida e foi puxada com força ao encontro dele, acabou se desequilibrando e caindo no abraço planejado.

— Sentiu minha falta tanto assim? — Shuam sorria, enquanto tentava ajudá-la a se equilibrar. — Foi difícil manter a distância com seus pensamentos presos a mim.

— Foi o roteiro — Elora falava tentando se equilibrar e afastar-se do contato. — Deve ter sido isso que sentiu.

— Pode ser, mas — Shuam a soltou e jogou-se na cama — foram sensações bem estranhas.

Elora ficou parada olhando para ele com a cara irritada. Shuam, de olhos fechados, deitado na cama, esboçava um sorriso irônico nos lábios.

— Sim, e o que você achou?

Ela não respondeu. Ficou parada olhando para ele, que havia feito a pergunta sem nem ao menos se mexer.

Diante do silêncio Shuam abriu os olhos e encontrou Elora parada ainda na mesma posição.

— Ficou muda de repente? — Shuam levantou sentando-se na cama. — Ou pela primeira vez não sabe o que dizer?

— Achei maravilhoso — Elora sentou-se ao lado dele resignada. — As alterações, a forma como você arrumou tudo, ficou perfeito, acho que Vinerdi tem razão, o filme vai ficar muito superior ao livro.

— E você não vai querer mexer em nada? — Shuam olhou para ela espantado. — Alguma coisa você deve querer modificar.

— Não — Elora sorriu. — Está perfeito, sério, talvez depois, não consegui visualizar algumas cenas, mas não sei.

— Não sabe o quê?

— Eu estou muito estranha — Elora olhou para ele preocupada. — Não consigo criar, visualizar as imagens. As cenas de *Amor Astral* e de todos os livros sempre estiveram aqui — ela apontou para a cabeça. — Mas não as encontro mais, é tão confuso e angustiante.

— É — Shuam olhou-a compreensivo. — Parece que vai ser mais difícil do que pensamos a sua adaptação às suas novas condições de vida.

Não tenho mais como ajudá-lo, Shuam — Elora olhou para ele entristecida. — Tentei me projetar e não consegui sair do apartamento; parece que alguma coisa me empurra de volta ao corpo.

— Bom, vai ter de ir se acostumando com isso — Shuam bateu as mãos na perna e se levantou. — Se o roteiro está aprovado, podemos entregá-lo a Vinerdi.

Elora ficou olhando para ele confusa; parecia que ele não percebia a agonia em que estava.

Shuam caminhou até o telefone, discou rapidamente e começou uma animada conversa.

Elora não conseguia entender o que ou com quem falava, sentia-se enjoada parecendo que ia desmaiar.

— Pronto — Shuam aproximou-se dela. — Vou me arrumar e passamos no hotel para você trocar de roupa. Jantaremos com César e Vinerdi.

— Vai entregar o roteiro hoje? — Elora tentou disfarçar o mal-estar. — Agora à noite?

— Claro! — Shuam riu. — O mundo do entretenimento não pára.

Ele a deixou sozinha no quarto e entrou no *closet*, fechando a porta atrás dele.

Elora começou a respirar fundo; precisava se acalmar e voltar ao normal. Sentia-se cansada demais para pensar em um longo jantar ao lado de César e Vinerdi.

Deitou-se na cama para esperar Shuam; não sabia se ele iria demorar ou não para se arrumar.

Sorriu pensando em Miguel. Ele iria levar horas para se arrumar, mesmo sendo apenas um simples jantar.

Sentiu que ia adormecer, mas não conseguiu conter o súbito torpor que sentiu.

Acordou ouvindo a voz de Shuam que conversava com alguém.

— Shuam! — Elora levantou assustada. — Shuramim?

— Olá, Elora — Shuramim aproximou-se da cama. — Está se sentindo melhor?

— Não sei — ela olhava confusa para eles. — Acho que sim.

— Consegue me acompanhar ao jantar?

Ela balançou a cabeça afirmativamente e tentou se levantar, mas uma vertigem fez que caísse sentada na cama.

Shuam correu ao seu encontro olhando para Shuramim com ar de preocupação.

— Tudo isso é efeito da fragmentação das potencialidades?

Shuramim não respondeu, apenas aproximou-se mais de Elora e colocou o rosto dela entre as mãos.

Ficou ali alguns minutos em silêncio, depois chamou Elora.

Ela abriu os olhos como se estivesse saindo de um transe.

— Nossa! — Elora sorriu. — Passou, estou me sentindo muito bem.

Shuramim sorriu para Shuam fazendo uma careta.

— Essa você não conhecia.

— Não — Shuam riu da cara de Shuramim. — Aprendi agora.

— Vai treinando — Shuramim balançou a cabeça negativamente. — Vai treinando.

Elora acompanhava a conversa abobalhada; sabia que Shuam e Shuramim tinham contato, mas era a primeira vez em que estava em um ambiente onde Shuramin interagia com outra pessoa que não fosse ela.

— É melhor vocês irem — Shuramim olhou para Elora. — Hoje tem início uma nova etapa no ciclo de *Amor Astral*.

Capítulo 18

Quando chegaram ao restaurante, César e Vinerdi já estavam em plena animação.

Vinerdi recebeu o roteiro nas mãos como se fosse um troféu, e César não conseguia esconder a ansiedade.

Elora observava a empolgação dos três homens à sua frente e tentava se animar, mas vez ou outra sentia o corpo todo estremecer e o coração disparar, não sabia exatamente o que estava sentindo.

A energia totalmente desregulada não lhe permitia saber se as sensações que tinha eram pessoais ou as captava de alguma vibração externa.

— Nossa, quanta animação!

Elora prendeu a respiração, pois a voz de Miguel a deixou ainda mais desorientada. Tudo o que ela não precisava naquele momento era ter de se encontrar com ele.

— Chegou em boa hora, meu amigo — César levantou-se rápido e deu-lhe um abraço. — JS e Elora acabaram de nos presentear com o seu mais novo sucesso.

— Digno de um Oscar! — Vinerdi falou animado. — Oscar para Miguel Alvarcz.

Miguel sorriu e cumprimentou Elora e Shuam com uma aceno, enquanto se sentava.

— Está criando expectativas demais, Vinerdi — Miguel falou sério. — Expectativa demais.

Vinerdi riu gostoso da cara de Miguel, e César fez uma careta; eles não conseguiam entender a reserva de Miguel com relação ao projeto.

Em silêncio, Miguel acompanhava a exposição de Shuam sobre o roteiro, e olhava para Elora como se nunca a tivesse visto antes.

— Senhora Monteiro — Miguel esticou a mão e pousou sobre a dela —, sei que JS fala muito, mas gostaria de ouvir a sua opinião.

Elora conteve o ímpeto de tirar a mão de onde era tocada por Miguel e olhou sorrateiramente para Shuam.

Sentindo nele uma ponta de preocupação, ficou animada e pousou sua outra mão sobre a dele.

— JS foi maravilhoso — Elora olhava diretamente nos olhos de Miguel. — Soube captar perfeitamente a idéia e pouco alterou do original.

— Pelo visto a admiração é mutua — Miguel acabou puxando a mão de entre as dela com rapidez. — Do encantamento entre o roteirista e a escritora deve sair um novo livro por aí.

— Ou um novo filme — Shuam chamou a atenção de Miguel. — Vai que a combinação dá certo.

— Meu Deus! — Vinerdi postou as mãos para o céu. — Que união bombástica — e olhou para César. — Só você mesmo, César, para fazer uma criação assim.

César sorriu e abaixou a cabeça sem dizer nada. Estava achando tudo no comportamento de Elora, Miguel e JS estranho demais para fazer qualquer comentário.

— Podemos realizar um casamento duplo — Miguel voltou seus olhos para Elora. — O que acha, senhora Monteiro? Será um grande apoio de *marketing* para o filme.

— Casamento? — Elora deu um pulo. — Quem falou em casamento?

Shuam não conteve a gargalhada vendo a cara assustada de Elora.

— Foi mesmo fisgado, Miguel — Vinerdi sorria. — Carmem é realmente encantadora.

— Coisas do coração! — Miguel balançou os ombros. — Pretendo me casar assim que terminarmos as filmagens.

— E com certeza fazendo um grande alvoroço! — Elora falou ríspida. — Tratando um momento encantador como uma simples mercadoria.

— Transforme em um momento sublime — Miguel olhou para ela ironicamente levantando as sobrancelhas. — Case-se com seu roteirista no mesmo dia em que me casarei com minha Carmem.

Elora sentiu o corpo todo gelar e olhou fundo nos olhos de Miguel; ele realmente não sabia o que estava dizendo.

— Vocês dois não estão esquecendo de nada? — A voz de Shuam soou séria. — Afinal, estão planejando o meu casamento sem me consultar.

— Ora JS — Miguel encostou-se na cadeira elegantemente —, não seja irônico. Está babando atrás de Elora como um cachorrinho que quer ser amado; ela só precisa dizer sim.

Shuam olhou sério para Miguel e depois para Elora, que estava totalmente perturbada com os comentários de Miguel.

— Eu acredito no amor, Miguel, mas — Shuam falava olhando para Elora — o coração de Elora está ocupado, não tem espaço para mais ninguém dentro dele.

— Nossa, e quem é o felizardo? — Miguel falou risonho. — A fonte de inspiração de seus melosos livros?

— Não — Shuam olhou para ele debochado. — Alguém que não enxerga um palmo diante do nariz.

— Crianças, crianças... — Vinerdi sorria. — Estamos em festa, dando um passo importante em nossas carreiras, a vida sentimental de Elora poderá ser tratada em outra oportunidade.

Elora olhou para Vinerdi agradecida, pois aquela pequena discussão a estava deixando ainda mais nervosa.

César voltou a conversar com Shuam e Vinerdi sobre o roteiro, quebrando o clima de tensão criado por Miguel.

Apesar de estar ali acompanhando todos os detalhes, ele pouco falava, apenas respondia algo quando era questionado.

Miguel de repente se agitou e tirou do bolso um celular que levou ao ouvido com ar de felicidade.

— Cristal!

Elora sentiu o sangue fugir do corpo e olhou rápido para Miguel com uma grande tristeza estampada nos olhos.

Ele sorria e respondia por monossílabos melosos.

— Estou indo — Miguel fechou o aparelho e olhou para todos. — A conversa está ótima, mas preciso ir.

Ele se levantou calmamente ajeitando as roupas e o cabelo.

— Pode deixar Elora no hotel para mim? — Shuam perguntou sério. — Não sei a que horas termino aqui.

— Claro! — Miguel olhou espantado para Shuam. — Sem problema.

— Você se importa? — Shuam olhou para Elora. — Quero terminar isso hoje com Vinerdi para que ele possa criar as grafias das cenas, e eu preciso dormir 24 horas para me recuperar de tudo isso.

Elora sorriu e balançou a cabeça compreensiva; despediu-se de todos e saiu silenciosamente ao lado de um Miguel visivelmente agitado.

Elora tentava ordenar os pensamentos, estava diante de uma grande oportunidade.

Precisava ser certeira no que faria ou no que iria dizer, não sabia quando teria outro momento como aquele.

— Silenciosa, senhora Monteiro — Miguel falou sarcástico. — Pensei que minha companhia a agradaria, afinal moveu céus e terras para que eu trabalhasse em seu filme.

— O filme não é meu — Elora olhou para ele. — Só estou extremamente cansada.

Miguel olhou para ela e sorriu encostando o carro próximo à entrada do hotel onde Elora se hospedava.

Elora olhou para ele desconfiada, mas ele prestava atenção ao movimento da rua enquanto desligava o motor.

— Vai me fazer andar até o hotel?

— Claro que não! — Miguel a olhou irritado. — Por quem me toma?

— Calma! — Elora sorriu. — Pensei em seus cuidados com fofocas essas coisas.

— Tenho mais coisas a me preocupar do que com fofocas — Miguel olhou sério para ela —, atitudes, por exemplo.

Ela não respondeu, ficou observando Miguel que a olhava atentamente.

Delicadamente Elora ajeitou-se no banco do carro, virando-se mais para ele e encostando suas costas na porta sem tirar os olhos dele.

Ele olhava a sua movimentação atentamente com um sorriso irônico nos lábios, mostrando claramente que sabia que estava sendo provocado.

Miguel jogou-se um pouco para a frente e esticou o braço pousando a mão no rosto de Elora, fazendo um suave carinho com o polegar bem próximo aos seus lábios.

O toque fez Elora fechar os olhos.

Miguel deu um longo suspiro fazendo que ela abrisse os olhos.

— Tem olhos impressionantes, acho que nunca vi olhos que brilhassem como os seus — Miguel tirou a mão de seu rosto e voltou a olhar para a frente. — É como se eles estivessem devorando minha alma, despertando emoções que não consigo identificar.

Elora não disse nada, apenas curvou-se em direção a ele e gentilmente ficou fazendo carinho em seus cabelos.

Miguel permaneceu imóvel com o olhar fixo no vidro.

Respirou fundo, ligou o carro, e seguiu vagarosamente pela rua parando em frente do hotel.

— Boa noite, senhora Monteiro — Miguel a olhou e sorriu. — Descanse e tenha bons sonhos, ainda temos muita agitação pela frente.

Elora olhou para ele e fez menção de sair do carro e recuou:

— Está com medo do que sente por mim, Miguel?

— Do que sinto? — Miguel a olhou zombeteiro. — Raiva, mágoa e desprezo? Sim, não gosto de sentir isso, ainda mais por uma mulher tão provocante.

— Então não sinta.

— Não posso — Miguel deu os ombros. — Minha honra e minha integridade nunca permitirão sentir outra coisa por você.

— Nunca é uma palavra muito forte.

— Você não sabe o valor da honra para o meu povo, aliás — Miguel sorriu balançando a cabeça —, nem do seu, a senhora não sabe o que é isso, boa noite.

Elora saiu do carro ajudada pelo porteiro, sem se despedir de Miguel; entrou sem olhar para trás, sabia que ele acompanhava seus passos.

Quando entrou no quarto sentiu um imenso vazio no peito, era como se algo dentro dela tivesse sido arrancado.

Ficou parada no meio do quarto indecisa. Queria jogar-se na cama, mas sentia-se suja, como se há dias não tomasse banho ou trocasse de roupa.

A mente turbilhava informações. Estava cada vez mais perturbada com relação a Miguel, os sinais que ele emitia a deixavam confusa.

Conseguia perceber em alguns momentos lampejos do amor e do desejo que sentia por ela, mas eram tão raros.

Optou pelo banho, precisava tirar a carga que sentia em seu corpo e lhe pesava os ossos.

Saiu do banho penteando a volumosa cabeleira ainda molhada, tentando direcionar seus próximos passos.

Estar diante de situações tão novas com suas sensibilidades em desequilíbrio a deixava apavorada.

— Prepare-se para algumas desconexões, Elora.

Ela deu um pulo e viu Shuramim sentada tranqüilamente na cama, olhando-a de modo estranho.

— Nossa, que susto! — Elora levou a mão ao peito. — Não senti você chegar.

— Atualmente você não anda sentindo nada, Elora — Shuramim balançou a cabeça. — É certo que suas potencialidades foram fragmentadas, mas não deveria estar tão dispersa e insensível como está, por menor que seja o grau de sensibilidade de um encarnado, certas sensações não passam despercebidas.

— É, pode ser — Elora sentou-se perto dela. — O que foi que você disse? Desconexão?

— Isso mesmo — Shuramim balançou a cabeça afirmativamente. — Algumas das pessoas que estavam sob sua responsabilidade, como a jovem Rosa, por exemplo, já haviam sido redirecionadas, agora é a vez dos mais próximos, os que fazem parte do seu dia-a-dia, como Mila e Pietra.

— Como é?

— Isso que você ouviu, ou achou que ia poder continuar ao lado delas nessa nova vida?

— Mila eu até entendo — Elora olhou para Shuramim chorosa —, ela nunca foi verdadeiramente responsabilidade minha, mas Pietra, ela está ao meu lado mesmo antes de isso tudo começar.

— Os anos ao seu lado foram de muito aprendizado e desenvolvimento para Pietra, só faltava a ela o estalo — Shuramim bateu os dedos —, o *click* final, e até mesmo isso você proporcionou a ela.

— Mas então, por quê?

— Ela precisa continuar a se aperfeiçoar, dar continuidade à sua missão e ao seu aprendizado, e ao seu lado agora isso seria impossível, você não tem mais nada a lhe oferecer, só tirar, e a vida é troca, doar e receber, ensinar e aprender.

— Virei uma inútil agora? Era só mesmo o que faltava! — Elora bufou irritada. — É isso que somos? Seres descartáveis?

— Não coloque assim — Shuramim sorriu tranqüila. — Digamos que você foi remanejada, afinal foi você que alterou o rumo das coisas, nada mais natural que tudo seja reorganizado.

— Remanejada — Elora riu nervosa. — Realmente está me fazendo sentir muito melhor.

— Elora, você nunca deixará de ser Elora Monteiro, a escritora, apenas mudou o que pode oferecer às pessoas diante da sua nova situação, nada se perde, isso faz parte da vida, o que você foi, quem era, não será perdido, apenas adaptado ao que você se tornou.

— Isso é injusto!

— Injusto? — Shuramim se exasperou. — Só na sua visão egoísta isso é injusto, injusto seria pessoas como Mila e Pietra continuarem ao seu lado; o que você pode fazer por elas agora? Está me vendo porque eu quero e preciso que me veja, como irá passar uma orientação para Mila se não pode mais receber informações como as que ela precisa receber? Como irá ajudar Pietra se não vai conseguir ver, saber ou perceber quem está ao lado dela?

Elora respirou fundo e colocou as mãos na cabeça; sentia o corpo sumindo e os olhos muito pesados.

— É a sua nova vida, Elora — Shuramim voltou a ficar serena. — Você a escolheu.

— Shuam me disse uma vez que se eu não conseguia realizar o trabalho, que desistisse dele e libertasse as pessoas que estavam presas a mim.

— De certa forma foi exatamente o que você fez.

— Não era isso o que eu queria fazer, eu não queria desistir do que realizava.

— Devia ter pensado nisso antes, não é mesmo?

Elora virou-se em direção a Shuramim, mas ela já não estava mais lá.

Jogou-se na cama desanimada, precisava mesmo pensar muito, tentar entender e principalmente aceitar sua nova condição de vida, não havia mais nada que pudesse fazer.

Seu pensamento foi parar em Pietra e ficou lembrando de todas as coisas que viveu ao seu lado, o carinho, o apoio, a proteção que sentia e seus olhos se encheram de lágrimas.

Sentiu o coração apertar quando lembrou do olhar frio e distante de Miguel; e se não conseguisse conquistar o seu amor? E se não conseguisse criar uma vida ao lado dele?

Um calafrio percorreu o seu corpo e sentiu-se intensamente solitária; a sensação de medo e abandono fizeram que caísse em um violento pranto.

Acordou assustada, como se alguém a estivesse chamando.

Sentou-se na cama tentando entender o que estava acontecendo, mas o quarto parecia vazio.

O início da noite do lado de fora do quarto indicava que ela havia dormido durante todo o dia.

As imagens criadas durante o sono estavam dispersas em sua mente, mais pareciam descargas do cérebro, não conseguia juntar as informações.

O cheiro forte do perfume de Shuam invadiu o quarto fazendo Elora perceber que ele estava lá.

Vasculhou o aposento com os olhos, tentou se concentrar e nada. Sabia que ele estava ali, mas não conseguia saber como e onde.

Sentiu um leve toque em seu rosto, era como se uma mão estivesse pousada nele.

Uma suave pressão fez que direcionasse a cabeça em um ponto e ficou parada olhando o vazio, sentindo o carinho no rosto.

Não conseguia ver Shuam; sentia seu toque, seu cheiro, mas não o via nem percebia com a clareza que estava habituada.

Seus olhos se encheram de lágrimas olhando o vazio, e uma estranha sensação de ridículo tomou conta dela.

— Isso tudo parece coisa da minha cabeça — Elora falava para o nada. — Você não está mesmo aqui, isso é o que eu quero acreditar.

Em desespero saiu da cama afastando-se do cheiro de perfume e foi se refugiar na janela do apartamento; ficou imóvel olhando o contorno dos telhados.

O toque do telefone deu-lhe um susto e a fez sair do transe em que se encontrava.

— Chorando porque, Escritora? — A voz de Shuam soou do outro lado da linha. — A companhia da noite não foi agradável?

— Shuam — Elora conseguiu balbuciar —, eu, eu...

— O que foi, Escritora? — a voz de Shuam soou preocupada. — Aconteceu alguma coisa?

— É que você... — Elora suspirou — nada, deixa para lá, não ia dormir 24 horas para se recuperar?

— Estava tentando — Shuam falou rindo —, mas escritoras chorosas sempre me deixam preocupado, deve ser algum desvio da minha personalidade.

Elora riu da brincadeira, sentindo-se mais aliviada.

— Pode voltar a dormir — Elora falou rindo —, não vou mais perturbar você e seu sono.

— Acho difícil conseguir — Shuam falou melancólico. — Me acostumei a ter companhia na cama e a casa está vazia demais sem você.

— Sem mim? — Elora riu ainda mais. — Fiquei tão pouco tempo por aí, e depois você gosta de estar só.

— Acho que não gosto mais — Shuam falou resignado. — Estar aqui sem ninguém por perto agora me fez perceber como sou solitário.

—É, Shuam — Elora suspirou —, parece que chegou a hora de você pensar em dividir sua vida com alguém.

— Sabe que isso não é fácil, Escritora — Shuam usava um tom sério na voz. — Pessoas como eu e você não podem dividir a vida com qualquer um, teria que ser alguém especial, que conseguisse entender e respeitar as maluquices que nos cercam.

— Agora é só você — a voz de Elora ficou chorosa. — Entrei no patamar da vida comum.

— O que está acontecendo, Elora?

— Shuam — Elora pensou antes de falar —, vem ficar aqui comigo.

— Eu estava aí agora há pouco, Escritora.

— Eu sei, mas eu não conseguia ver nem sentir você direito.

— Elora, estou carente demais nesse momento para estar perto de você fisicamente, é mais seguro eu ficar aqui mesmo, descansar, ainda temos muito a fazer.

— Entendo — Elora se mostrou decepcionada. — Você está certo, tudo bem, desculpe.

— Oh, meu Deus! — Shuam suspirou. — Elora, levante, coma alguma coisa e volte a dormir, farei que você perceba que estou ao seu lado quando se deitar.

— Como é?

— Isso que ouviu, eu vou ficar aí com você, mas a única forma que tenho certeza de que meu físico vai descansar é deixando ele quietinho em casa, mas — Shuam riu — vou lhe fazer companhia, já fiz isso tantas vezes, uma a mais não fará diferença.

Elora ia responder, mas ele já tinha desligado o telefone.

Ficou parada pensando no que ele havia dito e sorriu. Providenciou algo para comer e tomou um banho.

Quando terminava o jantar sentiu o cheiro forte invadindo o quarto e a pressão de mãos apoiadas em seu ombro.

Sorriu e saindo rápido da mesa pulou na cama e se aninhou nela como uma criança.

Depois de alguns segundos sentiu o colchão cedendo atrás dela como se alguém estivesse deitando.

O calor de um corpo e braços que a cercavam lhe deram uma grande sensação de segurança e tranqüilidade.

De olhos fechados, sentia completamente Shuam encostado em suas costas, abraçando-a e fazendo carinho em sua cabeça.

Ela suspirou e adormeceu, quase que imediatamente.

Capítulo 19

Os dias que se seguiram foram de intensa confusão e agitação. Nunca havia imaginado o trabalho que dava fazer um filme.

Desenhos de cena, brigas intermináveis de iluminação e enquadramento, e eles nem haviam começado as filmagens.

Vinerdi, JS e César revezavam-se na tentativa de explicar o que estavam fazendo, mas parecia uma tentativa inútil. Quando achava que estava entendendo alguma coisa, parecia que não era nada daquilo que pensava.

Os momentos em que encontrava Miguel não eram nada agradáveis; ele parecia não conseguir vestir a personagem. Era como se Petrus fosse algo muito distante dele; questionava falas, cenas, comportamentos, mostrando também uma grande má vontade com relação à história e ao roteiro.

— Miguel, não estou entendendo, aonde quer chegar? — Shuam falou ríspido com ele, mostrando que havia perdido a paciência. — Está questionando o que eu e Elora fizemos baseado em quais princípios?

— Na vida — Miguel foi irônico. — Certos comportamentos não existem, são incoerentes com a realidade e com o próprio enredo.

Shuam respirou fundo e passou as duas mãos pelos cabelos.

Estava há horas naquela reunião e ele já não tentava demonstrar o quanto estava irritado com Miguel.

— Miguel — Shuam esticou os braços espalmando as mãos voltadas para baixo —, vou lhe explicar pela última vez.

Elora assistia à interminável discussão e achou melhor intervir, os ânimos de Miguel e Shuam estavam exaltados demais.

— Miguel — Elora falou calmamente indo em direção a ele —, o que você não está conseguindo alcançar é que os personagens da história vivem dois momentos distintos.

Miguel parou e ficou olhando para ela, como se não a conhecesse.

— Vida astral — Elora esticou uma mão para ele juntando os dedos voltados para cima como uma pirâmide — e vida física — ela fez o mesmo gesto com a outra mão — são momentos distintos, físico e astral, mas — Elora balançava as mãos para ele — não estão separados, caminham juntos, lado a lado, realidades paralelas.

— Sim, mas... — Miguel tentou falar.

— O que acontece — Elora não deixou ele terminar — é que em cada uma das situações eles têm sensações e absorções diferentes, quando se fala em astral, vida astral, fala-se em essência pura, consciente, a sublime expressão divina de caráter e comportamento.

— No astral — Shuam interrompeu Elora — não existem as mazelas da vida física, é o ser, o sentir, sem as deturpações que a matéria impõe à essência.

— A vida física é quase o oposto — Elora sorriu para Shuam agradecendo a ajuda —, todos os limites, traumas, preceitos, preconceitos são experimentados, e a essência não consegue se manifestar ou agir como no plano astral.

— Dupla personalidade? — Miguel sorriu sarcástico. — Impressionante.

— Quase isso... — Elora sorriu para ele. — Quase isso.

— É onde entra o trabalho de evolução que tanto se diz por aí, Miguel — Shuam continuou. — Tentar eliminar as mazelas físicas para que a essência possa se manifestar em sua plenitude, no grau de evolução e consciência que ela possui.

— Por isso as distinções e as diferenças deles, Miguel — Elora sentou-se em sua frente. — Quando estão apenas em essência, no astral, não sentem medos, não têm preconceitos, sabem exatamente o que querem. — Elora bateu no ombro de Miguel — mas quando estão no físico, estão na carne, precisam brigar com as emoções bárbaras do ser encarnado.

— A realidade palpável — Miguel balançou a cabeça, incrédulo. — Briga injusta, ainda mais para quem não acredita nessas baboseiras lúdicas da tão propagada Nova Era.

Shuam sentou-se em uma cadeira e tombou a cabeça para trás demonstrando cansaço; tinha chegado no seu limite de tolerância.

— Miguel — Elora começou a falar antes que Shuam fizesse alguma coisa —, por que você não procura estudar e entender antes de contrariar? Abra seu coração para possibilidades sem julgamento.

— E depois, nada disso importa — Vinerdi se pronunciou pela primeira vez. — Se você acha ou não acha, se acredita ou não, esse é o seu trabalho, representar, não é sua vida que vai ser apresentada, não está vivendo sua história, Miguel, é apenas uma personagem como tantas outras que já viveu, quando tudo acabar, você vai se despir dela, jogar fora e esquecer.

Shuam levantou a cabeça e olhou incrédulo para Elora ao ouvir as palavras de Vinerdi, e ambos não contiveram a gargalhada.

— Posso sabe qual foi a graça? — Miguel falou alto e irritado.

— Nada que você conseguisse entender — Elora levantou e passou a mão pela cabeça dele. — Digamos que tanto eu como JS caímos no erro clássico de querer impor nossas verdades a outras pessoas.

— Isso mesmo — Shuam sorriu cúmplice para Elora. — Vinerdi está certo, é só mais um trabalho, uma personagem, essa história em nada tem a ver com você ou com sua vida.

Miguel demonstrava ira em seu semblante enquanto se levantava e pegava os papéis em cima da mesa, saindo da sala sem dizer uma palavra.

Vinerdi voltou a falar como se nada tivesse acontecido; estava acostumado demais às "estrelisses" de seus atores para achar alguma coisa estranha ou fora do normal.

Elora acompanhava a movimentação tentando esquecer a cena deprimente de Miguel.

Haviam marcado para o dia seguinte o início das filmagens e todos estavam muito agitados e nervosos.

César, aparentemente alheio a todo o clima que havia se formado, observava tudo atentamente, registrando todos os detalhes que ele classificava como, no mínimo, estranhos. Conhecia demais Miguel para saber que aquele seu comportamento não era normal, muito distante dos arroubos de prepotência que costumava ter.

Não pôde também deixar de perceber o olhar de ternura e encanto que JS tinha ao ver uma Elora distraída acompanhando a exaltação de Vinerdi e um dos técnicos de iluminação.

— Estou arrasada — Elora entrou no quarto deixando pelo caminho a bolsa e os sapatos para jogar-se na cama. — Não sei como vocês conseguem ter tanto fôlego.

Shuam acompanhava seus movimentos rindo; pegou os sapatos e a bolsa jogados no chão e os arrumou no sofá.

Chegou perto da cama e jogou-se ao lado dela imitando-a.

— Acho que não saberia viver de outra forma — Shuam falou depois de um tempo. — É realmente desgastante, mas na hora em que está tudo pronto, que você assiste ao resultado dessa babilônia na tela grande, é muito compensador.

— Deve ser uma sensação parecida com a que tenho quando pego em minhas mãos o livro todo prontinho, cheirando a tinta, na gráfica.

Shuam sorriu para ela, feliz, concordando com sua afirmação.

— Claro, com bem menos trabalho — Elora fez uma careta. — Se tivesse de passar por todo esse processo para lançar um livro, teria parado no primeiro.

— Não é bem assim — Shuam olhou para ela, confuso. — Para algumas pessoas que você conheceu, desafio é sentar em frente de uma máquina e desenhar nela histórias.

— Mas você faz as duas coisas — Elora sentou-se agitada. — Constrói nos dois mundos, isso é Divino.

— Sou um homem praticamente perfeito — Shuam sorriu debochado. — Ou ainda não percebeu isso?

— E muito modesto — Elora deu uma gargalhada. — Eu não mereço ter que ouvir isso.

O toque do telefone chamou a atenção do casal que conversava distraído.

— Pietra! — Elora falou feliz apertando com força o telefone. — Estou com saudades, como está tudo?

Elora ouvia atentamente e fez uma expressão estranha, virou-se para pegar papel e caneta, e anotou alguma coisa.

— Certo, eu entendi — Elora suspirou. — Vou resolver isso, mas agora quero saber de você, fofa.

Elora fez uma careta rindo muito.

— Tá bom, desculpa, não falo mais, mas eu queria que você estivesse aqui para ver o que é loucura, nunca mais iria me chamar de desorganizada ou bagunceira.

— Aonde você vai?

Elora falou ainda ao telefone ao ver Shuam levantar e se arrumar.

— Não, está tudo bem Pietra — Elora riu. — É só JS que está aqui comigo.

— Sim, Pietra, Mestre Shuam — Elora fez uma cara contrariada. — É ele mesmo que está aqui.

Elora deu uma gargalhada e esticou o telefone para Shuam.

— Ela disse que se você estivesse no seu corpo ela queria falar com você.

Shuam sentou-se novamente na cama e praticamente se jogou por cima de Elora para atender ao telefone.

— Olá, Pietra querida.

Shuam conversava animado ao telefone enquanto Elora tentava se desembaraçar dele sem muito sucesso.

— Fique tranqüila. Elora está bem mesmo, estou cuidando dela — Shuam percorreu o corpo de Elora com os olhos. — Não tão bem como eu gostaria, mas estou.

A forma como Shuam a olhou acabou por deixá-la nervosa; sentiu o sangue subir no rosto e as pernas ficarem trêmulas.

— Olha, eu quero agradecer pelo bolo do outro dia — Shuam falava alegre. — Estava uma delícia, vai acabar me acostumando mal.

Elora parou e ficou olhando espantada para ele diante da descarada revelação.

— Claro que estava — ele riu ainda mais. — Assim vou acabar engordando.

Diante da afirmação, Elora olhou Shuam de cima a baixo, observando todos os detalhes de seu corpo.

Ele não tinha a beleza nem o porte de Miguel, mas seu jeito irreverente e o modo diferente como se vestia davam-lhe uma grande aura de sensualidade.

— Foi isso mesmo! — Shuam olhou para Elora flagrando seus pensamentos. — Você está indo muito bem, Pietra, só precisa treinar mais e confiar mais em você, mas eu quero saber é de outra coisa, e o namorado?

Elora deu um pulo e olhou para Shuam com os olhos arregalados.

Ele fez uma careta rindo para ela enquanto ouvia atentamente as explicações do outro lado da linha.

— Pietra — Shuam riu —, é melhor você falar com Elora, ela está tendo uma síncope na minha frente por não ser a primeira a saber da novidade.

Ele entregou-lhe o aparelho e Elora ficou ouvindo a alegre Pietra.

Shuam acomodou-se melhor na cama para poder observá-la com atenção, percorrendo-a com os olhos lentamente.

A forma intensa como era observada a estava deixando embaraçada; era como se ele conseguisse queimá-la por onde seus olhos passavam.

Incomodada com a situação, ela virou-se na cama e sentou ficando de costas para ele.

Sentiu ele se levantar e sentar-se mais perto dela, colocando o rosto em seus cabelos e passando o braço por sua cintura.

Perturbada, já não conseguia mais prestar atenção ao que Pietra dizia, e respondia às indagações por monossílabos.

Quando terminou a ligação não sabia o que fazer, tinha Shuam agarrado a ela e ao seu menor movimento terminaria de cair literalmente em seus braços.

Sentindo sua excitação, Shuam levantou um pouco seus cabelos e deu-lhe um beijo próximo à orelha e soltou-a levantando da cama.

— É melhor eu ir — Shuam falou com a voz pesada. — Teremos um dia longo amanhã.

— Eu também acho — ela respondeu sem se mexer. — Boa noite, então.

Elora ouviu sua movimentação em direção à porta até abri-la, percebeu que ele ficou parado antes de sair como se estivesse indeciso.

— Elora — Shuam falou com a voz suave —, não esqueça de ligar para a pessoa que Pietra pediu, você precisa ficar a par das coisas que estão acontecendo.

Elora voltou-se rápido a tempo de ver ainda a porta se fechando atrás dele.

Ela deitou-se na cama abraçando o travesseiro, estava descompensada e com o corpo trêmulo pelas sensações provocadas pelos carinhos de Shuam.

Elora desligou o telefone com a cara assustada no mesmo instante em que a campainha do quarto tocou.

Foi abrir absorvida nos pensamentos, e ao olhar para Shuam parado na porta parecia que não o estava vendo.

Atordoada virou-se largando-o na porta sem nem ao menos cumprimentá-lo, e sentou-se no sofá com o olhar perdido.

Shuam acompanhava seus movimentos sem demonstrar nenhuma reação, entrou, fechou a porta, pegou uma das cadeiras da mesinha e colocou na frente dela. Sentou olhando-a sem emitir uma só palavra.

— Oh! Nossa! — Elora suspirou como se voltasse à realidade naquele momento. — Acabou tudo, não sobrou mais nada.

— Está falando exatamente sobre o quê, Escritora?

— Tudo — Elora olhou para ele rindo descontrolada. — É como uma *tsunami* destruindo e afogando tudo o que se construiu durante toda uma vida.

Shuam levantou as sobrancelhas e balançou a cabeça achando estranho o comportamento de Elora.

— Do que está falando, Elora?

— Eventos, palestras, encontros — Elora levantou gesticulando —, todos desmarcados, cancelados, adiados, minha agenda lotada de compromissos simplesmente desapareceu.

— Como assim?

— Ora, Shuam, por favor — Elora o olhou irritada —, não se faça de surpresa para mim, sei exatamente quem você é e o quanto sabe sobre tudo isso.

— Desculpe! — Shuam mostrou-se encabulado. — É o hábito de não misturar as estações e as informações, como está se sentindo?

— Não sei — Elora olhou para ele espantada. — Acho que adormecida, é como se eu estivesse em um pesadelo achando que vou acordar a qualquer momento.

— Bom, não está dormindo — Shuam ficou sério. — Esta é a sua nova vida real; de qualquer forma, você já sabia que isso ia acontecer.

— Mas assim? — ela arregalou os olhos. — Todos de uma vez? A menina que cuida da minha agenda na empresa de assessoria não sabia nem como me dar a notícia.

Elora sentou-se novamente e apoiou a mão no joelho de Shuam.

— Parece que toda e qualquer situação em que meu nome estava envolvido não deu certo.

— Foi exatamente isso que aconteceu — Shuam riu. — Como você achava que seria?

— Não pensei nisso — Elora suspirou se jogando no sofá. — Sabia que as coisas mudariam, mas assim tão rápido, tão devastadoramente?

— A vida e as pessoas não podem parar para ou por Elora Monteiro — Shuam ficou irritado. — Você caiu fora, Escritora, o mundo não vai parar por causa disso, as coisas podem ficar confusas por um tempo, mas voltam ao normal.

Elora não sabia o que dizer, estava confusa demais até mesmo para questionar qualquer fato que estivesse acontecendo naquele momento.

— É melhor irmos — Elora levantou arrumando a roupa —, isso é a única coisa que tenho mesmo para fazer agora.

— Sabe que isso também vai acabar — Shuam a segurou pelo braço fazendo que ela se voltasse para ele. — O que pretende fazer quando terminar?

— Primeiro vou conquistar Miguel fisicamente — Elora falou áspera puxando o braço —, depois eu me preocupo com o resto.

Shuam olhou para ela serrando os lábios e balançando a cabeça contrariado, ela simplesmente pegara a bolsa e caminhava tranqüilamente em direção à porta, como se nada de errado estivesse acontecendo em sua vida.

Capítulo 20

Elora entrou em uma das salas de descanso do estúdio com o ar cansado. Havia acompanhado Vinerdi em uma interminável gravação externa e depois de três meses das idas e vindas das gravações sentia-se extremamente exausta, desanimada e ainda pouco confortável naquela babilônia de viagens, luzes, gritos e ensaios.

Olhou para Shuam que escrevia algo em seu *laptop* com ar de reprovação.

— Definitivamente isso não é vida para mim.

Ele sorriu e, colocando o computador de lado, levantou para recepcioná-la.

Abraçou-a com carinho, encostando a cabeça dela em seu peito.

— Você se acostuma — ele fez um carinho em seus cabelos. — Até que você leva jeito para a coisa.

Elora deu uma gargalhada, encostou o topo da cabeça no peito de Shuam e ficou balançando-a de um lado para o outro.

— Parece que nossa Escritora não foi fisgada pelo bicho verde do cinema.

Elora virou em direção à voz de Miguel, que havia acompanhado toda a cena em um canto da sala. Seu olhar tinha um brilho estranho que não deixava Elora definir ao certo o que ele sentia.

A cada dia, a cada cena filmada, ele ficava mais estranho, mais ausente; havia flagrado várias vezes parado com o olhar perdido no vazio, como se passasse por um grande e interminável tormento.

Ao contrário do que esperava, o contato com ela e com o texto não estava chamando sua atenção para ela ou lhe despertando alguma curiosidade sobre o tema ou sobre sua história; Miguel se mostrava cada dia mais distante e apático com relação a Elora, muitas vezes tinha a sensação de que ele nem percebia que ela estava por perto.

Nos raríssimos momentos em que estiveram a sós, pouco conversaram e ele já não demonstrava mais curiosidade ou preocupação com o que Elora havia feito para levá-lo até ali.

Só nos momentos em que se ouvia a voz forte de Vinerdi dizendo "gravando" é que ela reconhecia Miguel; diante das câmeras apresentava um trabalho de representação primoroso e perfeccionista.

Ele é quem pedia a Vinerdi para refazer muitas cenas, achando que podia representar melhor do que tinha feito.

— Temos de reconhecer nossos limites, Miguel — Elora sentou-se desolada. — E o meu é o de não gostar de agitação, prefiro a paz, a tranqüilidade, não compromissos com horários.

— Para você ver como sofremos — Miguel aproximou-se dela e lhe entregou um copo com suco gelado. — Quem assiste aos filmes, não sabe o que passamos para realizá-lo.

— Anime-se — Shuam sentou-se ao seu lado passando o braço por cima de seus ombros —, a nossa participação está no fim, dentro em breve nosso trabalho estará encerrado.

— O de vocês — Miguel olhava para Elora. — Não o nosso. Ainda teremos muitas cenas, trocas de áudio e uma infinidade de situações que surgirão até darmos as gravações por encerradas.

— E aí acabou?

— Não — Miguel sorriu para ela pela primeira vez em dias. — aí começa a outra parte: montagem, edição, sonorização etc. etc. etc.

— Nossa! — Elora suspirou desanimada. — Ainda falta muito tempo, muita coisa.

— Não se desespere — Shuam a abraçou —, em mais uma semana você poderá voltar para casa, se quiser.

— Sim, e aguardar na tranqüilidade de seu lar o resultado da bagunça que criou.

Elora olhou para ele assustada, tentando entender o que queria dizer com aquilo.

Virou-se para Shuam e o encontrou olhando preocupado para Miguel; era como se estivesse procurando nele algo que agora era imperceptível para ela.

Shuam ficou parado por alguns segundos olhando para Miguel, esquecido de Elora ao seu lado; por fim, respirou fundo e abaixou a cabeça olhando para o chão, depois virou para Elora e sorriu demonstrando tranqüilidade.

Elora olhou para ele desconfiada, sabia que algo acontecera e que Shuam sabia muito mais do que demonstrava.

— Vou viajar por alguns dias — Shuam falou de repente. — Vai ficar bem sem mim?

— Claro! Por que não ficaria? — Elora olhou para Miguel que, distraído, desenhava com os olhos o contorno do teto. — Vai para onde? Volta quando?

— Negócios — Shuam riu. — Como disse, esse projeto para mim está no fim, preciso cuidar do que vou fazer quando terminar.

— Entendo! — Elora abaixou a cabeça. — É sempre bom saber o que se vai fazer depois, o próximo passo.

Elora sentiu um aperto e um vazio no peito, olhou para Miguel que agora tinha os olhos fechados, parecendo dormir.

Seu tempo ao lado dele estava se esgotando; brevemente perderia o contato, e Miguel não parecia disposto a estar perto dela depois que encerrasse sua participação no filme.

Sentia o corpo cansado e enfraquecido, o coração batia descompassado e o ar lhe faltava, era como se sentisse muito medo.

Shuam a abraçou com força e a trouxe para mais perto dele.

— Tem certeza de que vai ficar bem?

— Tenho — Elora respirou fundo balançando a cabeça. — Só preciso aceitar e entender tudo, você não pode fazer nada por mim ou para mim.

— Não posso mesmo — Shuam a olhou entristecido. — Mesmo que eu quisesse não poderia.

Elora saiu deixando Shuam e Miguel na sala de descanso, e se encaminhou para a saída do estúdio.

Precisava sair dali, ficar sozinha e pensar em que rumo daria à sua vida dali para a frente. Estava cada dia mais difícil trazer Miguel para ela, precisava começar a se conformar com a eminente derrota.

Alegando cansaço, Elora não apareceu nos *sets* de filmagens, Shuam viajando e César ocupado demais para poder paparicá-la, pôde ficar sozinha com seus pensamentos.

Aproveitou os dias para tentar se reorganizar aproveitando ainda a presença de Pietra em sua casa.

Pietra estava apaixonada e muito feliz, esperava Elora retornar para viajar com o namorado, um estudioso de terapias alternativas, que ia fazer algumas especializações pelo mundo e se recusava a sair para qualquer lugar sem que ela o acompanhasse.

Falou com Mila que estava animada e entusiasmada com a nova vida que estava levando.

Seu pai havia recebido uma grande promoção graças a uma intervenção sua e foi recolocado em outro estado.

Mila estava encantada com a nova escola e os novos amigos, em especial com um rapaz um pouco mais velho que, como ela, tinha muitas habilidades.

O reconhecimento dos pais de que ela era diferente e precisava de cuidados especiais tinha transformado sua vida do caos ao paraíso.

Rita era a única que se mostrava um pouco preocupada, apesar de o nome de Elora estar sendo comentado por causa do lançamento do filme *Amor Astral*, as vendas de seus livros estavam estacionadas e os boatos sobre o cancelamento de todos os eventos que tinham sua participação causaram certo burburinho.

— Corro o risco de ficar pobre também?

— Acho que não — Pietra riu. — É só uma fase ruim. Depois do lançamento do filme e um novo livro, tudo volta ao normal.

Um novo livro, Elora pensava entristecida, será que seria possível ainda escrever?

Duvidava disso, teria de testar seu talento assim que chegasse em casa.

Suas fontes de inspiração eram as diretrizes que trazia do astral, os contatos com os mentores e os encontros com Miguel, e tudo isso estava perdido em sua vida, provavelmente seu dom de escrever devia ter escorrido ralo afora como tantas outras coisas.

Pensou em Miguel e ao invés do ligeiro sorriso que sempre brotava em seus lábios quando pensava nele, em seu rosto brotou um ar de tristeza e decepção. Pior do que conviver com a frieza que ele demonstrava sentir era perceber seu definhamento pela batalha interior que estava travando.

Não sabia mais o que fazer. Sua mente já estava cansada de tanto pensar, portanto era melhor dormir e esquecer. Amanhã voltaria aos *sets*; eram as últimas chances de conseguir despertar em Miguel as lembranças e o reconhecimento do que ela representava em sua vida.

Elora acordou assustada com o barulho da campainha; era tarde da noite, quem poderia ter conseguido entrar no hotel e vir ao seu quarto sem que a portaria a avisasse?

Levantou ajeitando os cabelos e os prendendo em um quase rabo-de-cavalo. Abriu a porta esquecendo-se de antes verificar quem era.

— Já dormindo? — Miguel estava parado meio encostado à porta e com os olhos muito vermelhos. — Pensei que era uma notívaga.

Elora o olhou assustada, arregalando os olhos. Miguel parecia transtornado e muito bêbado.

— Não vai me convidar a entrar? — ele falou invadindo o quarto passando por ela. — Sei que está sozinha.

— O que faz aqui, Miguel? — Elora falou preocupada. — Ainda mais nesse estado.

— Senti saudades — Miguel caminhou vagarosamente até o bar e serviu-se de uma generosa dose de *whisky*. — Você acredita nisso? Senti saudades.

— Miguel, você está bêbado.

— Bêbado? Eu? — Miguel sorriu. — Relaxado, um homem precisa relaxar depois de um dia estafante de trabalho.

— E é assim que você relaxa? — Elora estava exaltada. — Se encharcando de bebida?

— Normalmente não — Miguel saiu de perto do bar e percorreu o corpo dela com um olhar audacioso. — Gosto de relaxar de outras maneiras, mas atualmente só o *whisky* faz que eu relaxe satisfatoriamente.

— É melhor você parar de beber — Elora foi ao seu encontro para retirar de sua mão o copo de bebida. — Como chegou até aqui nesse estado? Onde está Carmem?

— Calma, moça, eu estou bem — Miguel se desvencilhou dela com habilidade. — Carmem está bem, dormindo o sono dos anjos e tendo plena certeza de que faço o mesmo.

Elora olhou bem para ele e um estranho pensamento turvou seus olhos, ele não estava ainda completamente bêbado, ainda tinha noção do que fazia, mas um pouco mais de bebida tiraria sua consciência racional.

Havia um intervalo muito rápido que a bebida provocava antes de atingir o seu auge e dominar a mente que permitia a manifestação da essência no físico.

Seriam alguns instantes de lucidez antes da perda total da razão. Elora conhecia aquele ponto e Miguel estava quase nele, já não tinha tanto domínio sobre sua mente, fez que ele liberasse os medos escondidos da razão e por isso a tinha procurado.

Agora era esperar o momento certo, o ponto onde ela teria acesso à essência de Miguel, a parte dele que a reconhecia e a amava. Ajudou-o a sentar no sofá e ficou olhando enquanto ele ingeria o conteúdo do copo como se fosse água.

Quando terminou, fez menção de se levantar e não conseguiu. Acabou dando risada do seu próprio estado e com dificuldade conseguiu colocar o copo na mesa à sua frente. Recostou-se no sofá olhando Elora nos olhos.

Miguel ficou perdido nos olhos de Elora por algum tempo, não demonstrava raiva, ódio, tristeza; era como se procurasse algo dentro deles e não encontrava.

Miguel respirou fundo e fechou os olhos encostando mais a cabeça e voltando o rosto para cima.

— Por que você fez isso comigo, Cristal? — a voz de Miguel soou calma. — Por que você veio me perturbar?

— Vim pelo nosso amor — Elora pulou em cima dele abraçando-o. — Vim para viver ao seu lado.

— Você não podia ter feito isso comigo, Cristal, não podia, não sabe o inferno que estou vivendo, não tinha esse direito.

— Abra seu coração físico para mim, Miguel — Elora deu-lhe um beijo. — Pare com esse sofrimento todo, dê uma chance para nós dois, para o nosso amor.

— É pelo nosso amor que não vou ceder a você desta vez, Cristal — Miguel abriu os olhos e a encarou. — Pelo respeito que tenho a ele não vou permitir que você destrua a vida que eu escolhi para mim.

— Não faça isso comigo, Miguel — os olhos de Elora se encheram de lágrimas. — Eu não tenho mais nada, a única coisa que ainda me resta é você.

— Me perdoa — Miguel a puxou e deu-lhe um beijo nos lábios. — Mas faço isso por nós dois, pelo nosso bem, pela vida que eu sei que um dia teremos juntos, livres para podermos estar um com o outro sem amarguras.

Elora encostou seu rosto no dele em desespero e sentiu ser empurrada delicadamente por Miguel para que se afastasse.

— Vai me seduzir, senhora Monteiro? — a voz de Miguel voltou a ficar enrolada e seus olhos enevoados pela bebida. — É uma mulher atraente e eu sou homem, aprecio muito as delícias proporcionadas pelo corpo feminino.

Miguel a puxou e começou a beijá-la com sofreguidão, deslizando com volúpia suas mãos pelo corpo de Elora. Suspirando, ela agarrou-se a ele com força, retribuindo os ousados carinhos que recebia. Miguel estava em seus braços como sempre sonhara.

Miguel afastou-se um pouco de Elora para poder olhar seu rosto; seus olhos brilhavam intensamente e seu semblante mostrava o estranho prazer que sentia.

Miguel debruçou-se sobre ela novamente, tocando seus lábios em um beijo apaixonado, e Elora foi sentindo pouco a pouco ele amolecer em seus braços e desmaiar embriagado pelo excesso de bebida que havia ingerido.

— Miguel!

Elora chamava, mas ele jazia inerte no sofá, ela não conseguia nem ao menos fazê-lo se mexer, a respiração era muito fraca, parecia que estava morrendo.

— Miguel! — a voz de Elora soou preocupada. — Miguel, acorda pelo amor de Deus.

— Ele está bem — a voz de Shuramim surgiu atrás dela. — Apenas desmaiou por causa da bebida e do contato físico com você.

— Como assim? — Elora virou-se para ela. — Ele mal encostou em mim.

— Mas ia — Shuramim riu. — O organismo debilitado não conseguiu absorver a energia gerada pelos beijos e, aliado à bebida, acabou sucumbindo.

— E agora? O que vamos fazer?

— Nada — Shuramim deu os ombros. — Ele está bem, vai dormir algumas horas e acordar com uma tremenda dor de cabeça, vai ser uma ressaca, ui! — Shuramim se balançou toda — daquelas.

Elora foi até a cama e trouxe o lençol e o travesseiro, carinhosamente tirou seus sapatos e tentou acomodá-lo da melhor maneira possível.

Shuramim acompanhava seus movimentos em silêncio, não tinha mais nada a dizer a Elora.

Miguel estava decidido a não ceder e Elora sabia que com essa posição da essência nada podia ser feito, fisicamente Miguel poderia até tentar se destruir na bebida por não estar entendendo as emoções e sensações que sentia, mas dificilmente se renderia aos encantos de Elora por mais amor que sentisse por ela.

Elora sentou-se no chão próximo ao sofá e encostou a cabeça em Miguel, ficando quieta e de olhos fechados.

Shuramim olhava o casal com os olhos entristecidos, sabia o quanto estavam sofrendo, cada qual pelo seu motivo e pela sua razão.

O dia amanhecia quando Elora sentiu Miguel se mexer.

Afastou-se um pouco para olhá-lo. Ele estava atordoado, tentando entender onde estava; olhou para Elora sentada aos seus pés e ficou ainda mais confuso.

— Elora? — ele a olhava incrédulo. — O que estou fazendo aqui?

— Está se sentindo melhor? — ela falou se levantando. — Você chegou ontem à noite muito embriagado e acabou desmaiando no sofá.

— E por que diabos eu vim parar aqui?

— E eu é que vou saber? — Elora o olhou risonha. — Você estava tão bêbado quando chegou que não teve condições de explicar o que estava fazendo no meu quarto àquela hora.

— Desculpe — Miguel estava constrangido. — Não sei por que vim parar aqui, não me lembro de nada.

— Não se preocupe, você foi um verdadeiro cavalheiro, mesmo embriagado. Qual é a última coisa que se lembra?

Ele ficou parado por alguns segundos e pelo seu semblante tentava traçar os acontecimentos da noite anterior.

— Eu estava em um bistrô — ele balançava a cabeça olhando para o vazio — mas não era perto daqui. Lembro que vi JS entrar com uma moça e fiquei olhando eles conversarem, pareciam tão íntimos, tão envolvidos.

— JS já está na cidade? Elora falou como se tivesse levado um choque. — Você esteve com ele ontem à noite?

Miguel fechou os olhos e franziu a testa numa nítida expressão de quem tinha falado demais.

— Parece que tirei o dia para uma sucessão de gafes — Miguel falava ainda mais constrangido. — Mas foi isso mesmo, eu estava no bistrô quando JS entrou com essa moça, acho que ele não me viu.

Elora ficou olhando para Miguel, tentando entender o que tinha acontecido com ele e o que estava acontecendo com ela ao ouvir tal informação.

— E é só isso — Miguel levantou. — Eu fiquei olhando para eles, vendo a troca de olhares, o carinho que um demonstrava sentir pelo outro, e depois disso só lembro de acordar aqui.

— É melhor você ir embora, Miguel — ela falou tranqüilamente. — Precisa se recuperar da bebedeira, descansar, e pode ficar tranqüilo, não vou comentar sobre isso com ninguém.

— Não iam entender mesmo — Miguel sorriu. — Nem eu mesmo entendo como posso me justificar, e o pior, me desculpar com você.

Elora balançou a cabeça compreensiva, não tinha mais nada para dizer a Miguel que fosse isento de emoção ou informação.

Foi até a porta e a abriu como um convite para que ele saísse do quarto; ele respirou fundo e saiu sentindo a porta ser imediatamente fechada às suas costas.

Quando fechou a porta, Elora encostou-se a ela e caiu em pranto, desesperada, soltando toda a emoção contida. Escorregou lentamente até chegar ao chão, não tinha forças nem coragem para sair dali.

Só queria chorar e desejar que o mundo acabasse ali naquele momento para que toda dor que sentia desaparecesse.

O sol já estava alto quando conseguiu se mover; como um zumbi, caminhou até a cama e se jogou nela exausta, era como se a vida tivesse sido arrancada de dentro dela e ela não sabia ao certo se era por ter perdido Miguel para sempre ou se por saber que Shuam agora tinha outra em seus braços.

Elora acordou sentindo a cabeça pesada e a garganta seca.

Foi até o frigobar, pegou uma garrafa de água e a bebeu em um só gole.

Sentia-se enjoada, fazia horas que não comia nada, e apesar de não sentir fome, o organismo estava reclamando a falta de alimento.

Pediu um lanche e foi tomar um banho para ver se despertava, em nada ia adiantar ficar chorando e se lamentando na cama de um hotel. Se era para sofrer e chorar, que fosse na sua casa, na sua cama, perto das coisas que lhe eram caras.

Saiu do banheiro e foi direto ao telefone, discou rapidamente os números e aguardou ser atendida.

— Pode marcar o casamento, Pietra — Elora tentou transparecer alegria. — No máximo em dois dias estarei em casa.

Pietra tentou conversar, mas ela não permitiu alegando pressa; não podia deixar que suas dores estragassem a felicidade da amiga.

Estava no banheiro terminando de se ajeitar quando ouviu o som da campainha, abriu a porta e encontrou o olhar sério e perturbador de Shuam.

— Por que está indo embora? — Shuam falou entrando no quarto. — O que aconteceu?

— Oh! Nossa! — Elora parou e colocou a mão na cintura. — Como vai, Elora? Estou bem e você, Shuam, como foi de viagem? Foi maravilhosa, Elora, muito mais rápida e melhor do que eu esperava.

— Não estou disposto às suas ironias — Shuam a olhou irritado. — Por que está indo embora?

— Puxa, como as notícias voam — Elora abriu os braços. — Ninguém sabe disso ainda, quem te contou?

— Pietra — Shuam deu os ombros. — Ela ficou feliz demais com a notícia e com a possibilidade de marcar a data do casamento, que acabou me chamando.

— E você, claro — Elora fez uma reverência —, como um bom Mestre, atendeu prontamente o chamado — ela juntou dois dedos e os deslizou no ar. — Perfeito como sempre, Mestre Shuam.

— Vai me dizer por que está tão irritada comigo, mal humorada e querendo ir embora? — Shuam esticou a mão espalmada. — Ou vou ter que descobrir sozinho?

— Simples — Elora sentou-se no sofá. — Depois da maravilhosa noite que tive e das revelações por que passei, não tenho mais nada a fazer aqui.

Shuam levantou os ombros balançando rápido a cabeça e fazendo uma careta demonstrando irritação.

— Miguel passou a noite comigo.

— E como foi? — Shuam fechou um pouco os olhos e arqueou o corpo para a frente. — O que aconteceu?

— Nada — Elora olhou séria para ele. — Não aconteceu nada, ele desmaiou, bêbado, durante o primeiro beijo.

Shuam não conseguiu conter a gargalhada, e acabou se dobrando de tanto rir, parecia que tinha ouvido uma grande piada, a melhor de sua vida.

— Não ria de mim.

— Desculpe — Shuam tentava conter o riso. — Não consegui me conter, e por que indo embora tão apressada, e o filme?

— Não tenho mais nada a fazer aqui, Shuam. Miguel não vai despertar, ele não quer, e ele não querendo, não vou conseguir ter acesso a ele. O filme? Vocês de verdade não precisam de mim, está tudo em boas mãos e vai ser um sucesso.

— E eu? — Shuam se aproximou dela segurando em seu rosto. — Também vai fugir de mim?

— Você? — Elora sorriu e saiu de perto dele. — Você está muito ocupado em outros projetos, Shuam, não tem espaço para mim na sua vida, ainda mais agora. Aliás, estou sabendo de suas aventuras ontem à noite pela cidade.

— Recuperando seus poderes?

— Não — Elora balançou a cabeça. — Miguel viu você e sua acompanhante ontem, por isso veio parar bêbado em meu quarto.

Shuam fechou os olhos e jogou a cabeça para trás dando um longo suspiro.

— Então foi isso — Shuam pareceu decepcionado. — Agora entendi tudo.

— Tudo o quê?

— Nada não — ele a olhou pensativo. — Coisa minha, esquece, mas não pense que vai se livrar de mim com tanta facilidade, eu vou com você.

— Como é?

— Isso que ouviu, ou acha mesmo que Pietra vai casar e eu não vou estar lá fisicamente para assistir? Além, é claro, de poder conhecer esse tal namorado ao vivo e em cores.

Capítulo 21

Elora e Shuam chegaram do aeroporto e encontraram a casa em polvorosa.

Haviam acabado de embarcar Pietra e Luigi, depois de uma pequena recepção que Elora havia dado para eles em sua casa para selar a união do casal.

Arrumadeiras desfilavam de um lado para o outro para deixar a casa limpa e em ordem como Elora gostava.

Pietra havia preparado um tremendo sermão para todos que cuidavam da casa e passariam agora a tomar conta também de Elora.

— É melhor subirmos — Elora olhou para Shuam e seguiu em direção à escada. — Meu quarto deve ser o único local tranqüilo da casa.

Shuam balançou a cabeça e a acompanhou, as duas últimas semanas haviam sido estressantes, a empolgação de Pietra, o casamento e a tristeza de Elora eram a fachada do que estava para acontecer.

Entraram no quarto e Elora se encaminhou às janelas para abrir as cortinas.

Shuam aproximou-se dela e a impediu de abrir as janelas, segurando-a pelas mãos.

— Deixe assim mesmo — ele sorriu. — Fica mais aconchegante.

Ele a trouxe para próximo, abraçando-a com carinho e depositando a cabeça em seu ombro. Elora abraçou-se a ele com delicadeza, enlaçando seu pescoço e fazendo carinho na sua cabeça; sentia-se frágil e desamparada, o calor de Shuam parecia alimentar sua alma naquele momento de uma forma que ela não imaginava ser possível.

— Eu achei que poderíamos ter dado certo — Shuam sussurrou em seu ouvido. — Aliás, eu idealizei isso durante muito tempo.

— Do que está falando? — Elora afastou-se um pouco para poder olhar em seus olhos. — Nós dois? Juntos?

— Eu a amei desde o momento em que soube que ia trabalhar ao seu lado — Shuam olhava sério para ela. — Mas você nunca acreditou no meu amor por você e em nenhum momento permitiu que seu coração batesse por mim.

— Eu acredito no seu amor por mim — Elora sorriu. — No seu amor em Cristo, naquele que sentimos pelas pessoas que nos são caras.

— Meu sentimento por você nunca foi fraternal, Escritora. — Shuam beijou-a levemente. — Eu desejei uma vida junto a você, e quanto mais eu via você correndo atrás do seu Miguel, mais me irritava e me sentia incapaz de mostrar que eu estava ali para te amar, te fazer feliz.

Elora abraçou-se a ele agarrando-o com força. Shuam aproximou seus lábios dos dela e deram início a um longo beijo.

— Ainda existe uma chance para nós? — ela se afastou um pouco dele. — De dividirmos uma vida juntos?

— Agora não mais — Shuam a olhava entristecido. — Depois de tudo o que passamos, nós não conseguiríamos viver um ao lado do outro.

— Por que não?

— Nossas mazelas humanas não permitiriam, Elora — Shuam suspirou. — Sabemos e temos conhecimento demais um do outro para isso.

Elora abaixou os olhos, não entendia o que ele estava dizendo, mas algo dentro dela começava a fazer muito sentido.

— Se não tivéssemos passado por tudo isso, viveríamos uma vida perfeita, iniciada na paixão que sentíamos e fortalecida pelos laços de companheirismo que nos une. Quando chegasse a hora de enfrentarmos o estar ao lado de Miguel, nosso senso de responsabilidade e a vida em comum em harmonia falariam mais alto do que qualquer despertar de paixão humana que pudesse acontecer entre você e Miguel.

— A hora de enfrentar Miguel? — Elora olhou para ele espantada. — Como assim? Eu não posso viver ao lado dele, como o enfrentaria?

— Meu Deus, Elora, o desespero da sua paixão não deixou você enxergar um palmo diante do próprio nariz — Shuam a conduziu até a cama e sentou-se ao lado dela. — O que foi dito é que você não poderia ter uma vida ao lado de Miguel, viver junto com ele, nunca lhe foi dito que você não iria estar perto dele ou que não iria conhecê-lo.

Elora o olhava espantada.

— Estava no seu destino transformar *Amor Astral* em filme, estava no caminho de Miguel ser o astro desse filme. Quando ambos tivessem cumprido as etapas necessárias para isso, era fato que vocês se conheceriam.

Elora respirou fundo, fechando os olhos.

— No meu destino estava você e seu livro — Shuam trouxe Elora ao seu encontro. — Meu trabalho questionador iria dar credibilidade ao seu trabalho, meu reconhecimento a você e seus livros iriam dar uma mexida muito grande nas pessoas, e juntos, num relacionamento harmonioso, poderíamos ajudar muitas pessoas.

— Eu estraguei tudo — Elora balançava a cabeça. — Na minha pressa, na minha prepotência, no meu descontrole.

— Nós estragamos — Shuam fez que ela o olhasse. — Eu, na minha idealização de momento perfeito, tardei a entrar na sua vida, deixando a solidão e o apego a Miguel se cristalizar mais a cada dia e não soube trabalhar esse sentimento dentro de mim quando passamos a nos encontrar, primeiro no astral, depois no físico.

— E agora?

— Agora nada, pulamos uma fase, a fase que daria equilíbrio e estabilidade um ao outro na hora de encontrarmos nossas metades — Shuam riu desconsolado. — Nosso amor, nosso sentimento, nosso relacionamento só teria um inimigo, o sentimento de atração que poderia ser despertado pela nossa metade, mas estaríamos fortes e equilibrados demais para deixarmos que emoções bárbaras como ciúme ou desconfiança se interpelassem entre nós, estaríamos prontos para apoiar e entender o que cada um teria para passar e isso não é mais possível.

— Por que não?

— Já disse, sabemos e vivenciamos coisas demais, nossas emoções nos seriam traiçoeiras.

Shuam ficou de pé e caminhou pelo quarto passando a mão pelos cabelos, nervoso.

— Hoje, por mais que estejamos perto um do outro, sabemos a verdade dos nossos sentimentos, por mais que amemos um ao outro, estaremos sempre na espera do que vai acontecer — Shuam voltou-se para ela com os olhos marejados. — Toda vez que eu vir você pensativa, suspirando, nunca vou ter certeza se é por mim ou por Miguel; você, por sua vez, vai perceber que em determinados momentos acontece uma mudança sutil na minha energia provocada pelo contato que às vezes eu tenho com minha metade, nós não resistiríamos a isso.

— Então é assim — Elora olhou para ele. — Você agora sai e vai embora, sem nem ao menos termos o direito de tentar?

— Elora, eu fiquei ao seu lado o máximo que eu pude — Shuam ajoelhou-se, a abraçando sentada na cama. — Eu retardei a nossa separação por muito tempo, mas você não entendeu, só quando a vida me apresentou meu novo destino, meu novo caminho, você entendeu que não ia conseguir viver ao lado de Miguel e percebeu que nutria um sentimento diferente por mim, que me amava, que me desejava, me queria perto de você.

— Na minha loucura — Elora aninhou-se mais a ele — era mais fácil acreditar que você manipulava minha mente do que ter desenvolvido um sentimento tão intenso por alguém que não fosse Miguel.

Shuam ficou abraçado a ela em silêncio.

— Era isso que você estava tentando me dizer depois da noite em que passei com Miguel — Elora falou com a voz entrecortada. — Foi isso que você entendeu na hora que eu te contei que Miguel tinha te visto.

Ele não respondeu, apenas balançou a cabeça.

— Elora — Shuam afastou-se para poder olhá-la —, por mais que eu a ame e queira estar ao seu lado, não tenho o direito de alterar a roda da vida, mesmo que eu tivesse a certeza de que realizaríamos, não faria.

— Não faça! — Elora olhou para ele assustada. — O preço que se paga quando se foge do destino é muito caro. Você pode fazer, mas não sei se vale a pena; afinal, quando traçamos nossas metas de vida, estamos apenas em essência e sabemos o que é melhor, o que é correto e como devemos evoluir, sair disso é um erro, é perda de tempo.

— É apenas falta de fé na sabedoria cósmica — Shuam riu. — Heranças criadas pela vida física e suas vicissitudes.

— Eu nunca mais vou te ver?

— Claro que vai — Shuam sorriu. — Eu vou estar sempre por aqui, sempre por perto, não vamos perder nem o contato físico nem o astral, apenas foi eliminada a possibilidade de uma vida em comum como marido e mulher.

— O que vai acontecer comigo, Shuam? — os olhos de Elora ficaram marejados. — Tudo ficou destruído, nada do que eu era sobreviveu e pela primeira vez eu sinto como que se minha vida não estivesse em minhas mãos, é como se eu não tivesse passado nem futuro.

— Eu não sei, Elora — Shuam passou carinhosamente a mão pelo seu rosto. — A única coisa que sei é que o destino, que o caminho sempre está na mão do homem, basta ele encontrar, não é diferente para você, mesmo agora.

— Eu não sei o que fazer.

— Acalme-se, uma nova ordem foi restabelecida, aos poucos você irá tomar conhecimento dela, saberá o que fazer e para onde ir

— Shuam suspirou. — Também me senti assim no dia em que você decidiu sair daquele jeito atrás de Miguel.

— Mas você lutou para segurar sua história, tentou manter o projeto até o fim — Elora suspirou. — Eu não tenho mais por que lutar, não sobrou praticamente nada para eu tentar salvar e sei que o resto vai pelo mesmo caminho.

— Eu não posso mais ajudá-la como antes, Escritora — Shuam suspirou. — Não tenho mais as chaves das respostas de sua vida, você não faz parte da minha nova vida, do meu novo caminho, sou agora só e simplesmente um grande e querido amigo que pode apenas olhar e rezar por você.

— Outras histórias, outras prioridades — Elora passou a mão no rosto de Shuam. — Mas e hoje, e agora, você pode ficar aqui comigo? Ficar ao menos mais um pouco perto de mim? Posso sentir você pela última vez?

— É isso que você quer? — Shuam lhe deu um beijo jogando-a na cama. — Me ter em seus braços mais uma vez não irá doer ainda mais do que já está doendo nossa separação.

— Não sei — Elora começou a lhe dar leves beijos no pescoço. — Mas sei que vou poder guardar esse momento em meu corpo pelo resto da minha vida.

— Então vai ter que pedir, e com muito jeito, para que eu fique mais um tempo e faça amor com você — Shuam riu levando sua boca ao encontro da dela. — Quero ao menos uma vez ser seduzido por você, sentir que sou amado intensamente.

Elora sorriu enlaçando Shuam com os braços, retribuindo o beijo com satisfação; sensualmente começou a deslizar as mãos pelo corpo de Shuam, tentando tirar-lhe a roupa.

Respirando fundo, ele se afastou um pouco dela para poder olhar em seus olhos. O brilho de desejo que Shuam encontrou nos olhos de Elora continha muito mais do que o convite que ele tanto havia esperado.

Capítulo 22

Elora perambulava à noite pela casa vazia. Os dias se arrastavam lentamente e ela não sabia o que lhe aconteceria dali para a frente.

Havia voltado ao santuário e o arrumado, estava tudo no mais completo abandono.

Substituiu o espelho que havia sido quebrado e estava tentando voltar aos seus estudos e práticas; tinha que começar tudo de novo, do início, mas não tinha mais a energia, a vontade e o vigor que sentia quando havia começado.

Agora já conseguia se projetar consciente e volitava pela casa, mas não conseguia sair de dentro dela; toda vez que tentava sair, ir para algum lugar, era jogada violentamente de volta ao corpo, e a cada tentativa frustrada, sentia-se mais desanimada.

Acompanhava o andamento da construção do filme através dos contatos com César e Vinerdi, e aguardava ansiosa marcarem a data da *première*.

Às vezes procurava por notícias de Miguel, mas não sentia aquele ímpeto e a necessidade de obter as antes preciosas informações. Sabia que ele estava bem, e isso era o que importava. Afastado dela, seu brilho havia voltado e vivia um romance que a imprensa descrevia como um conto de fadas.

Sentia a presença de Shuam perto dela, mas não conseguia interagir com ele como fazia antes; muitas vezes tinha a sensação de que era mais coisa da sua cabeça do que propriamente a presença dele ao seu lado.

A única pessoa com quem podia dividir alguns momentos era Shuramim, que aparecia vez ou outra para lhe explicar alguma coisa.

Entendia agora a dificuldade das pessoas que estavam despertando e não tinham a oportunidade que ela teve de desenvolvimento, era agora para ela tudo muito difícil e complicado, e mesmo tendo vivido tantas coisas, hoje se questionava com relação à sua sanidade.

— É uma linha muito tênue — Shuramim explicava. — Por isso tantos não conseguem, poucos tiveram a oportunidade de entender e se desenvolver como a que você teve.

O som estridente do telefone tirou Elora dos seus pensamentos.

Era César avisando que o filme estava pronto e sua estréia estava marcada.

Elora sentiu o chão fugindo de seus pés, iria estar novamente perto de Miguel e isso a deixava assustada, mas teria a oportunidade de matar as saudades de Shuam.

Seu momento de alegria durou pouco, logo foi invadida por uma série de questionamentos confusos. Como fazer *Amor Astral* alcançar o que tinha que alcançar com o seu nome envolvido tão intrinsecamente nele?

Ficou preocupada, nos últimos meses nada que a envolvesse ou tivesse seu nome relacionado tinha seguido em frente, nem mesmo seus livros vendiam mais, era como se toda a mágica que existia fosse quebrada quando ela estava envolvida.

Precisava fazer alguma coisa, suas escolhas haviam levado seu trabalho àquele ponto, era impossível que ela não pudesse fazer nada para arrumar o que tinha feito.

Se existia sincronicidade, sabedoria cósmica, tinha de existir o perdão Divino e a forma para reparar os erros que havia cometido, e não prejudicar mais ninguém.

César, Shuam, Vinerdi e principalmente Miguel não podiam sentir o peso de tudo o que sonharam para *Amor Astral* ruir.

Só tinha uma coisa que ela podia fazer naquele momento; apelar ao Amor Divino, para a Consciência Cósmica perdão pelos seus atos, e entregar a solução dos destinos para que tudo acontecesse de acordo com essa vontade e sabedoria.

Foi para o seu quarto e deitou pedindo amor, proteção, sabedoria e principalmente perdão por ter tido a ousadia de querer brincar com os homens e seus destinos.

Um suave torpor tomou conta de seu corpo, sentiu a força energética que a cercava e adormeceu na certeza de que seu caminho pela primeira vez em anos tinha sido entregue nas mãos certas.

Assim que adormeceu sentiu-se puxada para algum lugar, logo percebeu para onde, estava novamente na sala multicolorida. Os Mestres conselheiros a haviam convocado novamente.

Elora acordou sobressaltada, com o corpo todo tremendo e suando muito. Sentia uma forte dor de cabeça que a impedia de abrir os olhos direito. Tentou levantar, mas a dor e a vertigem que sentiu dificultaram sua tentativa.

Quando conseguiu ficar em pé, a sensação era de que sua cabeça iria explodir de tanta dor. O quarto parecia rodar, estava enjoada e com um enorme peso no estômago.

Quase se arrastando, conseguiu chegar ao banheiro. Precisava lavar o rosto e tomar algum remédio para aquela dor insuportável. O coração descompassado dificultava sua respiração e os braços estavam tão pesados que mal teve forças para abrir a torneira da pia.

Com dificuldade, jogou água no rosto e no pescoço, tentando aliviar o calor que sentia. Suava muito e sentia os olhos latejando; tateando a gaveta da pia, tentava encontrar algo que pudesse aliviar sua dor.

Quando achou os comprimidos sentia-se tão desesperada que colocou quatro deles na boca, aproximou-se da torneira tentando sugar a água que iria ajudá-la a engolir os remédios.

Ainda com os olhos fechados procurou a toalha para se secar e ficou alguns minutos com ela no rosto, tentando controlar a respiração que estava cada vez mais difícil.

Tirou a toalha do rosto e tentou olhar-se no espelho. Sua cara devia estar desfigurada pela dor, porém não foi sua imagem refletida que viu no espelho; espantada, ficou contemplando a tempestade de raios coloridos à sua frente.

Fechou os olhos novamente; devia estar tendo algum tipo de alucinação provocada pela forte enxaqueca. Há meses sua visão estava fechada para agora conseguir ver um portal no espelho do banheiro.

Tentando controlar a respiração e acalmar o coração que batia cada vez mais rápido, ela permaneceu imóvel parada em frente do espelho; a dor parecia não acabar nunca.

Abriu novamente os olhos na esperança de ver sua imagem no espelho, um sinal de que aquele tormento estaria passando, mas o que viu foi a imagem de Miguel refletida.

— Agora não! — Elora gritou desesperada sentindo as pernas amolecerem ainda mais. — Esse não é definitivamente o momento de voltar a ter visões.

Virou-se ficando de costas para o espelho e encostando seu corpo trêmulo na pia. Sentindo que ia desmaiar a qualquer momento, atordoada virou o corpo em direção ao quarto; precisava chegar à cama ou iria desmaiar ali mesmo no banheiro.

Cambaleante, seguiu em direção ao quarto, mas as pernas já não mais a obedeciam e acabou trançando uma na outra, caindo violentamente de encontro ao chão entre o quarto e o banheiro. Sem conseguir levantar, arrastou-se vagarosamente até a cama e pôde enfim repousar sua cabeça nela.

A dor era insuportável. A cabeça latejava violentamente. Algo muito errado estava acontecendo com ela. Pela quantidade de medicamento que havia ingerido e pelo tempo decorrido, ao menos um pouco de alívio deveria estar sentindo, mas a dor parecia que apenas aumentava.

Esticou o braço e alcançou o interfone. Precisava de ajuda. Quando a empregada atendeu, só teve forças para dizer:

— Chame uma ambulância, estou tendo um ataque.

Largou o telefone e voltou a encostar a cabeça na cama, vencida, tentando realizar todos os tipos de exercício de respiração que conhecia, mas não conseguia; a única coisa a fazer era esperar o socorro.

Elora, apesar da dor, acabou sorrindo. Shuam estava mesmo certo, ela era incorrigível, nem sofrendo um ataque deixava de ver Miguel por todos os lados, ou parava de desejar que ele estivesse ao seu lado naquele momento. Ela estava muito longe de se libertar daquele sentimento.

Os paramédicos demoravam a chegar. Ela ficou imóvel tentando controlar a dor que não diminuía, e várias imagens mentais do último encontro com os conselheiros começaram a surgir à sua frente, mas o desconforto era tão grande que ela não conseguia lembrar, muito menos entender o que tinha acontecido dessa vez.

Quando percebeu a movimentação no quarto, tentou levantar a cabeça e abrir os olhos, mas não conseguia enxergar, apenas uma névoa branca aparecia à sua frente. Sentiu o toque de alguém em seu pescoço e desmaiou.

Elora acordou sentindo uma leve brisa em seu rosto e a luz do sol esquentando sua pele; sentou-se tentando reconhecer onde estava; era um campo florido.

Um rapaz negro, com o cabelo *rastafari*, dono de uma beleza estonteante, estava sentado na grama à sua frente e parecia velar seu sono.

Ao perceber que estava desperta, ele abriu os olhos e sorriu.

— Está se sentindo bem, Elora?

— Estou — Elora o olhava, desconfiada. — Quem é você? Sei que te conheço, mas não estou lembrando, onde estamos?

— Estamos em um lugar que muitos em seu mundo o chamam de Campos Elíseos, mas na verdade temos diferentes nomes para esse local.

— Campos Elíseos, Campos Elíseos... — Elora deu um pulo — Eu morri?

— Ainda não — o rapaz deu uma gargalhada e balançou a cabeça. — Esta é a vantagem de se encontrar quem estudou os mistérios da vida e da morte — ele levantou e passou gentilmente a mão na cabeça dela. — Dá muito menos trabalho.

— O que aconteceu? — Elora se exaltou. — Se não morri, por que estou aqui? Por que minha vida física está sendo encerrada?

Ela não respondeu, olhou-a serenamente, esperando que ela ordenasse os pensamentos antes de lhe dar novas informações.

— Você pediu ajuda para arrumar o que tinha feito, Elora — o rapaz começou a falar pausadamente. — Só existe uma forma de se tentar colocar tudo de volta no lugar, dando como terminada essa encarnação. É o que estamos fazendo agora, encerrando essa etapa de evolução da sua essência.

— Então eu vou morrer — Elora suspirou. — Meu corpo físico vai morrer.

— Não necessariamente — ele riu da cara desanimada dela. — Mas é uma opção, existem vários tipos de morte, Elora, inclusive a do corpo físico.

Ele voltou a ficar quieto esperando que ela absorvesse a informação.

— O que terminou foi o projeto de trabalho e evolução que você programou para essa vida. O que foi feito foi feito, não pode ser alterado nem destruído dentro do seu livro da vida, o que não foi fica para um novo projeto em uma nova encarnação.

Elora olhava para ele, pensativa; não conseguia entender o que ele estava dizendo, se seu projeto estava encerrado, ela estava morta, qual era o objetivo de continuar com vida física nessa situação?

— Além de cumprir o tempo de vida programado — ele riu piscando para ela —, você pode aproveitar os anos que te restam para estudar, ajudar sutilmente outros em seus projetos e tentar se desenvolver ainda mais. Esse aprendizado pode ser bem válido e útil em uma nova encarnação; apenas não poderá criar laços que possam interferir no destino de outras pessoas.

— Muito perigoso — Elora olhava para ele desconfiada. — O risco de adquirir outros tipos de compromissos e de carmas é muito grande; viver como um fantasma com corpo não sei se é a melhor opção. Se a minha vida física for encerrada agora, o que acontece?

— Se tirarmos sua presença física da terra, o que você realizou também fica preservado e longe das deturpações criadas. Sua ausência no âmbito terreno chamará a atenção dos homens para seus livros e para o filme que está sendo lançado. É uma tendência humana despertar curiosidade diante de situações emotivas e sua morte prematura fará isso com as pessoas, vai gerar uma grande comoção e possibilitará ainda ao encarnado que você reconhece como Shuam dar credibilidade ao seu trabalho.

— Nossa, lógico e humano — Elora olhava para ele tentando raciocinar. — Mas muito mais interessante, pelo menos para mim — Elora sorriu encabulada. — Se eu morrer, vocês podem usar as contraditórias emoções humanas para não perder o projeto, interessante.

— Temos de trabalhar com o que temos à mão — ele deu os ombros. — Nada mais lógico do que usarmos a humanidade de cada um para ajudar a despertá-los.

— Vocês nunca perdem — Elora deu uma gargalhada. — Seja lá o que for que aconteça, existe uma forma de ser aproveitado.

Ele levantou rindo e estendeu a mão para ajudá-la a se levantar e começaram a caminhar de mãos dadas pelo campo.

— E o resto do trabalho que eu tinha para fazer? — Elora parou abruptamente. — Quem iria continuar?

— Você mesmo, em uma nova oportunidade — ele sorriu. — Ninguém pode realizar por você o que tem a fazer, pode-se no máximo criar paliativos para suprir momentaneamente a sua falta, mas só você poderá fazer o que tinha a fazer.

— Então eu iria reencarnar?

— Sim, provavelmente muito em breve — ele lhe deu um abraço. — Não é lá muito usual, mas você e sua vida também não são.

— Você sabe quando e como?

— Tudo ao seu tempo, Elora, tudo ao seu tempo. Se você optar em encerrar sua vida física, vai precisar se refazer da viagem, se equilibrar, entender verdadeiramente tudo o que fez e tudo o que aconteceu, traçar novos planos, e aí, sim, retornar e cumprir seu trabalho.

— Eu escolho? — Elora arregalou os olhos. — A solução foi dada para que o projeto não seja perdido, dando como concluída a encarnação e o que foi feito fica preservado e agora ou eu retorno para cumprir meu tempo de vida física ou encerro ela também.

— Isso mesmo — ele a olhou serenamente, balançando a cabeça como se falasse com uma criança. — O seu destino está onde ele sempre esteve: em suas mãos.

— E aquela história toda sobre assuntos inacabados e punições por terminarmos a vida física antes da hora?

— Cada caso é um caso, Elora — ele suspirou. — Cada pessoa tem sua história, seu projeto e seu plano. Estamos encerrando seu plano, seu projeto; não ficam assuntos pendentes, pois você não estaria se suicidando, dando cabo de sua vida levianamente, apenas fazendo uma opção evolutiva, uma vez que estaria na terra sem um projeto de evolução.

— E um novo projeto para essa vida, não posso fazer um novo projeto para a encarnação de Elora Monteiro?

— Sim — ele balançou a cabeça afirmativamente. — Porém isso a afastaria por muitas encarnações desse projeto que você vem trabalhando em suas últimas vidas; entretanto, essa possibilidade você nem discutiu com o conselho, mas, sim, é uma opção que você pode escolher agora, se quiser.

— Livre-arbítrio.

Ele parou ficando alguns minutos imóvel no mais absoluto silêncio.

Elora não sabia se olhava a serenidade de seu semblante ou a exuberância do local em que se encontrava, colocou as mãos sobre o peito em uma prece silenciosa; tinha novamente em suas mãos o seu destino como essência.

— Eu não vou voltar ao meu corpo físico — Elora falou depois de um longo tempo em silêncio. — Vou ser mais útil ao projeto aqui. Já que tenho uma nova chance, quero começar do zero.

— Sua escolha, seu livre-arbítrio — ele a puxou e a abraçou com ternura. — Vamos ao próximo passo, desligar você definitivamente do seu corpo físico.

Durante algum tempo, ele ficou imóvel abraçado a ela, de olhos fechados.

— Elora, preste atenção — ele segurou suas duas mãos e ficou olhando muito sério para ela. — Foi concedido a você se comunicar uma única vez, com uma única pessoa em seu mundo. Sua partida foi rápida e você precisa passar algumas informações para que eles entendam e saibam trabalhar isso. A quem você escolhe?

— Shuam — Elora sorriu. — Só ele pode entender e cumprir o que eu tenho para dizer.

— Assim é!

Logo que ele terminou a frase, Elora estava parada ao lado de Shuam, sentado tranqüilamente na cadeira da varanda. Ela ficou observando o semblante tranqüilo dele, que deu um sorriso ao perceber sua presença.

— Conseguiu sair de casa, Escritora? — Shuam falou olhando para ela e tomando um grande susto. — O que você fez, Elora?

— Calma, Shuam, eu estou bem.

— Como bem? — Shuam levantou-se rápido. — Você está...

— Morta! — Elora riu. — Eu sei, não fiz nada de errado como você está pensando.

— Mas... — Shuam olhava para ela inconformado. — O que aconteceu?

— Shuam, você mais do que ninguém sabe das conseqüências do que fiz; aliás, você foi uma das maiores vítimas de eu ter alterado meu Plano Divino de maneira tão reacionária e consciente.

Shuam balançou a cabeça afirmativamente; não conseguia pronunciar uma palavra, apenas olhava para Elora diáfana à sua frente.

— Acabei alterando muitas coisas e agora vou tentar salvar pelo menos uma parte do que já havia sido feito, para não perdermos tudo o que estava planejado e idealizado. Sei que algumas coisas se perdem definitivamente, Shuam, não são passíveis de recuperação, mas outras podemos recuperar se usarmos o amor e o perdão do grande Pai com sabedoria.

Elora ficou quieta. Shuam parecia confuso, olhava para Elora num misto de sentimentos tão grandes que ficava difícil para ela saber o que se passava dentro dele.

— Eu pedi ajuda, foi só isso o que eu fiz — Elora balançou a cabeça abrindo os braços. — Não queria ver tudo o que eu havia feito e construído ir ladeira abaixo como a minha vida foi, não queria ver o filme que tanto sonhei ficar à parte das transformações que ele podia fazer.

— Isso não ia acontecer — Shuam falou rápido. — O filme seria um sucesso.

— Seria mesmo, Shuam? — Elora levantou as sobrancelhas. — Como ele poderia alcançar o que deveria se ele foi edificado na minha participação?

Shuam ficou quieto e abaixou a cabeça olhando para o chão.

— Mas isso agora é o que menos importa; eu perdi essa vida nas minhas escolhas e nada mais podia ser feito para que eu recuperasse, fui longe demais. Não tinha mais como continuar um ser encarnado e em evolução. Não tinha como continuar o que eu havia iniciado; iria começar a trilhar outro caminho, e eu quero terminar o que comecei a fazer há muitas vidas.

— E encerrar sua vida física resolve o quê? Parar de sofrer com seus atos? Assim é muito fácil, Elora, muito fácil.

— Eu pedi ajuda, Shuam, para reparar e consertar o que tinha acontecido; implorei para que o que eu já tinha feito fosse salvo de mim mesma, e estou feliz demais em saber que meu trabalho vai continuar a ajudar, despertar, acolher muito mais agora do que antes.

— Como assim? — Shuam olhava para ela sem entender.

— A Magia que foi quebrada quando alterei o plano volta a existir no momento em que eu, fisicamente, não estou mais presente; é tirar a fruta podre da fruteira para que outras não apodreçam com ela.

Shuam fechou um pouco os olhos olhando para ela; era como se ele estivesse conseguido alcançar o que ela estava dizendo.

— Sei que é difícil para você entender, é tudo muito novo e em fase de crescimento, e o seu sentimento por mim está atrapalhando que você veja as coisas com clareza.

— Você não imagina o tamanho da dor — Shuam suspirou. — Quando você mudou a sua história, também alterou o meu destino; tive que refazer grande parte da minha vida, e agora isso?

— Eu sei, nosso plano era perfeito, mas eu me perdi na minha humanidade, e é ela que deve consertar o que fez de errado, dando a você e aos outros a chance de recuperar o que ainda pode ser recuperado.

Elora sorriu para ele, e colocando a mão espalmada sobre a boca jogou-lhe um beijo, desaparecendo lentamente.

— Conforme os dias forem passando, você vai entender melhor o que estou dizendo, ver como valeu a pena esse meu desligamento, e como a sabedoria cósmica encontra formas surpreendentes para ajudar os homens nos seus destinos, e, principalmente, perceber a chance que eu tive de resgatar a minha história.

Sobre Fei Xiang

Fei Xiang não participou da criação de *A Imperatriz* como fez em *O Possuidor da Luz*, mas sua participação astral em minha vida é de suma importância para que este trabalho tenha sido concluído.

Na vida que denominamos astral, Fei é o que podemos chamar de Mestre ou Mentor, um orientador que auxilia os homens nas suas descobertas em busca do desenvolvimento e da evolução espiritual.

Como o Virgílio de Dante, Fei vem há muitos anos me acompanhando e mostrando muitas coisas, grande parte do que sei e aprendi foi ensinado por ele, e por mais que ele não pudesse me ajudar na construção de *A Imperatriz*, sua presença esteve ao meu lado, preocupando-se, querendo que, apesar de tudo que vivíamos, eu dividisse com ele minhas dúvidas.

E é maravilhoso saber que essa essência tão amada, a quem ouso reconhecer como minha Chama Gêmea, saiu do patamar da ilusão, não só na minha vida, mas na vida de todas as pessoas que hoje têm contato e são orientadas por ele.

O Possuidor da Luz, livro que foi dedicado a ele e que tem em seu personagem principal muito da sua essência e sua aparência física, está em suas mãos, mas não sei o que ele, em sua vida física, fez ou como absorveu as informações contidas nele.

Fisicamente, ainda hoje não sei o grau de consciência do músico Fei Xiang, ele está aparentemente alheio ao que acontece, vivendo sua vida de pop na Ásia, na Europa e na América do Norte.

Para saber mais sobre a vida física desse orientador astral é só conhecer o primeiro *site* em língua portuguesa criado para ele www.feixiangbrazil.com.

**INFORMAÇÕES SOBRE NOSSAS PUBLICAÇÕES
E ÚLTIMOS LANÇAMENTOS**

Cadastre-se no site:

www.novoseculo.com.br

e receba mensalmente nosso boletim eletrônico